ユーザーの声を
意思決定に
つなげるために
できること

UXリサーチ

の活かし方

株式会社スマートバンク
瀧本はろか

JN222213

SE
SHOEISHA

本書内容に関するお問い合わせについて

このたびは翔泳社の書籍をお買い上げいただき、誠にありがとうございます。弊社では、読者の皆様からのお問い合わせに適切に対応させていただくため、以下のガイドラインへのご協力をお願い致しております。下記項目をお読みいただき、手順に従ってお問い合わせください。

ご質問される前に

弊社Webサイトの「正誤表」をご参照ください。これまでに判明した正誤や追加情報を掲載しています。

正誤表 https://www.shoeisha.co.jp/book/errata/

ご質問方法

弊社Webサイトの「書籍に関するお問い合わせ」をご利用ください。

書籍に関するお問い合わせ https://www.shoeisha.co.jp/book/qa/

インターネットをご利用でない場合は、FAXまたは郵便にて、下記"翔泳社 愛読者サービスセンター"までお問い合わせください。電話でのご質問は、お受けしておりません。

回答について

回答は、ご質問いただいた手段によってご返事申し上げます。ご質問の内容によっては、回答に数日ないしはそれ以上の期間を要する場合があります。

ご質問に際してのご注意

本書の対象を超えるもの、記述個所を特定されないもの、また読者固有の環境に起因するご質問等にはお答えできませんので、予めご了承ください。

郵便物送付先およびFAX 番号

送付先住所 〒160-0006　東京都新宿区舟町5
FAX 番号 03-5362-3818
宛先 （株）翔泳社 愛読者サービスセンター

はじめに

　昨今、UXリサーチに関する書籍やコミュニティが増え、リサーチを現場で活かしたいという方によく出会うようになりました。

　これまで、ユーザーを理解する活動自体は、マーケティングの分野をはじめプロダクト開発の現場でも見られました。ですが以前に比べ、活動そのものにスポットライトが当たり、組織におけるリサーチ活動について情報交換する機会が多くなったように思います。

　組織によって言い方は様々だと思いますが、本書では、「組織において事業活動に資するためにユーザー調査を行うこと全般」をリサーチと呼んでいます。また、プロダクト開発の現場ではUXリサーチと称されることもあります。

　リサーチの注目度が高まる中、こんな声も聞かれるようになりました。

「リサーチにチームで取り組みたいのに、重要だと感じているのは私だけ」
「リサーチ結果が誰にも読まれない、使われない」

　ユーザーに向き合って仕事をしたいのに、現場でなかなかうまくいかない
──こんなもどかしさを感じた時、みなさんはどうアプローチしますか？

　勉強会を開く、ドキュメントを作る、再びリサーチしてみる……いろいろな道があります。でも、これらが**効果的な解決方法につながることは少ない**のです。

　では、効果的な解決方法への一歩を踏み出すにはどうしたら良いのでしょうか。それは、**自分が所属する組織や事業のことを深く理解すること**です。

　こと事業会社のデジタルプロダクトの開発組織において、UXリサーチが活きるためには、**リサーチそのものの質が高いこと**、そして、**誰よりも組織のことがわかった上でのリサーチであること**の2つが重要な要素になってきます。

　事業構造や、一緒に事業を作っているチームのことをどれだけ理解できているかが、UXリサーチを活かすために欠かせないのです。

　車輪の両軸のように、**これらが密接に関連してうまく回れば回るほど、**

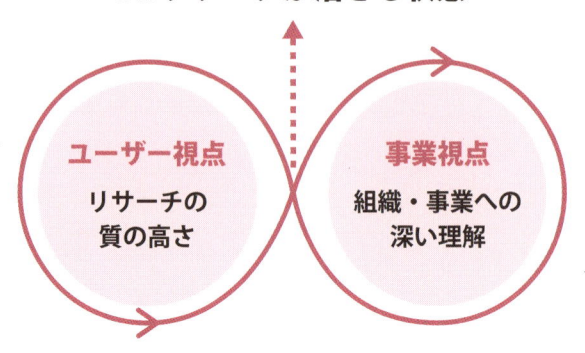

UXリサーチが活きる状態

（ユーザー視点：リサーチの質の高さ／事業視点：組織・事業への深い理解）

ユーザーの声が意思決定につながりやすくなるのです。

　質が高い＝事業を動かせる、とは言い切れません。どんなに質が高くとも、組織の中でリサーチそのものの価値が認知されていなければ、事業に活かされる状態にはできないからです。

　本書では、ユーザー調査で得られた知見が組織に広がり、その調査結果が事業上の意思決定の一助となることを「ユーザー視点を事業に届ける」と呼んでいます。

　本書は、**ユーザー視点を事業に届け、動かしていくことそのものにフォーカス**します（リサーチそのものの質の高め方だけを知りたい方は、これまで諸先輩方によって書かれた多くの良書をお読みいただくことをおすすめします）。

　では、UXリサーチが活かされているとは、一体どんな状態でしょうか。

- リサーチ活動を通じて得られたユーザー視点が、適切なタイミングでミスリードなく組織に伝わるような状態
- UXリサーチャー以外のメンバーが、ユーザーに対して興味を持っている状態
- チームがユーザーを主語にして話せるような状態……

　いろいろな状態が思い浮かびますが、**共通しているのは、ユーザーの声が事業上の意思決定につながっていること**ではないでしょうか。

　これらは全て、**誰よりも組織のことがわかった上でリサーチを実施したか**

らこそ得られるのです。**事業課題を捉え、組織の中でどう立ち回ればリサー**チが最大限効力を発揮するかわかった上で、とも言えるでしょう。

事業に関わるなら、ユーザーを知る必要がある

私はこれまで、事業会社でデジタルプロダクトの開発現場を中心に、UXリサーチャー[1]として活動してきました。

組織における事業活動には、様々な職種が関わります。そして、事業活動の結果として生まれるサービスやプロダクトを受け取るユーザーがいます。

事業活動を通じて、大きくて、長く続く価値を届ける。その対価を事業に還元してもらう——この流れをより強くしていきたいと感じる時、**ユーザーのことを知るのは、とても重要**だと思います。

誰のために、どんな価値を提供するのか。これは、事業活動に関わる職種であれば、関係のない方はいらっしゃらないと思います。

今いるユーザー、未来にユーザーになり得る人たち、事業活動を取り巻く環境……**様々な状況にアンテナを張りながら、不確実性の中で事業を進めているのではないでしょうか。**

同時に、市況変化や新しい技術の到来、他社の市場参入など、自分たちではどうにもできないことも次々に出てきます。**それに対しどうすべきか、誰も正解を知っているわけではありません。**

あらゆる視点が交錯する中で、ユーザー視点はその中のたった一つにすぎませんし、**ユーザー視点だけで事業は決められません。**

ですが、**ユーザーを取り巻く状況を把握し、どんな課題を持っていそうか、どういった体験だと嬉しいのか、まるでパズルのピースをはめるように事業の中に配置すること**が、事業を強く推進させるドライバーになり得ます。

もともと持っている**ユーザー視点というピースを、どう使えば事業にとっても組織にとっても喜ばしい状況になるのか、**慎重に見極めねばなりません。

組織に興味を持ち、それぞれの職種の悩みに寄り添いながら、リサーチを

---

1 組織によっては、職種名がリサーチャーとされている場合や、その他の名で呼ばれていることもあります。また、職種名が同じでも、組織によって業務内容や対応範囲が異なるため、ここではユーザー調査に主体となって従事している職種とご理解いただければ幸いです。

使ってどう解決に向かうか、活用できるかを一緒に考える。これこそ、冒頭の「ユーザーに向き合って仕事をしたいのに、現場でなかなかうまくいかない」という悩みへの処方箋だと思うのです。

リサーチに、メンバーの視点を取り込む

私は、普段からメンバーと交流し、興味のあるテーマや本人の期待役割などを踏まえながら、「本人にとって役に立つ情報を渡すためには？」という問いを大事にしています。

組織でリサーチ活動を行う場合、逆風にさらされることもあります。「事業を前に進めたいなら、他の方法もある。例えば広告費用を投下したら売上が上がるし、ユーザー理解する必要ないんじゃない？」とか「そもそもリサーチの効果って何？」など、挙げていくとキリがありません。

ユーザー視点が組織にどうフィットするのかわからない状態であればあるほど、こういった問いかけが重くのしかかってくると思います。もし、この本を手にとってくださった方がそんな行き詰まりを感じていたら、なぜわからない状態になっているのか、一歩引いて状況を捉えてみませんか？

ヒントは、自分の組織や事業の中にあるのです。

本書では、事業会社におけるデジタルプロダクトの開発組織事例がベースになっていますが、物事の捉え方やスタンスについては、どの組織においても共通するようなポイントを意識して書くよう試みました。

具体的な行動を示しつつ、「ユーザーの声を意思決定につなげるには、どうすれば良いのか」を考えるヒントになるような視点を多く散りばめるよう努めています。

この本を読み終えた頃、ユーザーの声を事業活動に活かすための引き出しがたくさん増え、より良い形でユーザーと事業をつないでいこう、と前向きな気持ちになっていただければ、これほど嬉しいことはありません。

何ができればUXリサーチャーと呼べるのか？

組織でリサーチ活動する方は十人十色です。アカデミックな現場を経験し

ている方、デザイン・エンジニアリングを軸にリサーチを武器にしたいという方——**いろいろなタイプの方がいてこそ、リサーチの可能性が広がると感じているので、どのスタイルが正解というものでもない**と思います。

とはいえ、**私もキャリアの初めは、ロールモデルを探していました。**何があれば自分をUXリサーチャーと呼べるのか？　資格がとれたら？　重要度の高い案件を遂行できたら？　はたまた、特定のスキルを身につけたら？

当時は、片っ端から勉強会に参加すること、実案件で経験を積むことに注力していましたが、ある日ふと、自分がリサーチ活動をするのはなぜだろう、と立ち止まりました。

UXリサーチャーは、立場上、事業にもユーザーにも所属しない第三者として存在するのが特徴です。そのため、ややもすれば「組織に必要なんだっけ？」という議論に発展しがちです。

それでも組織にUXリサーチャーがいる意味があるとするならば、私に期待される役割は何か——そう考えた時、**ユーザー視点が組織で適切に活用されるよう最善を尽くすことで、リサーチャーとしての価値を最も発揮できるのではないか**、という一つの視点を得ました。

では、価値を発揮するために、私に何ができるか。

ここで少し視点を変えて、「私」を主語にするのを一度やめてみました。

先ほどの問いを「ユーザー視点が事業で活用されている状態を作るには？」に変えてみたところ、これまでとは別の景色が浮かび上がってきました。

独力でできないこと自体は、あまり問題ではない。**一人でやることにこだわりすぎず、チームでやれば、大きな力にできるのではないか**と思ったのです。仲間を増やし、一緒に考えたら、私が思いもよらなかったアイデアが浮かぶかもしれません。誰しも得意不得意があるので、それを補完できるのがチームのいいところです。

「早く行きたいなら一人で行け、遠くへ行きたいならみんなで行け」という有名な言葉がありますが、私一人で行けるところなんて、たかが知れています。

UXリサーチャーとしての専門性云々について悩むより、**どうやったらユーザー視点に興味を持ってもらい、一緒にチームとして進めていけるか考える方が、得られるものが大きいのではないか。チームがユーザーに向き合**

えば、事業をより大きな力で進めることができ、事業を成功や成長に導けるのではないか。

いまや私のスタイルにおいて重要な要素である、「**チームで取り組む**」という発想に出会えた瞬間でした。

「リサーチのスペシャリスト」と名乗らない

私は、**自分のことを「リサーチのスペシャリスト」とは形容しません。**

もちろん、UXリサーチャーという職種ならではの専門性を発揮することは大前提です。ただ、組織の中で専門家を名乗り続けていると、調査に関係ないことは話しかけづらいと遠慮されるかもしれないと考えました。

心配しすぎかもしれませんが、UXリサーチャーの仕事ぶりを知ってもらうためにも、あまり壁を作らない方が良いと思っています。むしろ、**他の職種に越境したり、越境されたりすることも歓迎**しています。

第3部で具体的にお伝えしていますが、私は**組織のメンバーにリサーチ企画タイミングから積極的に関わってもらい、一緒に進めるような型を作ってきました。**

そんなことをしたら、UXリサーチャーとしての存在意義が損なわれるのではないか、と心配される方もいらっしゃるかもしれません。調査活動こそ、UXリサーチャーの専門家としての価値が発揮される部分です。それを別の職種に担ってもらうなんて、と。

確かに、ある意味、価値を発揮できていないかもしれません。

私個人としては、**もしメンバーがユーザー視点を率直に受け取れる状態なら、メンバーを巻き込んで企画・進行する方が、よりリサーチが活きた状態になる**という仮説を持っています。

事業活動を担うメンバーの業務をユーザー視点によって下支えし、パフォーマンスを上げる。それでこそ、UXリサーチの真価が発揮される。実践を続ける中で、そんな信念を持つに至りました。

そのため、**あくまでユーザー理解に軸足は置くものの、事業を進めるために必要だと感じたものは何でもやる**、というスタンスを持っています。

自分が不得意なところは相手に頼るし、メンバーが困っている時には、一

見リサーチ活動と遠いように見えても積極的に助けに行きます。事業に向かうため、ユーザー理解を進める際、**一人の専門家としてではなく、チームとして、みんなと進めるやり方もある**――――そんな視点をご紹介できたらと思っています。

　私自身がなぜそんな考え方に至ったのかをこれからご紹介しますが、さっそく現場で実践できそうなことを知りたい！という場合は、ぜひ序章から読み進めてみてください。

》 やれることをやっていたら、それがUXリサーチャーだった

　ユーザー理解に軸足は置くものの、事業を前に進めるために必要なことなら実行する、そんなこだわりは、私のカスタマーサポートでの経験がルーツになっているように思います。

　2017年、私は専業主婦、妊娠・出産を経てCtoCのスキルマッチングアプリのスタートアップで働き始めました。アプリの使い方の質問や要望について、テンプレートを用意して回答していたのですが、ある時、ふと回答を書く手が止まりました。

「この問い合わせは、どんな状況で発生しているものなんだろう」
「もしかして、アプリの機能を変えたら問い合わせ自体が減るのかな」

　私が初めて「ユーザー視点」の存在に気づいた瞬間でした。その気づきを経て、拙いながらも、問い合わせされる方がどんなシーンでお困りごとに遭遇し、どういう点に特に不便を感じているか、背景を想像して回答文を書きました。

　内容をエンジニアさんに伝えたところ、「この改修を挟もうとすると、XXXの機能にも影響するからすぐにはできないんですよね」といった答えが返ってくることもあり、**なるほど、機能を1つ変えるにしても、たった一人のユーザーのご要望だけでは難しいのだな**と感じました。

　自身もそのアプリのユーザーであったため、自分にとっても嬉しい改修の提案をしているはずなんだけどなあ、とやるせない気持ちになったことを思

い出します。

　今ならわかります。「機能をこう変えてください」と一方的に伝えるだけだと、エンジニアさんも適切に判断できる十分な情報量がないため、判断できないことを。お困りごとにつながっているユーザーの状況を共有し、どうしたらいいかを共に考えるコミュニケーションこそが必要なものだったことを。

　その後、志願して新規事業の立ち上げチームに入り、0→1フェーズを最後まで経験したことで、開発で何が必要か、どう整備していくか、何の材料がないと前に進めないのか、何を決断すべきかを肌身で感じることができました。

　事業目線、開発目線、ユーザー目線で物事を考える場面が多く、視点の切り替えの訓練ができた時期とも言えます。

　これらの経験を経て、よりユーザーに近い立場で問題解決できる職種として活動したいと、転職を決意しました。

　転職先の面接で、私の人生を決める転機が訪れました。

　新規事業立ち上げの経験や、著名人へのインタビュー企画からリリースまで一貫して実施したエピソードを伝えた時、後に自分の上司となる面接官がこう話してくれました。

　「UXリサーチャーって聞いたことある？　初めて聞くかもしれないけど、**多分あなたがやってきたことは、UXリサーチャーだよ**」

　専業主婦からキャリアを再出発し、特に何の専門性も持っていなかった自分が、「**チームとユーザーのために何かできることはないか**」と目の前の業務に**一生懸命取り組んだ結果、UXリサーチャーという名前がついた瞬間**でした。

 ## チームとして、みんなで進める

　実際に、UXリサーチャーとして活動してみて、**リサーチで得られた気づきを事業に反映させる難しさに直面**しました。

　依頼者自身がとても協力的だったとしても、リサーチしていたことがチームメンバーに知られておらず、進行を妨げられたと受け取られたり、伝えた

かった内容が別の形で伝わってしまったりと、自らの力不足によって悔しい思いをすることが多々ありました。

また、チームメンバーに情報が伝わっていないと、いくら質の高いリサーチをしたとしても、納得感が薄かったり、本当に効果的な進め方だったのか？と疑問を抱かれたりすることもありました。

ユーザーから得られた大切な情報に基づく私の気づきや発見が、同じ温度感で依頼者やチームメンバーにも行き渡ると、チーム自体がいきいきとして、目線が揃えられた状態でコミュニケーションもとりやすくなるのではないか。そう感じたのもこの頃でした。

そんな中、私の気づきを数歩先で体現しているチームに出会いました。それが、スマートバンクです。

スマートバンクは、日本で初めてのフリマアプリ「フリル（現・楽天ラクマ）」を作った3人のファウンダーが、二度目の起業で立ち上げた会社。「人々が本当に欲しかったものをつくる」がパーパスです。

フリマアプリの時に感じていたお金に関する課題を解決したいという想いから、「お金を『使う』『貯める』『増やす』を誰もが当たり前にできる未来をつくる」ことをミッションにしています。

創業当初、経営陣が自らユーザーにアポイントメントをとり、インタビューをしていました。その数、100件超。**徹底的にユーザーに会い、その内容を持ち寄って事業アイデアを検証**していました。

代表の堀井翔太さんと初めて会った時の衝撃といったらありません。リサーチの姿勢を見て抱いた率直な感想は「本物だ……」。場数、向き合う姿勢、熱量、泥臭さが、これまで会ったどのUXリサーチャーよりも群を抜いていました。

ユーザーに対して純粋な興味を持ち、深く生活背景を知る。複数のユーザーに出会うことであらゆる角度から検証し、思索を深める。

そんなリサーチ活動そのものが事業に密接につながっている点が、スマートバンクをスマートバンクたらしめているところでした。そして、そんな翔太さんの行動に強く共感したメンバーが揃っていました。

- 事業を動かす重要な要素としてリサーチが位置づけられている

- 事業推進に役立つリサーチを設計し、そのリサーチ結果を参照したいと思うメンバーがいる
  - ➡ つまり、UXリサーチャーは各職種の人がリサーチを業務に役立てられるような振る舞いを求められている

と当時の私は理解しました。

　自分をこれまで悩ませていた「どうやったらユーザー視点に興味を持ってもらい、一緒にチームとして進めていけるか」という問いを、スマートバンクのチームでなら一緒に解いていけるのではないか。そう直感し、チャレンジしたいと考えたのです。

　そして今、スマートバンクの一員として、リサーチ活動に従事していますが、日々の活動の支えにしている翔太さんの言葉があります。

　「スキルを極めるといったような専門職のような偏りでなく、経営判断に活用できる、ユーザー・ビジネス視点をつなぐ、必要に応じて顔を変えながら働くなど『**UXリサーチャー**』**としてどうあれば企業価値・顧客価値に最大限貢献できるか**という考えを明確に持たれており、体現してくれる」

　本書では、ユーザー視点の取得だけではなく、組織内での流通、活用、波及プロセスをデザインしながら行うリサーチ活動について、できる限り実務で活かせるよう具体的に書いています。

　この本を手にとってくださった方が、ユーザーに対して大きな価値を届けるための活動に自信を持ち、活躍の場が広がるよう願っています。

本書の読み進め方

　本書は、事業会社のデジタルプロダクトの開発組織において、何らかのサービスやプロダクトに関わる業務に従事されている方をイメージして書いています。

　また、調査会社に所属されている方、マーケティングリサーチに従事して

いる方など、日々の業務の中でユーザー調査に従事されている場合も、業務の進め方や捉え方で参考になるような要素を含められるよう意識しました。

　序章では、自分が今どんな状況にいるのか、つまりはどのゲーム盤で、どんなルールが敷かれているのかを捉える視点をお伝えします。

　第1部、第2部では、組織や事業の理解を深めながら、ユーザー視点との接点を見出し、組織に伝えていくアプローチを考えます。誰を押さえるか、成功体験をどう見せるかも具体的に書いています。信頼してもらい、任せてもらうためのヒントにも出会えることでしょう。

　第3部、第4部では、より組織の日常をイメージしやすくするため、私が普段行っているリサーチ活動を紹介しています。

　また、組織によって規模や課題感、開発体制、チーム構成などありとあらゆるものが異なります。その中で何を意識し、どう動かしてきたかをヒントにしていただけるよう、リサーチ活動に携わる様々な方の実践事例を随所でご紹介しています。

　第5部は、ユーザー理解を組織に根づかせるための工夫ポイントをシーン別に紹介しています。

　本書では、私自身の視点をベースにしながら、他職種のメンバー、経営者、様々な組織でユーザー理解の現場で活躍されてきた方にもご登場いただいています。

　みなさんのユーザー理解を深める活動を照らす道筋が、少しでも見えたら幸いです。

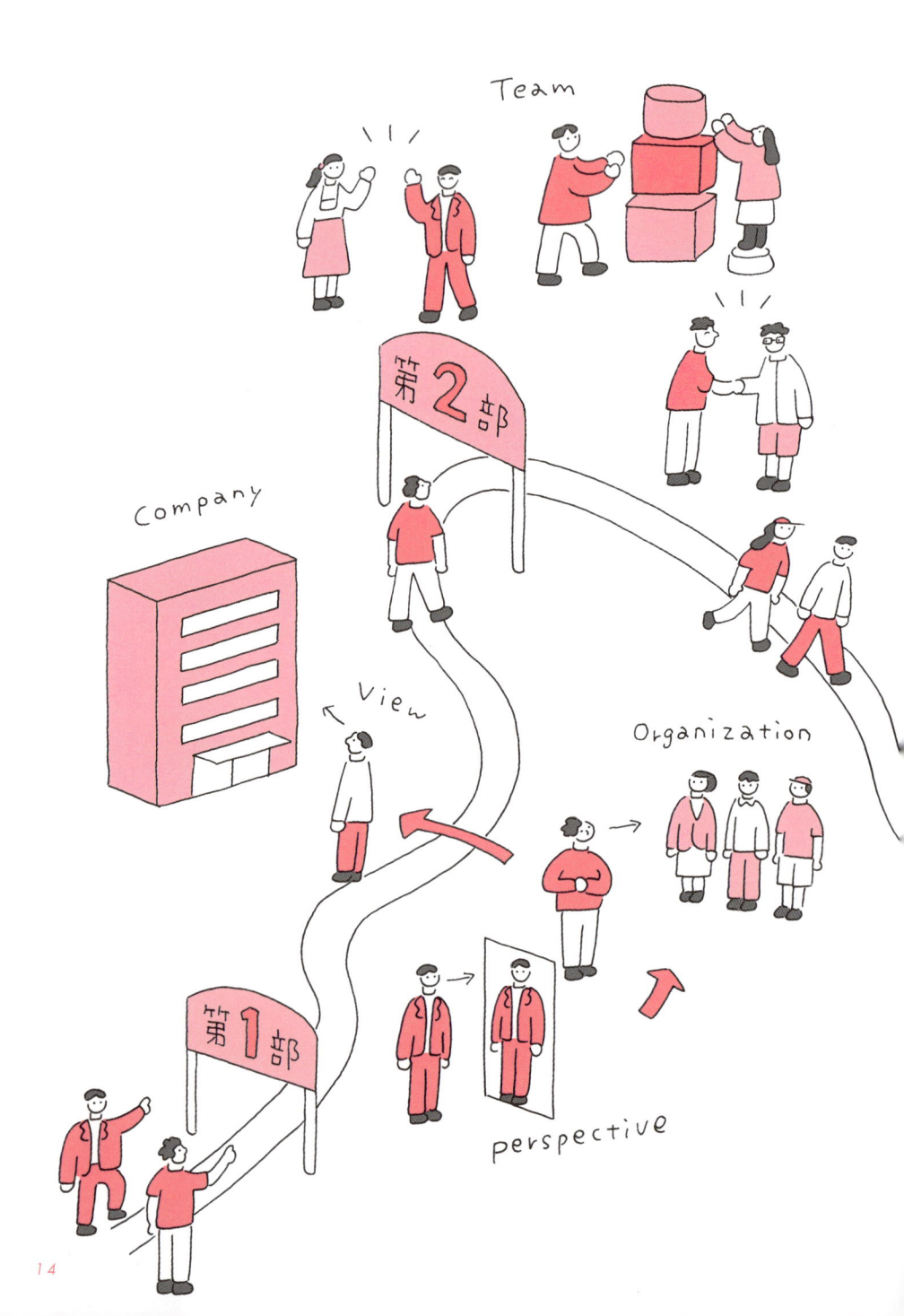

Team

第2部

Company

View

Organization

第1部

perspective

CONTENTS

効果を定量的に示せと言われたら……

第 **2** 部 ＞ リサーチの波を作る

第 3 部 〉 リサーチの波を組織全体に広げる

読 者 特 典 の ご 案 内

本書の読者特典として、インタビュー調査、アンケート調査を進めやすくするためのテンプレートを提供いたします。クーポンコードを入力することで入手いただけます。いずれもスマートバンクで活用しているものですので、みなさんの組織やプロジェクトに合うように調整してお使いください。

〈インタビュー進行管理表〉

インタビュー実施が決定したユーザーへの連絡まわりの対応状況を管理するシート

https://haroppe.gumroad.com/l/zjpay

〈アンケート進行管理表〉

自社で作成したアンケートデータを既存ユーザーに配信する時を想定した進行管理シート

https://haroppe.gumroad.com/l/ocwzm

〈クーポンコード〉

PTCHFR8

※読者特典に関する権利は著者が所有しています。許可なく配布したり、Web サイトに転載することはできません。
※読者特典の提供は、予告なく変更または終了することがあります。あらかじめご了承ください。
※図書館利用者の方もダウンロード可能です。

免 責 事 項

※読者特典の提供にあたっては正確な記述につとめましたが、著者や出版社などのいずれも、その内容に対してなんらかの保証をするものではなく、内容やサンプルに基づくいかなる運用結果に関してもいっさいの責任を負いません。

序章

「ユーザー理解」と「事業」をつなげる

日々の業務の中で、こんな引っかかりを感じたことはありませんか？

「なぜこの機能を作る必要があるんだろう？　これって誰が使うんだろうか」
「チームで議論する際、それぞれのイメージするお客様像にズレがあるような気がする」

このような、ちょっとした違和感をきっかけに、ユーザー理解の必要性に気づき、ユーザーインタビューやユーザビリティテストといったリサーチが問題解決の糸口になるのではないかと想起するようなシーンです。

すでにユーザー理解を進めている組織であれば、実践者に聞くことができますが、組織で取り組んでいる人がいない場合、まず直面するのは**「組織や上長からの理解が得にくい」**という壁です。例えばこんなシーンです。

> 自分はリサーチをする意味が見出せているのに、チームメンバーに伝えると**「それって効果があるの？」**、**「今やる意味あります？」**と懐疑的な反応が相次ぎ、だんだん心が折れてくる……。
>
> 配属されたプロジェクトで、「ぜひリサーチをやってみたい！」と上司に相談したら「やる気があるのはいいけど、ちゃんとできるの？どう進めるの？」、**「他にもやることあると思うけど、今そのリサーチすべき？」**と言われてしまい説得できなかった……。

また、リサーチを通じて自分自身は物事が前進した感覚を味わえたものの、**チームメンバーには伝わらなかったり、リサーチ結果が誰にも読まれず、見向きもされなかったりする**ことで、チームや組織に対してネガティブな気持ちを抱くこともあるのではないでしょうか。

特に、初めてリサーチに取り組む時は、専門の参考書籍を横に置きながら

見よう見まねでやってみるものの、「これで本当に合っているのかな」と不安になるものです（私もかつてそうでした）。

　そんな中、「やる意味ある？」と聞かれると自信を持って返事しにくいが、でも自分は何だか必要な気がするから理解してもらえるよう努めたい……。

　かつての私は、なぜ今、このタイミングで、ユーザーを理解することが有用だと感じているのか、その情報をどのように活用するのかまで考えが至らず、リサーチそのものの効用や、ユーザー理解の大切さについて相手に伝えていました。

　しかし、チームメンバーや上司の視点に立ってみると、**実際に今のチームやプロジェクト、サービスに対してどれくらいインパクトがあるか想像がつきにくいからこそ**、先ほどの反応になっているように思います。

「ユーザー理解が必要だ」という気づきはとても素晴らしいものです。ただ、その**気づきを起点に視野を広げたり、視点を切り替えて考えを深めたりしないと、単なる"お気持ち表明"になってしまいかねない**のも事実です。

》》ユーザー理解が大切なのと同様に、チームの理解が大切

　では、**事業や組織とどのようなつながりがありそうか、相手に伝わる形にしてコミュニケーションをとるためにできること**は何でしょうか。

　リサーチに共感し、推進したいと思っているみなさんは、ユーザーのことを深く知りたいと思っているはずです。サービスを届ける先のユーザーのことを理解しないまま、頭の中にあるユーザー（開発チームにとって都合の良いユーザーとも言えます）をもとに開発する危険性について危惧しているのではないでしょうか。

　同様に、自分自身が**リサーチを届ける先の組織のメンバーや事業のことを理解しているか**、少し振り返ってみましょう。

- その人の仕事ぶりが、眼前にありありと思い浮かぶか
- 中期事業計画など、この先注力していく事業の方向性や組織体制が思い描けるか

ぼんやりとしてあまり思い浮かばない場合は、リサーチ活動そのもの（インタビューシナリオをどう書くか、進行スケジュールの調整など）にフォーカスしても、考慮すべきことが漏れてしまい、うまくいかないことが多いです。

リサーチにおいて、ユーザーを取り巻くコンテキスト（環境や状況）を理解するのが大事なように、**あなたの身近にいるチームメンバーのコンテキストを理解することこそ、リサーチと事業や組織をつなぐ第一歩になる**のです。

一方、**リサーチは全ての組織において効果を発揮するかと言うと、そうではありません。**ユーザー理解が不要とは思いませんが、組織におけるリサーチの効果について、私はグラデーションのように捉えています。強く効果を発揮しやすい場合と、効果が限定的、または別のアプローチの方が向いている場合があると思うのです。今ではなくても良い場合もあり得ます。

今、自分たちの組織がグラデーションのどのあたりにいるのか。これを把握しないことにはリサーチ活動が適切に進められません。

そこで、ユーザー理解と事業がどうつながるかを考える視点を2つ用意してみました。

- ［視点1］ユーザー視点が効果を発揮しやすい環境条件が揃っているか
- ［視点2］事業を成功に導く目的を見据えた"手段"か

1つ目は環境面に対するアプローチ、2つ目は事業課題に対するアプローチです。

リサーチそのものにフォーカスしていた目線を少し遠くにやり、［視点1］、［視点2］について状況を捉えてみましょう。**ユーザー視点が活用される組織の力学は何かを把握し、その力学に則る形でリサーチを進められるようにする**のが、序章の役割です。

視点 01 》 ユーザー視点が効果を発揮しやすい 環境条件が揃っているか

ユーザー視点と事業とが強固につながっていると、ユーザー視点が事業に及ぼす影響が大きい状態（開発プロセスに組み込まれている、意思決定に使われている、など）になっています。

組織や事業にインパクトのあるリサーチ活動にしていきたい場合は、ユーザー理解の土壌、つまり環境を整えることが非常に重要になります。ただ、環境を整えると言っても、新しく会社を立ち上げるのでなければ、**すでにある環境に適応する形で進める**必要があります。

　今自分が置かれた環境において、ユーザー理解が事業にどれくらい良い影響をもたらせそうか、まず把握しておかねばなりません。

　ユーザー視点を事業推進の重要な要素として機能させる一連の活動は、ビリヤードで自分の手球を駆使して勝利を目指すのと似ているように思います。

- 意外と簡単に勝てるゲームなのか
- 初めから難しそうで、技量がある程度ないと攻略できなさそうなのか
- どのボールを狙えば、その後うまく流れるのか

　自分一人で動かせる範囲は限られています。事業や組織など、大きな範囲を動かすには、ボールを狙う順番も大事ですし、どのボールを狙うかなど戦略的に考えなければなりません。ゲームが進行していく中で、これまでの流れが変わった時に一気に攻め上げるなど、自分が置かれた状況を注視して考え続けることも大事です。

　そのゲームが簡単か難しいかは、ご自身の力量より、環境による影響の方が大きいと思います。**ユーザー理解が効果を発揮しやすいかどうかは、事業の成り立ちや組織構造に大きく影響を受けるのです。**

　これまで積極的にユーザー視点を取り入れなくても、利益を出し続けている事業やプロダクトも世の中にはあります。かたや、ユーザー理解がベースにあり、それをもとに事業を進めてきた、という組織もあります。

　これらの組織の違いは、具体事例を見ると多岐にわたるものの、**「事業の成り立ちにおいてユーザー視点が使われてきたか」、「UIUX が競合優位性を持つか」**という点に集約されます。

　要は、**組織においてユーザー理解をどういう扱いで進めてきたか**です。リサーチに興味があるかないか以上に、**事業の勝ち筋をこれまで何によって見極めてきたか**、という点が影響しているのです。

　全ての要素を網羅しているわけではありませんが、イメージしやすい見極

めポイントをいくつか提示してみます。

事業においてユーザー視点が効果を発揮しやすい組織

- 事業の成り立ちにおいてリサーチを実施してきた過去がある
- リサーチした結果をもとに事業の方針を決めてきた
- リサーチを実施した先任者がいる
- プロダクトやサービスのユーザー体験が競合優位性になっている

事業においてユーザー視点の効果が未知数な組織

- 事業の成り立ちにおいてリサーチを実施してきた過去がない
- リサーチ結果以外の方法で事業の方針を決めてきた
- リサーチを実施した先任者がいない

スマートバンクは、事業推進とユーザー理解が密接につながっている組織と言われ、それを外部に向けても発信しています。組織の掲げる Value に「Think N1」があり、開発プロセスにリサーチが組み込まれています。

このような、やや珍しい状況がどこから生まれたかと言うと、**「経営者がユーザー理解を起点に事業を作り上げてきたから」**に尽きます。経営者自らリサーチしてきた経験があったからです。

経営者が、リサーチはどういうものなのか理解し、いつのタイミングで実施すると良いか把握し、その気づきをもとに事業を作り上げてきた歴史があったから、UX リサーチャーという職種で募集をかけたのです。

期待する役割も業務内容も明確なので、私はリサーチの効果について説明を求められたことはありません。先のビリヤードで言うと、難しいゲームではなく、比較的有利に進められる環境と言えるでしょう。

■ 効果が未知数な組織の場合

一方、リサーチの効果が未知数である組織は、**これまでリサーチ活動はしてこなかったが、事業が成り立っている**ことがほとんどです。こういった組織の場合、リサーチの先任者はほぼいません。

すでに開発フローや計画が明確に決まっており、リサーチによる意思決定

への介入が実質できない状態であるケースも存在します。

　経営者のアイデアが素晴らしく、マーケットともフィットしてヒットを生み出せたとか、プロダクトの特性上、UIUX を磨き込まなくても売上が立ってきた、営業力の強さが下支えしてきたなど、様々な事情があります。

　この場合、経営陣が「UX に力を入れよう！」と息巻いたとしても、現場でリサーチ活動を行うメンバーが開発プロセスに介入しきれず、独り相撲のようになるパターンに陥りがちです。

　例えば、これまで事業を成り立たせてきたのは、会社の営業力の強さだったとします。

　使い勝手の面で多少わかりにくいところがあったとしても、営業担当に電話一本入れれば手厚くサポートしてもらえる。営業とユーザーとの信頼関係の構築があってこそ、システムが選ばれ、他社との差別化要因になっている————。そんな状況だったとしたら、どうでしょうか。

　新規の顧客獲得が売上のドライバーになっているようなタイミングなら、なおさら、新規獲得にこそチームのリソースを集中させるはずです。

　ただ、営業担当が新規開拓をする際、よく使っているユーザーの事例を集めた資料を作りたい、他社システムと比べてどんな良さを感じているか、導入する時の決め手は何か知りたいとしたらどうでしょうか。リサーチのノウハウでサポートできる部分がありそうですね。

　このように、リサーチがワークしにくい組織の中でも、リサーチ活動が役に立てるシーンが見つかることがあります。

　これまでリサーチに取り組んでこなかった組織にとっては、**「今事業がうまくいっているのに、なぜリサーチをする必要があるの？」という気持ちを抱くのはある意味当然のこと**です。そもそもリサーチが事業にどんな効果をもたらすのか、イメージするのが難しいでしょう。

　ここまでお読みいただいて、ユーザー視点の効果が未知数だと「リサーチは必要ないのかな」とがっかりするかもしれません。

　しかし、**必要ないとは一概には言い切れません。**

　このような事態が起きるのは、リサーチが「選ばれなかった」理由があるからです。**どんな経緯でこれまで選ばれてこなかったのか、反対に何が選ばれてきたのかを知っておくことこそ、リサーチ活動を進める上で大事な要素**

になってきます。

視点 02 》 事業を成功に導く目的を見据えた "手段"か

リサーチと事業や組織をつなぐ視点で、もう一つ重要なポイントがあります。それは、もともとリサーチが必要だと感じた出発点が、**「事業を成功に導きたい、という大きな目的に起因したものか」**という点です。

リサーチは、事業を成功に導く手段の一つにすぎません。

「今、事業に必要なアクションは何か、それを自分ならどう達成していくか」を考える過程の中で、リサーチをする必要があると気づいたのかどうか。**事業を中心に据えないと、この後のステップがうまく進まなくなります。**

よくある間違いが、「巷でUXリサーチに取り組む企業が増えているから、当社でもやってみたい」というケースです。

この場合、**リサーチをすることそのものが目的**になっており、たとえ運良くリサーチを実施できたとしても、事業との関連性が曖昧になって立ち消えてしまいがちです。

リサーチを自分のスキルアップに使いたい、とりあえずやってみたい、という場合、課外活動として実施するのは構いませんが、**事業活動との関連性**が見出せなければ、同様の結末を辿ってしまいます。

冷たく聞こえてしまうかもしれませんが、ある意味、**目的思考を貫けるか、リサーチを道具として扱えるかどうか**、というのが大事なスタンスなのかもしれません。

似たような状況で例えるなら、自社で使っていた業務支援ツールをリプレイスしたい、と提案する時の流れです。

もともと使っていたツールに不満があればまだしも、特に大きな問題がない場合は、「なぜ」が問われます。現場が不満に感じていたとしても、導入の決裁権限がある人が問題ないと思っていたらなおのことです。

なぜ今このタイミングでリプレイスする必要があるのか、既存のツールとどう違うのか、コスト面は、など細かな説明が求められるでしょう。

何か新しいことを実施する際には、必ずと言っていいほど「これまで選ばれてきた要素」と比較されます。いくつか整理すべき要素の中で、見落とし

がちなのは**「今すべきか」**です。**メリット・デメリットの整理と合わせて、「なぜこのタイミングなのか？」という点は意思決定者側にとって重要**であり、納得のいく説明が求められます。

　事業を推進する際、あらゆる職種において、**重要だが緊急度が高くないタスクが存在**します。リソースに限りがあれば優先度をつけて対応せねばなりません。それとリサーチを比較した際、自信を持って「今取り組むべき」と言えるかどうか。

　事業の成果にすぐにはつながらないけれど、この数ステップ先での取り組みに必要だから、初めはリサーチの土壌を作ります、といったケースもあります。いずれにせよ、**リサーチと事業とがどのように関連しているかを整理して話せる必要**があるでしょう。

「タイミングが今じゃない」、「意思決定に必要な情報はユーザー視点以外の比重が高そう」と判断したら、**リサーチ以外の手段に舵を切る決断**も大事です。組織にとって必要で、自分に期待をかけられている業務があれば、そちらに取り掛かるなどです。

■ リサーチを「プレゼント」と捉えてみる

　リサーチ活動を通じて、事業や組織がどのような状態になると良いか考える時、私がいつも思い浮かべるのは、**プレゼントを相手に渡すシーン**です。

　プレゼントを渡す時、ひとりよがりになって失敗した苦い経験があります。大学生の時の韓国旅行で、足のかかとパックを買って帰った時です。

　普段、自分がかかとケアをできていないから母にも買って帰ろうと思いました。

　母に渡してしばらく経った頃、家でかかとパックを見つけました。母には、どのタイミングで使ったらいいかわからず、そのままになってしまっていたようです。

　せっかくのお土産でしたが、結局自分がもらって使うこととなりました。

　この経験から、**「相手が心から喜ぶ行動」は、相手をよく観察していないとできない**のだなと痛感しました。

　それから、いつも好んで食べているもの、母が私にすすめてくれたもの、私の持ち物で「これどこで買ったの？」と興味を持ってくれたものを覚えて

おくようにしました。

　そうすると、大きなサプライズを生み出すことは難しくなりましたが、確実に使ってくれて、喜んでもらえる品を渡せるようになりました。

　リサーチも、きっと同じです。

　手渡したい人にとって「今嬉しい」とわかっているものなら積極的に手渡します。

　リサーチをうまく動かしてきた方のお話を聞くと、みなさん口を揃えて**「タイミングを見る」、「機運を逃さない」**と仰います。まるでサーファーが良い波を探すように、**組織や事業の動向を見ている**のです。

　良い波が来るタイミングとしては、**これまで選ばれてきた手段では太刀打ちできなくなって、何か新しいアプローチはないか、と探す時である点が共通**していました。

　反対に、事業がうまくいっている時に提案しても、各所を動かすのは難しかっただろう、とも仰っていました。

　「今はいらない」と思っているタイミングでは、無理にリサーチを行いません。いらないプレゼントを渡されても邪魔になってしまうだけだからです。

　このように、2つの視点を意識すると共に、相手が受け取れそうなタイミングはどこかを見極めることで、ユーザー理解と事業をつなげられることを心に留めていただければ幸いです。

　ただ注意したいのは、メンバーが期待している答えに合わせて調査結果を調整してしまわないことです。

　ユーザー理解は、事業のために誠実に使われるべきです。組織内の特定のメンバーの意見を下支えするためのリサーチ活動であってはなりません。XXさんを納得させるためのリサーチを実施したなら、その場はしのげたとしても、本質的な課題解決にはつながらないでしょう。

　ユーザー視点を取り込む際には、メンバーが知りたい答えではなく、**思考を前に進められる情報を持ってくる**ようにします。ユーザーの世界で知り得た情報そのものを恣意的に操作する行為は許されませんので、**たとえ意図とは大きく反する情報であったとしても、**素直に受け取れるような環境を整備**しながら、ユーザー視点を届けていく**よう誠実に働きかけていきましょう。

第 **1** 部

3つの視点でリサーチの
必要性を捉える

第1部では、「リサーチが有用ではないか」という気づきをどのようにして実現させていくかを考えるべく、組織やチーム、事業からリサーチを捉えることを試みます。質の高いリサーチは、組織や事業の深い理解があってこそ。リサーチだけにフォーカスしてしまうと、周囲からの協力が得づらいこともありますので、3つの視点——自分、組織やチーム、事業の視点に切り替えて、状況を整理していきましょう。

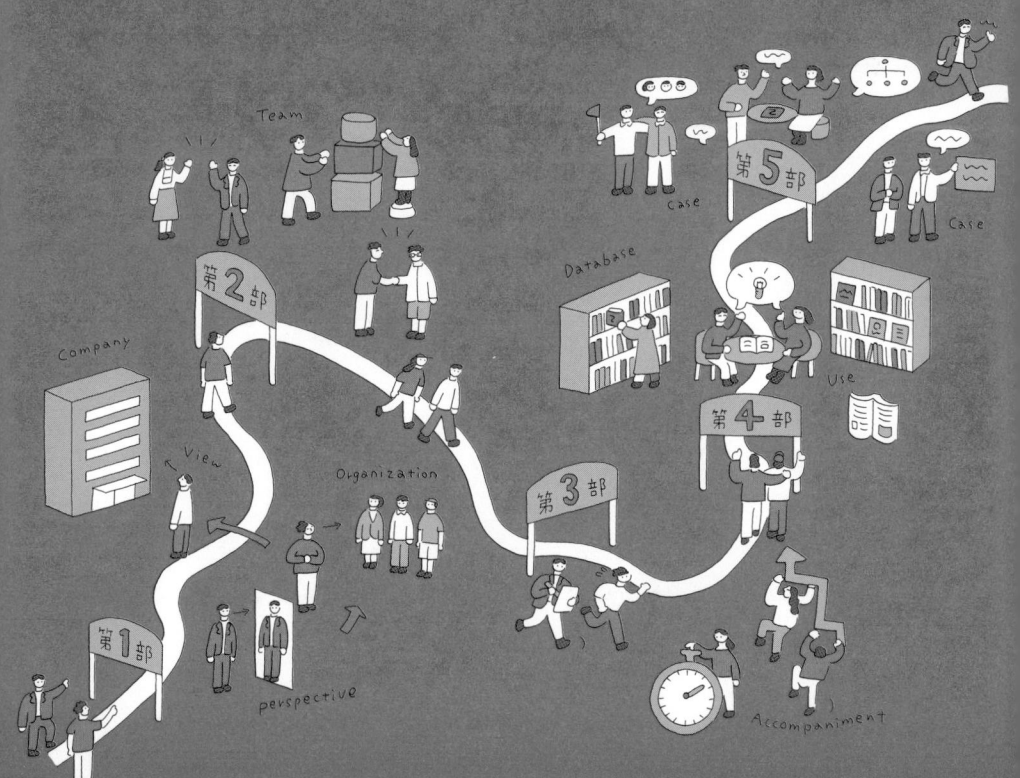

第 1 章

自 分 ・ 組 織 ・ 事 業 の 3 つ の 主 語 を 切 り 替 え る

ここまで、リサーチと事業・組織をつなぐ視点をご紹介してきました。次は以下の項目を主語にしてリサーチを捉えられそうかを整理していきます。

- 自分単位
- 組織・チーム（メンバー）単位
- 事業単位

この3つの単位をそれぞれ主語にしてユーザー視点の影響度合いを言語化できると、実際にリサーチ活動を進めるイメージがつきやすくなったり、周りに興味関心を持ってもらえたりするなど、強力な武器になります。

つまり、「**組織を味方につけた、リサーチ活動の巻き込み方**」が見えてくるのです。

逆に、視点の切り替えが不十分だと、何がなんでもリサーチ！といった近視眼的な捉え方になってしまいがちです。こうなると、相手に伝わりづらく、周囲を巻き込んで進めるのが難しくなってしまいます。

言語化するだけではなく、実際にやってみて形にして、小さくとも**成果としてわかりやすく見せることで理解してもらえたり、興味を示してもらえたりするケース**もあることを添えておきます。

 ## 一番難しいのは「事業」を主語にすること

整理する上で、特に頭を悩ませるのが、**事業単位**です。組織によっては、自分の権限でアクセスできる情報に限りがあり、全容がつかみにくいこともあるでしょう。情報が少ないとイメージが描きにくくなります。

また、目の前の問題から解決に動こうとすると、木を見て森を見ずといった状態になりがちで、**自分にとっては課題だと思っていたことが、実はさほど重要ではなかった**という場合もあり得ます。

事業単位の文脈で言語化する際、**経営陣がどのようにユーザー理解を捉えているかも重要な要素**です。これまでリサーチ活動に取り組んでいなかった組織の場合、特に気にかける必要があります。

　組織によっては、経営陣との距離が遠い場合もあると思うので、**自分が手の届く範囲、動かせそうな範囲にいる意思決定者がどう捉えているか**、と読み替えていただいても良いでしょう。

　「リサーチする意味って何？」といった発言が出てくる場合、その背景には2つの状況があるように思います。

- 実際に必要ない
- 必要はあるが、伝わる説明になっていない

　前者は、すでに検討されており、必要ないとわかっている状況です。自分自身は必要だと思っているが、事業視点で捉えると重要ではない。「別に今やらなくてもいい」と判断されるようなケースとも言えます。

　この場合、お互いの考えをすり合わせながら、ベストな着地点を探るコミュニケーションをとっていく流れになると思いますが、**事業上、注力すべき方向性が定まっていて、リサーチを組み込んだとしても影響力が薄い、または組み込むことによって進行に後れをとるといった場合は、やらない判断をする方が良い**でしょう。

　この場合は、**今組織や事業に必要とされ、自分に期待されている役割を全うすることが、遠回りのようで近道**になります。先ほどのプレゼントの例でお伝えしたように、無理やり進めても、誰も嬉しくない可能性が高いのです（状況を捉えた上でリサーチ成果を見える形にして伝えるという選択肢もあり、一概にNGとは言えませんが……）。

　一方で後者は、必要性が認知されていない、または必要性について納得を得られていない状況です。

　説明が不足していて理解が得られない時は、**リサーチをすることで何を達成したいのか、業務にどうつながるかについて、ユーザー体験だけが強調され、ビジネス面の考慮がなされていない**ことが往々にしてあります。「あったらなおいい」という説明に聞こえてしまうようなケースです。

序章の［視点2］でもご紹介したように、**経営陣や意思決定者が見ている景色にはリサーチの他にも無数のアプローチが存在**しています。その中で最適なものを選ぶ場合、できるだけ成功確率が高い選択肢を選びたいものです。

意思決定の内容によりますが、これまで検討したことがない領域などイメージがつきにくいものや、人的資本や資金などを大きく投資する領域の場合は難度が高いように思います。

リサーチには、**ユーザー視点を提供することで意思決定の不確実性を下げるという良さ**があります。例えば、こんなシーンで効果を発揮できます。

- 自社のユーザーがどういった点を理由に使い続けてくれているのか、競合サービスと比べてどのような点が価値なのかなど視野を広げる
- 想定していなかった使い方をするユーザーを深く知ることで、新たな事業領域を検討できる
- ユーザーを知ることにより、事業の可能性を広げたり、副次的にチームの目線が揃い、開発がしやすくなったりする
- データ基盤の整備や定性データの収集など、ユーザー理解を推進できる環境整備をしておくことで、今後の事業にとって良い判断ができるようになる

リサーチがもたらす良い効果の一方で、**かかるコストや期間についても同時に考え、事業が抱えている課題や目的に対して、どういった進め方が適切かが議論の場に出ていなければなりません。**

みなさんなら、次の問いを明らかにするため、どんなことを行いますか？

- リサーチが敬遠される背景はどこから来たのか
- 今の事業・サービスはなぜユーザーに選ばれているのか
- 今このタイミングで組織やチームにとってリサーチが役に立ちそうか
- リサーチを実施しても良い場合、現実的に工数や予算がとれそうか
- リサーチを実施することで達成したい状態は何か

事業が、なぜ必要とされ、選ばれているのか。その要因をさらに強めるに

は、どんなアプローチが必要なのか。関連する情報を集め、丁寧に解きほぐすことで、事業としてどこに投資すべきかという輪郭が見えてきて、ユーザー視点と事業とのつながりが明確になっていきます。

■ 事業視点・組織視点とリサーチのつなげ方

事業視点・組織視点の存在を意識できたら、現場でどう立ち回るとうまくリサーチが回っていくのか。実際の事例をご紹介します。現場でのコミュニケーションの仕方や、提案の流れなどに注目して見ていきましょう。

ご紹介するのは、2017年当時、インターネットメディアの運営会社、株式会社リブセンスにデータ分析グループのマネージャーとして所属していた新保直樹さん（現プレイデータ株式会社代表取締役）の事例です。

求職者向けの転職関連サービスを複数運営しているリブセンス社は、これまでのWebマーケティングを中心としたサービスの成長に限界が見え始めている状況でした。

新保さんが所属する分析グループでは、定量的なデータ分析によるサービスの改善をしていました。レコメンドエンジンや検索結果の最適化といった施策を進めていたのですが、定量的なデータの分析だけで解決できる問題は限定的だと感じていました。そうした中で、「自分の専門領域であるデータと何かを掛け合わせて、事業課題を解決できないものか……」と考えるようになったのです。

そこで、今のプロダクトがどんなユーザーに使われているか定性データを取得することで、プロダクトの改善施策が出しやすくなるのではないか、と考えました。競争優位性を高めるためのコア機能の開発やピボットを、定性データによって支援するのです。

定量と定性、データの種類は違いますが、考え方が似ていることに着目しました。定量的なデータ分析とUXリサーチは、それぞれ活かしどころが違います。**今の事業フェーズでは、課題が発生している背景や構造、文脈を把握することが、より良い提案につながると考えたの**です。

そのため、新保さんは、当時出版されていたUX関連の書籍を片っ端

から読み、同時にUXを専門的に学べる大学院へ通い、知識を身につけていきました。

　ちょうどその時、周りでも「顧客へインタビューしていろいろ聞けるらしいから、リサーチに取り組んでみたいけど余裕がないんだよね」とか「専門外だし、スキルがないからすぐにはできないよね」といったような、「リサーチが大事だと薄々わかってはいるものの、専門外だしできないかも」という声が聞かれました。

　リサーチに取り組みたい人が周りにいると、なぜわかったのでしょうか。それは、普段の新保さんの行動にあります。

　当時、会社に所属して3年が経つ頃で、自分と同じプロジェクトに入っていた人や同期がチームリーダーになったり、マネージャーになったりしていました。新保さん自身も、横断部門のマネージャーに就いていました。

　ランチに行く時や普段の立ち話など、**事業がどうなるのか、自分たちに何ができるかなど仕事雑談をする中で、リサーチの話題も出ていたのをキャッチ**していました。これまでのつながりで気軽に話している人たちが事業責任者になっているなど、**意思決定権を持っているレイヤーに話しかけやすかったのも大きかった**と言います。

　また、新保さんのデータ分析チームは、組織の中で横断的に動くようなチームだったので、**日常的にマネージャークラスや部長クラスに話しかけ、事業状況を把握した上で適切な提案ができるように情報収集**していました。今はどこで困っているか、データサイエンスを活かして解決策を提案できないかを考えていたのです。

　この動きがないと、社内受託のような形になってしまうため、日頃の業務でも、他のチームの様子を気にかけるようにしていました。

　継続的なヒアリングを通じて事業状況が把握できていたこと、これまでの勝ちパターンの限界が見え始めていて、新たな価値創出が必要だという機運が高まっていたことを追い風に、事業に今必要なのが「リサーチ活動だ」と結論づけたのです。

　ちなみに、事業が順風満帆であれば、UXリサーチはそもそも必要ないと自分も判断したし、たとえ提案してもうまくいかなかっただろう、

と新保さんは振り返ります。

　なぜなら、「**自分で動かせないパラメータが多かった**」からです。

　事業構造や組織を取り巻く環境を見て、うまくいっている施策がある時に、わざわざUXリサーチにコストをかける必要はない、と判断されそうだと思ったようです。

　社内のPMを誘ってみたところ、リサーチができたらいいな、ともともと感じていたらしくお互いの思惑が一致したので、**まずは小規模のリサーチプロジェクトを業務外活動として始めました**。

　さらに、取り組みに興味を持ってくれたデザイナーなど、別職種の人にも関わってもらい、小さな成功体験を作っていきました。

　この時、**ある程度社内の人脈もあり、組織のキーマンも知っている、自分からコミュニケーションもとれる**、といった状況や、自分にも**これまで組織で蓄積してきた信頼**があり、「新保さんがやるなら、一緒にやりたい」という人がいたことも追い風になりました。

　リサーチプロジェクトを進める時に大事なのは、**自分の裁量で成功体験を積めそうな範囲を見極めること**、と新保さんは言います。

　影響範囲を広げたい場合は、**どのレイヤーの誰を動かすべきかが大事になります。どこまで影響範囲を出したいかについて、アクションをする場所によって影響範囲を見積もるのが大事なのです。**

　初めは、事業活動に直接影響しない課外活動から始め、その活動が事業本体にも活かせそうだという実績を少しずつ積み上げていきました。

　途中で、**リサーチの影響範囲である組織のキーマンと会話**し、共通認識を持ってリサーチ活動を増やしていきました。最終的には、UXリサーチを主軸に組織の中で活動するようになったのです。

　これまでの経験を振り返って、新保さんは「リサーチの能力が突出しているだけではリサーチプロジェクトを動かすのは難しく、**事業を理解して今やるべきことを整理できるスキルが大事だ**」と言います。また、新しいことへの挑戦や未経験の職種への挑戦を応援する社風があったことも大きかったと言います。

この事例には、事業視点と組織視点が出てきました。いくつかピックアッ

プしてみましょう。

事業視点

- サービスの成長率の鈍化から、プロダクトで競争優位性を作る方向性を検討
- 今の事業フェーズでは、課題が発生している背景、構造の特定、文脈を把握することが、より良い提案につながる
    ➡ ユーザーの定性データを取得することが適切と判断

組織視点

- 日常的に事業状況を把握するため、マネージャークラスや部長クラスに話しかけ、適切な提案ができるように情報収集
- ランチに行く時や普段の立ち話で、リサーチの話題をキャッチ
- 社内の人脈もあり、組織のキーマンも知っている
    ➡ 自分から直接コミュニケーションをとる

　新保さんの事例のように、**組織や事業の大きな流れの中で、ユーザー視点がどう配置されるとその流れをより強く推し進められそうかを自分の中で整理し、その効果を最大限に発揮できるような進め方**を考えられると、伝わる説明にグッと近づきます。

　では次章から、自分・組織・事業視点の切り替え方について、それぞれ具体的に見ていきましょう。

第 2 章

［STEP 1］自分視点で「立ち位置」を把握する

　ユーザー視点と事業とをつなぐ第一歩として、まず自分自身について、そして自分に見えている景色について言語化していきます。

　自分がリサーチ活動を進めたいのだから、改めて自分に必要性を問うこともなかろう、と思われるかもしれませんが、ここでは、**自分が組織の中でどのような役割を期待されているかという観点から捉え直してみる**のです。

　あなたが経営者でない限り、上司（＝組織での自分の活動を評価する立場の人）がいます。上司の他にも、自分の仕事ぶりを評価してくれる人がいるかもしれません。その方たちは、自分にどんな働きを期待しているでしょうか。

　期待されている働きができたかどうかは、評価に直結します。その際、陥りがちな落とし穴は、目的と手段を取り違えてしまうことです。

　私自身、前提として、**リサーチ活動をすることがみなさんの評価にポジティブにつながるものであってほしい**と願っています。一方、**社内評価を上げるためにリサーチするものではない**とも強く思います。

　みなさんの中に社内評価を上げるためのリサーチをする方はいらっしゃらないと思いますが、リサーチそのものが目的になってしまうと、なかなか組織の信頼は得られないものです。

　リサーチは、事業を前に進めるための手段として使われるべきです。自分自身が、事業に貢献し、その先にいるユーザーに価値を届けたいという目線になっているでしょうか。

期待役割とユーザー視点とのつながりを言語化する

　リサーチ活動を始める場合、それを**どのような位置づけで行うのか**、**組織の中でどう評価してほしいのか**、**自分の期待役割との重なり**を探ります。

　組織に評価制度があるなら、期初に目標設定し、目標の達成度合いが評価されると思います。目標はすなわち、自分がその組織で期待されていることであり、上段には事業の目標が据えられています（まだ自分の目標が設定され

ていない場合は、一旦、事業目標を自分の目標だと捉えてみましょう）。

そのため、まずは、**自分の行動を評価する立場の方（上司や部門長など）と対話する時間をとりましょう。**

私がこれまで全くリサーチをしたことのない組織に所属していると仮定したら、「リサーチしてみたいんです」と伝えるのではなく、自分の目標設定や期待役割に即して、「それを叶える手段として取り組んでみたいことがあるので、相談に乗ってもらえますか？」と聞くと思います。

上司との対話では、**目標設定と、自分が行いたいことがどう関連しているかの考えを伝える**ようにします。今回検討しているリサーチが、プロダクト開発やマーケティング、広報活動、チーム運営など、どの分野に特に効いてくるのかを明確化します。

リサーチを進めたいと考えた背景を伝え、**事業の課題が今ここにあると感じていて、その課題への対策としてリサーチが有用だと考えているがどうか、**と話してみましょう。

この時、「リサーチ」という言葉のイメージが、人によって異なることも多く、場合によっては警戒されることもあります。そのため、**「自分がリサーチを通じてどんなことをしようと思っているか」、「なぜ自分がリサーチをしてみたいと思っているのか」という背景を重点的に伝える**よう意識してみます。

さらに、進め方のイメージや、誰に協力してもらうか、リサーチ結果について、どんな状態になっているとリサーチプロジェクトが「達成できた」あるいは「一定の成果を上げた」と判断できるかなど、会話してみます。

私だったら、「事業上の意思決定でリサーチが強くサポートできる部分はここだと思うがどうか？」、「例えばリサーチを通じてこれがわかったとしたら？」など、事業をより良い方向に動かしていくための一つのアプローチとしてリサーチがあり、取り組んでみたい、といった流れで話すと思います。

チームのリソース配分やプロジェクトの進行度合い、事業の優先度など、自分にとって曖昧な情報については上司に尋ねながら一緒に考えていきます。

リサーチ活動が期待役割にも沿ったものになっていれば、「どうやったら実現できそうか」の話題に自然と移っていくことができます。

自分の「影響度合い」を捉えて
仲間を巻き込む

　期待役割と合わせて、**自分がどれだけ組織に対して影響力があるかも**、リサーチを実行に移す上では重要な要素になります。

　影響力が高いのは、次のような要素を多く持ち得ているケースです。

- 組織において信頼されている
- 決裁権や意思決定権のある領域が存在する
- 社内の人脈を頼れる
  - 経営層など上のレイヤーとコンタクトがとれる
- 専門性を発揮して、目に見える成果を出せる

　なかでも、**「組織において信頼されている」** かどうかが、まず重要です。それはつまり、現時点で決裁権や意思決定権がなかったとしても、期待をかけてもらえるかどうかと同義だからです。

　前章で、ユーザー理解を提案しても今はそのタイミングではない場合、信頼してもらうために、今、あなたに期待されている役割を全うする、成果につながる行動をするなど事業貢献しましょう、とお伝えしました。

　それは、まさにこの**影響度合いに強く関わってくるから**なのです。

　信頼は、よく貯金に例えられます。在籍年数が長いと自ずと人脈も広がり、これまでの実績も相まって信頼という名の貯金が貯まっていきます。

　信頼貯金が多ければ多いほど、自分が組織でできること、関われることの幅が増えていきます。

　もちろん、転職したばかりのケースもあると思います。その場合、近くに同じ想いを持った影響力の高いメンバーがいるのであれば、その方と一緒に進めることで、メンバーの影響力を借りるのもいいでしょう。

　自分にはわからないこと、苦手なこと、持っていないことについて、誰かに頼れるのが、チームとして働く強みなのかもしれません。

　私が若手の頃を思い返すと、「こんなこともできないのか、と思われるかも」といった不安や、逆に「自分が専門性を持ち得ている領域に口出しされ

るなんて嫌だ」、「得意なことを誰かに手渡すより自分でやった方が早い」といった自尊心を持っていました。

でも、事業の先にいるユーザーのことを考えた時、自分の得意・不得意に目を向けたり、できないことを頑張って習得したりするよりも、できる人に頼る方がゴールに早く辿り着けると思うようになりました。

最終的に、ゴールを達成できればユーザーに大きな価値を届けられます。そのためにも、「社内の人脈を頼れる」かどうかは重要な要素になってきます。

組織に所属するからこそその強みを遺憾なく発揮するためにも、次のステップで組織視点に切り替えて考えを深めていきましょう。

第 3 章

［ S T E P 2 ］組 織 視 点 に 切 り 替 え る

自分視点でリサーチの必要性を整理できたら、次は組織視点です。
**誰をどう動かしていくと、ユーザーにとっても、組織にとっても、事業に
とっても三方よしなリサーチ活動になるのか**考えていきましょう。

リサーチ活動を進める際にありがちな落とし穴は、一人だけが良かれと
思って活動しても、周りがついてこないことです。

例えば、プロダクト開発の現場メンバー（UXリサーチャーやデザイナー）が
「リサーチしましょう！」と実行したものの、事業責任者はその動きをほぼ
把握していないといったケースです。

この場合、他の職種にとっての重要度と緊急度が不明瞭で、着地が曖昧に
なることが多く、結局チームとしてはあまり意味をなさないリサーチ活動に
なりがちです。こういった失敗が起きる一番の要因は、リサーチそのものに
フォーカスしてしまい、組織の中でのリサーチの位置づけを捉えられていな
かったことにあります。

そのため、まず取り掛かるのは、組織構造の理解です。**組織理解なしには、
活用されるリサーチを生み出せない**ことを心に留めていただき、以下の2つ
を押さえられるようにしましょう。

1. 自分が組織図のどこにいて、意思決定の流れはどうなっているか
2. 自分が所属しているプロジェクトや主業務において、実際にリ
   サーチプロジェクトを実施するとなった場合の体制
   a. そのプロジェクトの責任者は誰か

UXリサーチ関連の教科書を読んで手法はわかったが、**現場でどう実践し
たらいいかわからないというつまずきの多くは、今自分が所属する組織がど
ういう状態か、組織の力学がどうなっているかという理解をすっ飛ばして考
えてしまう**ことから来ています。

教科書に書いてある内容をそのまま実践しようとしても、組織によってそ

もそもの前提条件も違うし、職種の呼称も違うし、事業フェーズも何から何まで違う状態であることがほとんどです。現場で実践することそのもののハードルが高いこともままあります。

どの組織であっても、**一歩目は組織を理解すること**なのです。組織によってフィットする形は異なるかもしれません。**組織にフィットさせる方法を見つけていくアプローチとして、意思決定の流れをつかみ、その流れに沿った形でリサーチを推し進めていく**と、うまくいきやすいものです。

今必要なのか、意思決定したいのは何か、どれくらいの情報が必要なのか、誰がメインでリサーチ結果を読み、意思決定するのか……これらの要素は、リサーチを実施する場合に押さえておきたいものですが、**答えは全て組織の中にある**のです。

さて、ここから組織の意思決定の流れと、そこに関わるメンバーの動きについて細かく見ていきましょう。

01 》自分が組織図のどこに位置し、意思決定の流れはどうなっているか

あなたは、今どの部署でどんな役割を担っているでしょうか？　何か特定のプロジェクトに所属したり、チームで横断的に関わっていたり……その中で、方針を決める際、普段どのように行っていますか？

チームの構成メンバーが自分だけなら、リサーチに一旦取り掛かってPDCAを回すのでも良いと思います。

一方、メンバーが複数名いて、職種も様々な場合、**チームとして意思決定するためのフローや予算、キーパーソンとなる人物を意識**せねばなりません。彼らの興味関心にアンテナを張っておくこと、キャラクターを理解することで、必要な情報の粒度やタイミングが変わってきます。

結論ファーストで言われた方がすんなり受け止められる方もいれば、多くの情報を集めて比較検討する方が納得感を持てる方もいます。

また、第2章でもお伝えしたように、**自分がどれだけ決定権・裁量権を持っているか**も重要です。自分の裁量でどこまで決められるかによって、進め方が変わるからです。

■ 意思決定者と1on1してみよう

　組織の中でリサーチ活動を進める上で押さえておきたいのは、意思決定者や、決裁権限を持っているメンバーです。その意思決定者が、活動や想いに共感し、応援してくれたり一緒に進めてくれたりすると、リサーチ活動がグッと進めやすくなります。

　ここで意思決定者と言っているのは、仮にリサーチプロジェクトを実施するとしたら、**リサーチ結果を見て事業やプロダクトの方針を決める人**です。方針決めの際、強い影響力を持つ人が他に存在するのであれば、その人も併せて思い浮かべておきます。

　意思決定者と一緒に仕事をしていたとしても、事業状況をどう捉えているか、今何に最も興味があるか、腰を据えて話す時間は意外ととれていないのではないでしょうか。おすすめなのは、1on1をすることです。

　1on1の準備として、今回話を聞きたい意思決定者（仮にXさんとします）がどんなことに取り組んでいるか、イメージをつかんでおきます。おすすめは、Slackでの発言内容や議事録などを見ておくことです。

　Xさんとの1on1で、私なら以下のような内容を聞いてみます。

- 今取り組んでいる業務内容
  - 課題感を持っているところ、困っているところはあるか
- 普段何かを意思決定する際、どんなことを気にかけているか
- 目標やミッション
  - それをどういうアクションで達成しようと考えているか
    - 阻害要因は何があるか
    - アクションの中でイメージできないポイントがあるか

　話す上で大事なのは、**徹底して相手の話を聞くこと**です。

　リサーチの話をしたくなるかもしれませんが、1on1では、**「Xさんの目標やミッションを一緒に達成するなら、何ができるか」**と視点を切り替えて考えるのが一番の目的です。

　特に注目すべきポイントは、相手が困っていること、何か力を貸してほし

いと思っていることがあるかです。そういった話が出てきたら、どんな背景があるのか、その方を取り巻く環境を丁寧に紐解いていきます。

困っていることのヒアリング（例）
- 「どんな点で『困った』と感じられているのですか？」
- 「今、その点についてどんな取り組みをされているのですか？」
- 「どんなことがわかったら前に進めそうですか？」
- 「今必要なのは、何％の人が使う意向を示すか、というボリュームですか？　仮に数字が明らかになった場合、その後数字をどの資料にどう反映するのでしょうか？」

　話をする中で、ユーザー情報の分析など、リサーチと共通項が見出せそうになったら、リサーチの話題にも触れてみます。ここでXさんが共感してくれて、Xさんの目標達成にリサーチが有用そうだという共通認識がとれたら、情報収集できるだけでなく、共感者を増やすこともできるわけです。

　その場ではリサーチ活動に直結しない場合でも、自分とは立場の違う方と交流の機会を持ち、仕事雑談のような話ができる関係性が構築できると、実際にリサーチを企画、設計していく上で役に立つことも多いものです。

02 》実際にリサーチプロジェクトを実施するとなった場合の体制

　意思決定者の他にも様々なステークホルダーが存在します。彼らがどう関わってきそうか、**実際にリサーチを実施する場合、どういった体制になるかをイメージ**していきます。可能であれば、具体的な名前も挙げていきましょう。

　イメージがまだ固まり切っていなければ、上司や所属するチームに、「例えば『新しいツールを導入したい』とか『開発プロセスで新しい手法を試してみたい』と思った場合、どう進めると良さそうか？」と尋ねてみると、誰を押さえておくべきかのヒントが得られるかもしれません。

　リサーチプロジェクトを実施する上で必要な要素としては、以下が挙げられます。それぞれ見ていきましょう。

- リサーチ実行者
- リサーチの報告を受ける相手（意思決定者）
- リサーチ活動そのものの評価者（上司）
- リサーチのために使えるツールや予算

■ リサーチ実行者

リサーチ実行者が自分だけのこともあり得ますが、あえて誰かと一緒に実行するなら、という視点で考えてみます。

思い浮かべたメンバーの中で、**「協力してくれそうな人がいるか」**と検討してみましょう。プロジェクトに所属するPMやデザイナーなど、リサーチに興味がありそう、理解がありそう、賛同してくれそうなど何かしら好意的に関わってくれそうな人をイメージするのです。

個人的には、一緒にリサーチに取り組む人を増やすことにより、リサーチの質が高まり納得度合いが増すと考えているので、**少しでも興味がありそうな人は初期段階から声をかけておく**ことをおすすめします。思いつかない場合は、とりあえず一人で進めると仮定して、次の項目に移りましょう。

■ リサーチの報告を受ける相手

次に考えるのは、**リサーチ結果を受け取って、プロダクトや事業の方針を決める相手**です。

特に、事業会社のリサーチ活動においては、XX総研などの調査を除き、**リサーチの結果自体が完成形ではない**ことがほとんどです。

リサーチはあくまで通過点の一部にすぎないため、リサーチ後のステップ（仕様検討や施策検討など）との接続を考える必要があります。

リサーチ後のステップで、誰がその結果を閲覧するのか、誰が閲覧して方向性を決めるのか思い浮かべます。

■ リサーチ活動そのものの評価者

あとは、リサーチ活動そのものを評価してくれる相手です。みなさんの組織における目標に関わってくるので、活動の進捗や、今の状況がどうなって

いるかなどこまめに報告を入れておくと良いでしょう。

　事業全体の動きなど、リサーチに関わる状況変化をキャッチするためにも、コミュニケーションを日頃からとっておきましょう。

■ リサーチのために使えるツールや予算

　最後は、**リサーチ実施のために使えるツールや予算があるかの確認**です。組織によっては、これまで使ったことのないツールを利用する際に、社内申請が必要なこともあります。社内申請にどれくらいの期間がかかるのか、相談先はどこかなどを確認しておきます。

　また、初めは潤沢な予算がとれないかもしれないので、Googleフォームなど無料で利用できるものを使うなど、コストをかけずに実施できるか一旦シミュレーションすると良いでしょう。自分の人件費をかけて取り組んでも良いか、という点については、上司とすり合わせすることをおすすめします。

　以上4点を確認したら、**意思決定者と協力してリサーチ活動が進められそうか、頭の中でシミュレーション**します。

　どう関わってもらうとうまく進められるかについても、いくつかパターンがあります。

- 企画段階、手を動かすところから入ってもらう
- 実務は自分一人で行うが、壁打ち相手になってもらう
- 意思決定者に信頼を置かれている仲間を見つけ、一緒に協力体制を築きながら進める……etc

　一連の流れを通じ、意思決定者は存在するが、一緒に進めるのが難しそうと感じた場合は、「別のチームで同じようにできそうか？」、「もっと自分の取り組みに共感してくれて、一緒に進めてくれそうなところはないか？」など、探ってみるようにします。

　リサーチをただ進めるだけではなく、関係者がどのように関わってきそうか、具体的にイメージをすることで、実現可能性が高まります。

[STEP 3] 事業視点に切り替える

　ここまで、自分視点、そして組織視点で捉えてきましたが、これら2つの視点を下支えするのが、「事業視点」です。

　本来、リサーチ活動を通じて、事業目標の達成に寄与するのが理想ですが、そのためには**リサーチを通じて事業目標のどこを達成したいのか、どういう状態まで持っていきたいのか**などが明瞭でなければなりません。

　クライアントワーク／事業会社／スタートアップなど、規模やフェーズを問わず、株式会社であれば、継続的な利益を生み出す必要があります。「なぜリサーチをするのか？」、「なぜ今なのか？」というのを説明する場合、事業理解をベースにした上で、以下の問いに答えを用意していきます。

「なぜリサーチをするのか？」から考えるべき問い
- 仮にリサーチがうまくいったとして、プロダクトやチームをどんな状態にしたい？
- その状態に対して、リサーチは適切な手法？

「なぜ今リサーチをするのか？」から考えるべき問い
- リサーチが適切だとしたら、今すぐやった方が良い？
- 今やらなかったとしたら、どんな悪影響が出る？

　これらの問いを考える上で、**事業構造の理解、事業上重要な指標とそれにまつわる組織活動の把握が大切**です。どういった市場で、何を競争優位性としてこれまで勝ってきたのか、それらをどの部門が担い、どんな活動のインパクトが大きかったのかをつかんでいきましょう。

　なお、これらの意思決定の議論がわかるような議事録や報告書があれば併せて読んでおくことにより、組織の中でどう意思決定がなされてきたかの理解も深められます（組織視点の強化につながります）。

事業売上の構成要素を分解し、ゴールを設定する

　組織業務にはコストが発生します。人件費はもちろん、リサーチ予算をとり、組織のメンバーを動かすには、「コストをかけてもリターンが得られる」とわかるのが大事になってきます。

　事業理解を深めていく過程で重要なのは、**これまで売上が立てられてきた要素を分解すること**です。何によって利益を生み出しているのか、それに紐づく重要な指標はどれか、ということです。

　また、特定のプロダクトの売上だけではなく、経営指標として何が重視されているのかについても分解していきましょう。事業売上の構成要素は、KPI（重要業績評価指標）として示されることもあるでしょう。KPIツリーと呼ばれる、KPIを構造化したものがあれば、それをイメージしていきます。

　KPIツリーを俯瞰しながら、事業を推進する上で、どの部門がそのKPIに深く関わっているかを思い浮かべます。自分が深く関わっているところはどこか、それは売上にどの程度インパクトを与えられるところか。そういった点を中心に、全体像を把握していきます。

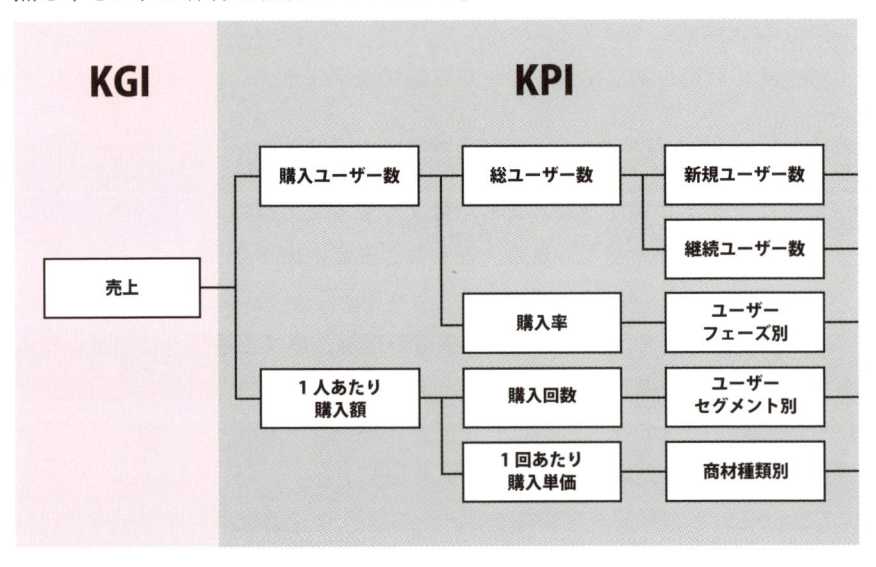

[図1-1] **KPIツリーの一例**

　その上で、**リサーチ活動を通じてKPIの数字がどう変化するのか**、または

数字には表れにくくても、事業や組織に対してどんなインパクトがあり、どういう状態に持っていけそうかを併せて考えていきます。

事業上、どのKPIを伸ばせばKGI（重要目標達成指標）につながるかという観点で考える場合、**ユーザー視点の理解が最適解にはならないケースもある**ことを踏まえながら、**今の事業フェーズ、組織体制にうまく組み込んでいけるか**という目線を持つことが大事です。

リサーチ活動の時間軸と事業の時間軸が合わないことは、往々にしてあります。短期的に取り組める施策で売上に結びつけたい場合、リサーチにかかる時間を捻出するのが難しい可能性もあります。

そうすると、これまで一定の成果を上げてきたパターンを踏襲したり、効率化に注力したりする方がいいかもしれません。仮にアプリの新規登録者数を増やしたい場合、一時的に広告宣伝費をかけて新規ユーザーを獲得することもアプローチの一つになり得ます。

一方、登録後にサービスから遠のいたユーザーにどうすればアプリに再訪してもらえるか検討している場合は、リサーチがヒントになるかもしれません。この場合、「施策を実施することで、再訪率がどれくらい上がると良いかを算出し、実際に再訪してくれたユーザーの共通点や特徴的な行動を洗い出します。そして、再訪率向上の施策出しにつなげます」といった説明もできるでしょう。

既存の事業とは別に、新規で事業を立ち上げる場合にもリサーチが効果を発揮しやすくなります。どの市場なら筋が良さそうかを見極める、いくつかアイデアがある中でどれから着手すると良いかという判断をつけやすくなる、という方向性でリサーチの価値を説明できるかもしれません。

総じて、リサーチ活動がうまくいかないとお悩みの場合、この**ゴール設定がうまくいっていないケースが多い**ように思います。

事業上の意思決定に何が必要か、何が把握できたらリサーチ活動が必要十分だと言えるのか明確でない、ゴールイメージがそもそもないなどです。

特に、「**チームがユーザー視点を得る**」といった、自社以外の文脈でも当てはまるような、よくある抽象的なワードでゴール設定してしまうと、そもそもどう取り扱っていいかわからない情報だけが手に入り、混乱を招く原因になります。

ゴール設定がうまくできるようになるコツは、**ゴール地点でどのような意思決定がなされるかを捉えること**です。

ゴール地点の意思決定から　リサーチを組み立てる

　施策の方向性など、事業上意思決定したいことがあり、その意思決定に影響する情報を取得する手段として、リサーチを実施するシーンをイメージしてみましょう。

　リサーチ前の仮説としてXXがあり、その結果によって意思決定する場合、XXのパターンならこうだがYYのパターンだとこうなるなど、**リサーチで得られた情報を意思決定につなげた時のストーリーを具体的に描けているかが、良いゴール設定に強く影響する**ように思います。

　N1インタビューから事業活動につなげていくことを説く『たった一人の分析から事業は成長する　実践　顧客起点マーケティング』(翔泳社)著者の西口一希氏も、**目的や課題の設定が曖昧なままリサーチを実施した場合、データをどう解釈していいかがわからず結論を出せないままで終わる**と警鐘を鳴らしています[1]。

　　西口氏によれば、企業が収益を上げ、かつ継続的に利益を上げ続けるためには、選択肢は以下の5つに収れんされる。そのどこに課題があるかの問いこそが重要である。

(1)　ロイヤルユーザーからの収益を伸ばす

(2)　通常のユーザーをロイヤルユーザー化して収益を伸ばす

(3)　自社プロダクトを認知している潜在顧客を新規顧客化して収益を伸ばす

(4)　自社プロダクトを認知すらしていない潜在顧客から認知を獲得し、一気に新規顧客化して収益を伸ばす

(5)　離反・休眠状態にあるユーザーを元に戻して収益を伸ばす

1「『日本のマーケリサーチは間違いだらけ』西口氏警告の真意とは」日経 XTREND
https://xtrend.nikkei.com/atcl/contents/18/00971/00007/?i_cid=nbpnxr_child

ところが、このような解像度で自社の事業の課題を見極めないまま、例えば「競合との差を知りたい」といった、いわば課題がないままの単なる思いつきを目的として、マーケティングリサーチを実施してしまう企業が大半だというのだ。

　西口氏は、「自社の事業の状況を踏まえて目的を定め、その達成のためにはどんな課題があるのか（仮説で良い）。その課題を解決するために何を調べればよいか。そこでこういう答え（データ）が得られたらこういうアクションを取る、というレベルまで事前に考えてリサーチをしないと、そもそもリサーチをする意味がない」と語る。

　グロースX取締役COO（最高執行責任者）の山口義宏氏も、事業にうまく活用されているリサーチと、そうでないリサーチの特徴を挙げています。いずれも事業責任者の目線を知る上では重要な捉え方となっています[2]。

　以下に、「うまく活用されない」リサーチの特徴を2つ挙げました。

(1)「リサーチで知りたいことは何か？」を入り口に設計する

(2)「知りたいこと」をリサーチの設計に盛り込み、定量でも定性でも何かの回答を得た後に、リサーチの分析結果から「言えること」「判断できること」を探す

　このように結果が出てから、何が言えるのかを探そうとすると、事業責任者から見ると活用の成果が感じにくい結果になりがちです。仮説も立てられないほどデータがない場合は、まずは理解のためにリサーチをするケースもありますが、こちらはある意味、例外です。

　一方、「うまく活用される」リサーチの特徴は5つ挙げられます。

(1) 意思決定したいことを入り口に設計する。意思決定の選択肢や分岐点を洗い出し、同時に分岐の背景理由となる仮説も十分に掘り下げて盛り込む

(2) 意思決定したいことを絞った後、意思決定に必要な情報のうち、リ

2「リサーチの落とし穴　事業に使える調査に必要な3つのスキル」日経 XTREND
https://xtrend.nikkei.com/atcl/contents/18/00977/00004/

サーチで取得可能な情報を明確にする。リサーチでは得られない情報もあるため、その場合は異なる方法で取得したデータを組み合わせて分析する

(3) 意思決定で必要な分析のアウトプットイメージ、意思決定者が理解と議論、判断をしやすいスライドとキーチャートを設計する

(4) 上記のアウトプットが作れるようにリサーチを設計する

(5) リサーチを実施し、当初に設計した意思決定の分岐フローとの結びつきを意識しながら分析結果を出す

(中略)

「ビジネスに使えるリサーチ」に近づける要点は、

- 意思決定分岐と仮説の構造化
- 意思決定しやすい情報が整理されたアウトプット
- ビジネスインパクトを理解しやすい数字への変換

という3つを押さえることです。

ご紹介したお二方の主張に共通することとして、リサーチで明らかにしたいことと事業上の意思決定が明確につながっていない場合は、たとえリサーチを実施した側が良いと思ったとしても、**事業目線では物足りない、活かしにくいと思うケースが往々にしてある**、ということではないでしょうか。

山口氏が指摘しているように、「**意思決定したいことを入り口に設計**」することが、**活かされるリサーチになるためには有用**です。

そのためにも、前章で述べた通り、どういったメンバーが意思決定に関わっているかなど、事業上の意思決定に関わるあらゆる情報を集め、編み上げるような意識で考えていくと良いでしょう。

ユーザー視点の取得にも、行動ログや発話、定量的なデータなど様々なデータがありますし、**何を取得したら事業上の意思決定をサポートできそうか**、具体化する必要があります。

そうすることで、ユーザーに聞くだけでは不十分で、業界の有識者に聞かなければ不確実性が潰せないなど、どこをリサーチではっきりさせるのかも明らかにしていけるのです。

さて、ここまで自分視点から組織視点、事業視点へと切り替えて状況を捉

えるよう試みてきました。

　第2部では、仲間を巻き込むための具体的な行動をご紹介していきますが、実際に行動をとるまでまだまだ遠いと感じる場合は、次に紹介するアプローチも参考にしてみてください。

対話を試みても難しい場合は……

　残念ながら、対話を重ねても意見が噛み合わないケースもあるかと思います。事業理解や組織理解の不足が原因であれば、理解を深めたら状況が好転することもあるかもしれませんが、もしかすると、相手を無理に説得しようとしてしまったケースもあるでしょう。

　かつて私も同じような経験がありました。当時、わかってほしいあまり、リサーチすることそのものの正当性ばかり伝えていました。この時、私は無意識のうちに二項対立のような構造で捉えており、**話の行き着く先が「勝ち負け」**になってしまっていました。

　振り返ると、お互いにとって全く建設的な時間ではなかったと反省しています。リサーチするのが正義である、という気持ちで話していると、その思いが相手にも伝わってしまい、わかり合うことがもっと難しくなります。

　そういった場合におすすめしたいのは、**勝ち負けの土俵から下りる選択をする**ことです。土俵から下りたら負けではないか？と思うかもしれませんが、そうではなく、**戦うゲーム盤を変える**のです。

　新しいゲーム盤では、今の状況を踏まえて、**「2人の共通の目標を達成するには？」**、**「今、この時間を2人にとって有意義なものにするために建設的なトピックは何だろう？」**などと、未来について考え、より良い解を導き出すことを目的とします。

　その方が、自分が価値を届けたいと考えているユーザーに対して、チームで目的を達成しやすくなるのではないでしょうか。

　感情的になってしまった時も、あえてこの問いを投げかけてみると、違った視点で状況を捉えることができ、少し気持ちが楽になります。

　自分の人格そのものを否定されているのではなく、自分の行為に対して指摘されている、と理解するとさらに気持ちが楽になります。自分の行為は、

未来に向けてアップデートすることができるからです。

一歩離れて**ヒアリングに切り替える**ことで、自分が知り得ない情報を上司が持っていて、その情報が上司の懸念材料になっているという事実が見えてくるかもしれません。

上司が自分に何を期待しているのか、また、自分のどんな振る舞いが評価に値すると思っているのかを対話の中で聞いてみるようにします。

例えば、**上司が中長期的に自分にかけている期待とリサーチ活動との相性が良くないのかも**しれません。上司としてはチームを牽引していき、マネージャーに昇格してほしいと期待しており、それに見合う実績を積んでいってほしいと思っているようなケースです。

上司からはどのような景色が見えているのか、確認しながらすり合わせることで、上司の発言の背景を深く理解できるのではないでしょうか。

リサーチの効果を定量的に 示せと言われたら……

難色を示される場合によくあるのが、「それって効果あるの？」、「定量的に出せるの？」と言われるパターンです。組織によっては、評価の際に効果測定がしやすいよう定量的な指標を明記することが求められます。

定量的な目標を求められた時にありがちな間違いは、とりあえずリサーチに関連して何か数値化できそうなところを探すことです。

リサーチだと、インタビューの本数を伝えて、達成したら評価してもらう形はどうだろう？と思いつくかもしれません。

この場合、**リサーチ数の達成だけが目標になり、リサーチをしたその先がどういう状態になっているべきかの視点が抜けたり、目標を達成するために件数だけを消化するような振る舞いを助長**したりしてしまいます。

営業の受注件数とは異なり、インタビュー数が多ければ多いほど良いかというと、そうでもありません。**決められた期間の中で、意思決定に必要十分なインタビュー数が確保できていれば良い**ので、そもそも合計件数を予測することも難しいでしょう。

定量的な目標を求められた時に確認すべきは、**「何を定量的に表す必要があるか」**の認識をすり合わせることです。単に**評価を定量的に表したい**とい

う話であれば、チーム内での振る舞いが期待通りだったか、前期の自分と比較してどの点がうまくいったかの数値化を求められているかと思います。

そうであれば、関わっているメンバーに評価アンケートを配布して回答してもらう、取り組みの前後でアンケートをとり理解度を比較するなどのやり方も考えられます。

自分の取り組みそのものを数字にできるか、どんな基準にするか、などについて上司と対話すると良いでしょう。自分がどういう形で評価してほしいと思っているかというイメージを併せて伝えると、上司と共通認識が持ちやすくなるでしょう。

一方、**売上など事業上重要な指標にどう結びつくか表現してほしい**、という場合はその視点から捉え直してみます。

先にご紹介した通り、多くのサービスやプロダクトにおいては、**事業売上に寄与する重要な指標**が存在します。その**指標との関連性を求められている場合は、どの数字に一番効かせたいのかという関連性を中心に説明**を試みます。

とはいえ、デジタルプロダクトの組織においては、リサーチ結果そのものが施策になったり、プロダクトになったりするわけではありません。そのため、**定量的に評価しづらい場合が多いもの**です。

ただ、短期的には数字が作れないものの、中長期的に見たら必要な活動であるケースも存在します。例えば、今すぐは数値化できないけれど、リサーチ環境を整えることでデータが取得できるようになる、といったケースです。

環境を整備することでデータが取得でき、その計測によって事業に効く施策が打てるようになる、今はそのためのステップのここに当たります……といった説明ができるかもしれません。

一方、**組織やチームによっては、「結果を見てもらって対話を試みる」**という方が、**現実的**かもしれません。

ユーザー理解が、明日からの自分の業務につながると理解できない場合は、往々にしてこれまで自分の仕事の延長線上でユーザー理解をしたことがないのです。見たことがないから、判断しようもないケースがあるものです。

その場合は、**先に仲間を見つけて目に見える形にすることが近道になる**ケースもあります。

組織視点、事業視点の切り替えを行う中で、協力してくれる仲間が見つかれば良いですし、難しそうな場合は、ちょっと離れていても仲間になってくれそうな人を探しましょう（第2部ではそんな仲間の見つけ方や、プロジェクトにおける進め方について書いています）。

　いろいろ試したものの、**「今の組織ではリサーチ活動よりも別のものが求められていそうだ」**と思うこともあるかもしれません。不要なリサーチは行わない判断をするのも、UXリサーチャーの役割です。

　もしかすると、別のプロジェクトチームや組織などに目を向けると、チャンスがあるかもしれません。引き続き情報収集しながら、次に良い波が来た時にすぐ乗れるような準備を進めておき、タイミングを待つようにします。

◤ 良いリサーチは良いチームから生まれる

　その他、**「ユーザーに向き合って仕事をしていきたい」**と考えるメンバーが**すでに揃っているチームに入る**という手もあります。

　良いリサーチは、良いチームから生まれます。

　リサーチを実施するのは、事業を良い方向に導くためである、という前提を見失わないようにしたいものです。

　そのためには、**チームに所属するメンバー全員が同じ目標を持ち、達成するぞ！という気持ちを持っていること**が重要です。

　仲違いをしている、誰かの意見が強くて他のメンバーが従うだけになっていて意見が出しづらい……こういった状態の時は、リサーチ云々ではなく、チームを健全な状態に立て直すのが先決です。この**立て直しにリサーチを使うことはできませんし、してはならない**と思っています。

　ユーザー視点を組織に流通させるためには、まず組織課題が整理され、メンバーが前向きになっている状態を作ることが大事です。メンバーが事業に向き合える状態が作られて、初めてリサーチの実施を検討できるのです。

　この環境整備には、根気強さと、粘り強さが問われます。まだそこまでリサーチについて詳しく勉強していない場合は、心が折れそうになったり、答えに詰まってしまったりするでしょう。

　幸いなことに、社外に目を向けると、リサーチ従事者のコミュニティがい

くつか存在しています。例えば、『はじめてのUXリサーチ』[3]の読者コミュニティに入ったり、RESEARCH Conferenceの運営メンバーに携わったりすることもできます。いずれもコミュニティとして規模が大きく、実践者ばかりです。

　自分一人では解決できないような悩みがあれば、社外にいる諸先輩方が力になってくれます。そのアドバイスを現場に持ち帰り、再度対話を試みることもできるでしょう。**事業フェーズや領域によってリサーチの範囲も大きく影響を受ける**ので、自分がこれまで経験したことのないリサーチ活動をしている方にも多く出会えます。

　私自身、他社のメンバーから刺激を受けることが多く、たくさん参考にさせていただきながら実務を進めてきました。リサーチの手法や進め方など、**現場でどうしているか気になったら気軽に連絡して情報交換できる頼り先をたくさん確保しておく**ことで、お互いスキルアップしながらより良いリサーチを目指していくこともできます。

　ご縁がつながって、勉強会を開催する、会社ぐるみで定期的に情報交換する、といったケースも見聞きするようになりました。

　人生は一度きりなので、より良いチーム、心を動かされる事業、一緒に叶えたいビジョンなどが別の組織にあれば、**環境を変えて新しいチャレンジをするのもとても素敵なことだ**と思います。**環境を変えることで、リサーチに対する向き合い方もきっと変わることでしょう。**

　対話を試みても難しい場合は、ヒントを得るため視野を広げてみると良いでしょう。社外との交流を増やすことで、解決策が見つかったり、次なるフィールドに出会ったりと何かしらの変化が生まれます。その変化を前向きに捉え、進んでいきましょう。

---

3 松薗美帆、草野孔希 著『はじめてのUXリサーチ』（翔泳社）

Researcher's Challenge:経営課題や組織課題を解決に導く

社外に目を向けると、様々な組織でリサーチを実践している方がいます。

リサーチ活動を進める中で、ご自身の専門性やスキルだけではなく、置かれた環境やタイミングが味方しないと、うまくいかないことも多くあります。

とても簡単だと思っていたゲームが、ある時突然、経営陣が刷新されて急に難しくなる、なんてこともあります。

そんな中で、時流を見ながら、組織視点や事業視点を深く理解し、行動し続けてきた方たち——定量・定性などの手法を問わず、**ユーザーを理解することにチャレンジし、事業を動かし、ご自身のキャリアにとって重要な一歩を踏み出した3名のアクション**をご紹介します。

組織は様々、だからこそユーザー理解のあり方やそれにまつわるコミュニケーションも様々です。

私自身、お話を伺ってみて、とても勇気づけられ、心から尊敬の念を抱きました。いろいろな組織において、同じ灯をともそうとしている、そんなつながりも感じました。

これらのストーリーが、あなたに寄り添い、組織や事業を深く理解するための一助となれば幸いです。

ビジネスと
顧客の成功を
両立していくために

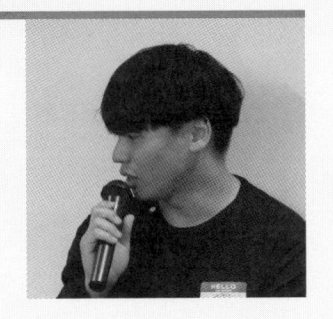

株式会社Algomatic　國光 俊樹

職種
Experience Designer／カンパニーCXO

経歴
桑沢デザイン研究所卒業後、グラフィック・Web・ブランドデザインなどの経験を経て、2016年に株式会社グッドパッチ入社。UXデザインやサービスデザインを専門として、様々な業界・業種の事業立ち上げやサービスリニューアルに携わる。2019年からはスタートアップの立ち上げにも参画し、従業員オンボーディングSaaS「Onn」にてグッドデザイン賞2022を受賞。2024年4月より株式会社AlgomaticへカンパニーCXO（Chief Experience Officer）として参画。

現職ではどんなお仕事か
事業開発初期フェーズから価値探索にチームの一員として携わっています。具体的には、リサーチした市場や顧客のニーズに対して、どのようなコンセプト・体験を提供するのかをあらゆる手法でプロトタイピングしながら、CPF（カスタマープロブレムフィット）やPSF（プロブレムソリューションフィット）を繰り返し確かめていくプロセスを主導しています。事業の重要な意思決定をする上で必要なビジネス観点に加え、顧客・ユーザーの観点や体験の観点から意思決定の確度を上げ、実際の顧客に受け入れられる状態にしていく部分を担うことが多いです。

　私は前職のグッドパッチで、6年ほどクライアントワークを行っていたのですが、クライアントの事業のコアメンバーとして中枢まで入り込むような形で、プロジェクトを推進する経験を多く積みました。実際、様々な業界や業種への支援経験を活かしながら、経営者や事業責任者のような戦略を描く方の意思決定をサポートする役割を期待されていました。

UXデザイナーとして、事業開発に一次情報（顧客の声）を取り入れて、意思決定の確度を高めていくために、UXリサーチのプロセスを推進することも多かったです。一次情報を取り入れるだけではなく、時にはプロトタイプを顧客に当てて反応を得ながら、意思決定に必要な情報や選択肢を広げていくようなイメージです。

　グッドパッチに入る前は、ディレクター職も経験していました。その時に、「なぜ作るのか」、「そもそも誰が求めているのか」といった観点が抜け落ちたまま、「何を作るのか」だけに向き合い奮闘していたことがありました。

　本来は事業の成功が目的なのに、その視点がないまま「何を作るのか」を突き詰めても、誰も欲しがらないものになってしまうと気づきUXデザイナーの道を選びました。

　事業の成功の中には「ビジネスの成功」もありますが、「顧客の成功」も考えることはもはや不可欠だと考えています。

　自分がデザイナーとしてどんな貢献ができるか、と考え抜いた時に、顧客の成功を担保していく存在になりたいと思いました。

　世の中には、ビジネス的な成功はしているけれど、顧客の満足度や良い体験につながっていないサービスもまだまだ多く存在します。ビジネスと顧客の成功を両立していくにはどうしたらいいのか？という問いが、今の自分を形作ってきました。

　そういった観点が鍛えられたのは、「誰に対して価値を提供するのか」をメタ認知したからです。事業構造の中で、顧客理解がなぜ欠かせないのかをしっかりと自分自身が理解し、誰にでも伝わる言葉で対等に話せるようにすることが大切です。主語が、自分の職種や役割に寄りすぎてしまうと、自ずと視点や思考が狭まっていきます。

　意思決定者や他職種のメンバーとコミュニケーションする上で、「誰に対してどのような価値を提供することで、事業のゴールが達成されるのか？」、「そのゴールを達成するために、どのような一次情報を得ることが大切なのか？」という点を共通認識にしながら、事業の不確実性を低くするためのリサーチ活動を推進する必要があります。

　組織視点や事業視点で語れないと、そういった上位の意思決定に顧客の視点を取り入れられません。

■ 120点の"絵に描いた餅"を顧客理解を通じて事業に落とし込む

「事業がうまくいく状態とは、どういう状態か」を定義する上で、ビジネス視点だと「売上」や「継続率」などの数字が設定されることが多いですよね。KPIという言葉で表されたりもします。

でも、それって絵に描いた餅なんですよね。実際その数値を実現するためには顧客の行動が起こらないといけない。なので、顧客のニーズや欲求を深く知った上で、顧客の行動が促進される仕組みや体験をビジネス指標を絡めて設計していきます。

例えば、新規顧客1万人を獲得したい、というのは事業者目線の目標ですよね。でも、その1万人がサービスを使う理由は千差万別なんです。何に価値を感じてこのサービスに集まるのか、なぜ行動を起こすのかを、顧客を主語にして理解し紐解いていく、それがUXデザイナーの価値を発揮できるところではないでしょうか。

当たり前ですが、事業は顧客が動かないとうまくいかないですよね。事業の成功確度を高めるためにも、何に価値を感じるのかを顧客自身より深く理解していくためのリサーチや検証を推進することが多いです。

ビジネス的に120点の"絵に描いた餅"をいくら詳細に作っても、顧客がその通りに動いてくれるとは限らない。だからこそ、顧客のリアルな声を聴きながらそういった"わからなさ"や"不確実性"を小さくしていく必要があるんです。

社運をかけて作った事業や機能が、リリースしてみたら全然受け入れられなかった、となるリスクをリリースより前に潰し、事業の不確実性を下げる部分にいつも尽力しています。

現実的には、事業を作る人たちがその事業の実際のターゲットではないことの方が多いです。だからこそ、頭の中にある架空の顧客ではなく、顧客自身にヒアリングをしながら、「誰に向けてどんな価値を届けるのか」を具体的にしていくんです。

■ 顧客の「コンテキスト」をチームに取り入れる

では実際にリサーチをするぞ！となった時、「しっかりリサーチしなきゃ」

と思い込んでいるケースも多いと思います。しっかり設計して、聞きたいことを全部聞いて、自分たちが確かめたいことを確かめに行くというか。

　でも、まずは一人でもいいから、顧客のリアルな声を組織やプロセスに取り入れていく。そしてそれを実現するためにどうするか？という思考の順番でやっていくと、周りのメンバーも含め効果を感じてもらえるシーンが増えていくと思っています。

　しっかりしたリサーチは、準備も実行も大変だから、推進者がいないと継続しづらくなりやすいです。でも、顧客の声を一つでも多くインプットして、顧客の置かれている状況や環境などのコンテキストに対するチームの理解を深められないか？と考えたら、できることの選択肢が広がるのではないかと思っています。顧客の「コンテキスト」をチームに取り入れると捉えるのです。

　組織の状況やタイミング的に、しっかりしたリサーチをする工数がとれない時もあります。そんな時は、例えば顧客に最も接している営業の場に同席して、その中でデザイナー視点で＋αの質問をしてみるとか、半日だけでもいいので顧客の行動を観察したり、自分自身がユーザーとなり一連の流れを体験してみたりするとか。このように、顧客の声に、自分から近づく活動から始めていくのもいいかもしれません。

　また、普段から顧客に近い人と関係性を作るのも、とても大事だと思います。そういった関係をつないでくれる人に頼ったり、逆に自分が事業課題と顧客の声を近づける人になったり。そうすることで、組織の中での動きやすさが格段に変わります。

　カスタマーサポートや営業など、顧客のために尽力している方々と共に、リアルな顧客の困りごとに向き合うことで得られるものは多いです。

　事業目線を持ちながら、顧客に自ら寄っていく。リサーチをする・しないという視点すら超えて、顧客の成功のために顧客に寄り添える場所に自分自身を動かしていく。そんなマインドが大切だと日々痛感しています。

期待値に応えた上で
リサーチの効果を
実感してもらう

株式会社LIFULL　小川 美樹子

職種

UXリサーチャー

経歴

2008年に株式会社LIFULL（当時ネクスト）入社。担当サービスでフロントエンド開発をしつつ、ユーザビリティテストを取り入れ始める。2017年からは、組織横断的にユーザー理解を推進するグループに立ち上げメンバーとして参画。以降、UXリサーチを主業務として、様々な事業開発のサポートを行っている。HCD（人間中心デザイン）の実践がモットー。HCD-Net認定人間中心設計専門家。

現職ではどんなお仕事か

「LIFULL HOME'S」という不動産・住宅情報を掲載するポータルサイトをメインに、UXリサーチを担当しています。サービスを企画開発しているチームに、「ユーザー理解」を推進していく立場から、UXリサーチだけではなく、UXデザインやサービスデザイン、プロダクトマネジメントのサポートや社内研修も行っています。

　昨今よく耳にする「UXリサーチ」を私が開発現場に取り入れ始めたのは2012年頃でした。開発やサービス企画の分野において、UXリサーチは今でこそよく聞かれる言葉ですが、当時は、「ユーザビリティエンジニアリング」や「UXの調査」と言われることが多かったように思います。

　当時から、私はHCD（人間中心デザイン）を実践していきたいと思っており、フロントエンドエンジニアとして組織からの期待に応えながら、HCDやリサーチの勉強を並行して行っていました。

HCDについてもっと理解を深めたいと思い、大学の履修証明プログラム

を受講したのも2012年です。体系的に学びたいと思っていたこともありますが、社内に対して「HCDに真剣に取り組んでいる、私は本気だぞ」と示せるかなと思ったんです。

例えば、HCDやUXについて勉強していると言われても、どれだけ実務に使えるのか、専門的な知識を持っているのか、第三者から見るとわからないですよね。もし自分が上司だったら、行動に移している人や信用できる機関で学びを得た人に、機会を与えるのではないかなと考えました。

自分のフロントエンドエンジニアとしての強みにもできそうだったことと、ゆくゆくはリサーチ関連の業務の比率を徐々に増やしていきたい、自信を持って任せてもらいたいと思ったんです。

とはいえ、担当する業務内容の変更は強くは主張しませんでした。組織に所属する以上、組織が自分に期待している役割にまず応える方が優先だろうと思っていたので、自分がやりたいことはついでにできればいいやと思っていました。

私自身、自分で提案し主導していくのがそんなに得意ではないんです。それより、期待されていることに応える方が性に合っていました。私はHCDを実践していきたいけれど、最終的にはユーザーにとって良いサービスが作れれば良いし、チームや会社としてそこにつながっていけば問題ないと思っています。

そのためにはHCDの実践以外のこと、例えば開発環境を整えたり後輩を育てたり、というのもとても重要だと思っています。組織の中で自分が置かれた立場を見た時に、今すべき自分の役割や必要なことも自ずとはっきりしてくるんですよね。

と言いつつも、今振り返るとHCDを実践するための外堀を埋めるようなことをやっていたんだなと思います。

日々サービス開発をしながら並行してUXリサーチもやってみたり、私が得た知識を社内に共有したりと、私がHCDに興味があることを社内に知ってもらう活動を続けていました。

こんなことをコツコツと積み重ねていった結果、「ユーザー理解」に取り組むチームの新設という大きなチャンスに恵まれました。それはHCDを学び始めて5年ほど経った頃で、今も組織にユーザー理解を浸透させていく取

り組みを続けています。

■ 組織の期待に応えてきた歩みが影響力につながった

LIFULLの社内は、「ユーザー視点の使いやすさ」への関心がもともと高く、私が2008年に中途入社した時点で、有志のメンバーが集まってユーザビリティテストをやってみる、といった取り組みは存在していました。しかし、「実務にユーザビリティテストを取り入れよう」などの動きは社内にはまだ起こっていないような状況でした。

リサーチ活動って、やり方が確立しているものも多いので、実施するだけであれば取り組みやすいんです。難しいのは、より多くの関係者にリサーチに興味を持ってもらい、効果を感じてもらうことだと思います。

今、私のLIFULLでの社歴は10年を超え、その中でいろいろなサービスの開発をしてきたので、一緒に奮闘してきたメンバーが様々な部署に所属しています。私がHCDに取り組み始めた頃から一緒に試行錯誤してきたメンバーもいます。決裁権や意思決定権がある役職に就いたメンバーもいて、私の取り組みを知ってくれていることで話が通じやすいと思う場面もありました。

どんな活動でも、広げるには、どのような目的でどのような活動をしているか、相手に簡単に伝わることがすごく重要だな、と感じます。

何をやっている部署かよくわからないと、今まで関わった人の中でしか広まらないんですよね。今まで関わったことのない人にも知ってもらう、頼ってもらう、そして広げていく。そんな活動を増やしていきたいと思っています。

■ 消耗せず、自分もモチベーションを保てる活動に

先述の通り、LIFULLはユーザーが使いやすいものを作ろうといった考え方が根づいている企業です。そこを大事にする人しかいないのが、「ユーザー理解」を組織に浸透させる上では進めやすいポイントでした。

社内から「なんでその活動をするの?」と聞かれても、「こういうやり方だとユーザーが使いやすい良いものが作れるんです」と説明すると、「なるほどね、それならやってみようか」と大抵は納得してもらえる。私がユー

ザー理解を促進する立場になった時、図1-2で言うとUX成熟度2がスタートラインだったんです。

[図1-2] **UX成熟度モデル**[4]

　Nielsen Norman Group が公開しているUX成熟度モデルを見ると、UX成熟度2の組織は、**ユーザーのことを考えてサービスを作りたいという思いはあるが、それに対して適切な方法がとられていない状況にあるとも言える**と思っています。

　リサーチで何が明らかになるかよくわからない、何がわかれば良い開発をしていけるかもよくわからない。とはいえ、こういうことが知りたい！という思いやイメージは持っていたりします。

　場合によっては、新しいサービスを本当に使ってもらえるか知りたい、でも開発する仕様は固まっていてリリース日が決まっているとか。このような状況でリサーチをすると、開発チームにとって残念な結果を伝えざるを得ないケースが多いんです。

　でも、開発チームのUX成熟度を上げていくためには、**リサーチの効果を実感してもらうことがとにかく必要**だと思っています。そこで私がやっているのは、**開発チームが知りたいことを聞くのと同時に、UXリサーチャー視点で必要だと思うことも、ある意味勝手に聞いておく**というやり方で、つまり、2つの調査を1つの調査で実施してしまうことです。

4　"The 6 Levels of UX Maturity," Nielsen Norman Group
　https://www.nngroup.com/articles/ux-maturity-model/

開発チームが知りたいことだけを率直にリサーチしても、リサーチの効果を実感してもらいにくいんです。「リサーチをやったことはいいけど、このタイミングでこれを言われてもな」と、がっかりされてしまうのが目に見えている。だから、**ついでにこういうことを調べておいたんですが、今の段階ではこういうリカバリーができますよ、という別の角度からの提案を用意し**ておきます。

　相手の期待もクリアしつつ、UX リサーチの効果も実感してもらわないと、自分のモチベーションが続かないですし、周りの期待に応えられないとリサーチャーの信頼残高も増やせなくなります。ある程度の経験や力量がないと難しいと思いますが、私も取り組み始めの頃は試行錯誤ばかりでした。

　私自身は、**チームや組織の期待に応えつつも自分のモチベーションにつながるところを見つけに行っているな**、と思います。リサーチ活動を続けていくためには、チームの要望と状況に合った調査の取捨選択だけではなく、自分のモチベーションにもつながるように落としどころを見つけることも重要だと思っています。

悩みを受け止めて
リサーチの事業反映に
つなげる

株式会社ディー・エヌ・エー
大道 あゆみ

職種
マーケティングリサーチャー

経歴
マーケティング部のリサーチ部門での、スポーツ、ヘルスケア、ゲーム、新規事業などの
リサーチを経て、ライブ配信サービスPocochaのリサーチを立ち上げ期から担当。社内外
向けインタビュー研修を実施。日本マーケティングリサーチ協会定性リサーチ委員。

現職ではどんなお仕事か
Pocochaの新規ユーザー獲得と定着、プロダクト改善のための市場理解、ユーザー理解
の推進。ユーザー理解をもとにサービスを作る組織の文化作りをしています。

　私はリサーチを企画する時、「事業にリサーチをどう活用するか」を主眼
に置いています。また、リサーチ結果を事業アクションにつなげるためには、
「組織理解」も重要だと捉えています。

　ここで言う「組織理解」とは、事業開発に携わるメンバーが、リサーチ結
果を咀嚼してアクションをするために必要な情報と、それを伝える方法を捉
える、ということです。

　そう強く意識するようになったのは、リサーチを始めて間もない頃、リ
サーチ結果を事業に活かしきれなかった経験があったからです。

　事業責任者と一緒に企画したのに、リサーチ結果を活かしきれないのはな
ぜだろうと振り返った時、自分の「組織理解」が不十分だったと気づきまし
た。

リサーチの依頼者がリサーチをする背景ややりたいことは理解できていて
も、結果を事業に反映するための組織上の課題を考え抜けていませんでした。
そのため、リサーチの企画時点から、巻き込むメンバーが不足していました。
　以降、複数のサービスのリサーチを担当しているために各事業に100％コ
ミットできなかったとしても、組織理解や事業メンバーを理解するアクショ
ンも含めて、リサーチを設計するように動いています。
　具体的には、各事業の定例会議に参加して、事業メンバーと同じ目標を追
い、リサーチ依頼者から「組織の動かし方や、その際の悩み」も引き出すよ
うにしています。
　事業KPIを達成するには、エンジニアやデザイナー、プランナー、管理部
門などの関係者を巻き込まなければなりません。その時の人を動かす悩みも、
一緒に解決するスタンスが大事だと思います。
　リサーチ結果を伝えれば全員が動き始められるわけではなく、それをどの
アクションにどう活かすのか、メンバーの悩みも受け止めることがリサーチ
の事業反映につながると考えています。

■ コアユーザーの行動を愚直になぞって見えた景色

　リサーチの依頼者から、組織を動かす上での悩みを打ち明けてほしいと
思っていても、センシティブな悩みはすぐに話してもらえないこともありま
す。話してもらえるきっかけとして、「事業責任者に、私（リサーチャー）が
コアユーザーのことを深く理解していると判断してもらう」ことが有効な
ケースが何度かありました。
　当時、事業に後から参加した私は、コアユーザー理解が十分ではなく、イ
ンタビュー内容に対して事業責任者からフィードバックを受けました。
　自分自身、サービスに課金して毎日利用していましたが、ユーザー層をラ
イト、ミドル、コアに分けたうち、私が理解できていたのはライト〜ミドル
に限定されていたことが要因です。
　そこで、事業責任者に相談してコアユーザーの行動を時系列で教えてもら
い、同じように愚直に実行し、コアユーザーの悩みと自分の体験を紐づけて
捉えられるようにしました。
　それによって、リサーチ結果をもとにした提案の質が上がり、事業責任者

との関係値も作れて、センシティブな悩みも打ち明けてもらえるようになりました。

改めてインタビューを振り返ると、コアユーザー理解が不十分で、売上に貢献する提案ができていないだけでなく、コアユーザーにネガティブな影響を与える提案をしかねない事態でした。

この経験を経て、後から事業に参加するメンバーが、私と同じつまずきをしないように、顧客理解の研修プログラムを組み、コアユーザーの視点を理解する文化の基礎を作ることができました。

■ ユーザー理解を大切にする組織作りの一歩

「ユーザー理解を大切にする組織を作りたい」と、この本を読んでいる多くの人が望んでいることと思います。同時に、それを実践し続けることは簡単ではないと感じている方も多いのではないでしょうか。

まずは、事業責任者と「ユーザー理解を大切にする組織を作ること、そのために何をするか」という意思をすり合わせる必要があります。

その上で、組織理解をしながら取り組みを進めていきます。

新しく立ち上がって間もないサービスでは、まずユーザーに会うことから始めます。インタビューを全員で見学し、インタビュー直後に聞いたことを咀嚼し合うことでユーザー理解の共通言語を増やしていきます。

私の所属チームにおいて、事業の意思決定をする際には、定量的に判断するためにアンケート調査を実施していますが、それだけでは顧客理解は不十分です。

ユーザーの生の言葉を聞くことで、「『○○さん』の課題を解決したい」と、ユーザー一人ひとりを想う気持ちが組織に生まれるようになります。エンジニアにもインタビューに同席してもらうことで、レポートでは伝えきれない、ユーザーが困っている状況を理解してもらってサービス改善につながったこともあります。

特に、新卒メンバーのように、顧客理解と事業アクションを結びつける経験がまだあまりない人は、自分で直接ユーザーにインタビューをして話を聞いてもらうようにすることが効果的です。

インタビューを見学するのと、自分が直接インタビューをするのとでは、

理解できる情報の質や量が違います。直接話を聞くことで、どんな方に何を喜んでいただいているのか、どんなことを嫌がるのか実感が深まります。

　その際、インタビューで理解したことをレポートにアウトプットして人に語ることも有効です。

　レポートにするために、インタビュー動画を何度も見返して発言を咀嚼すると、ユーザーのリアルな言葉やその背景にある想いを、いつでも思い出せるようになり、企画に落とし込めるようになります。

　このような組織作りの経験をもとに、今は全社の希望者向けにインタビュー研修を実施し、各事業の顧客理解に活かしてもらっています。

「インタビューが事業に資することを証明する」

—— リサーチの価値が組織に伝わるために ——

社内にリサーチャーを置くことがまだ一般的ではない中、
リサーチにこだわりを持つスマートバンク。
リサーチャーが市民権を得るためにできることを、
CXOのtakejuneさんに聞きました。

takejune

株式会社スマートバンク CXO

VOYAGE GROUP（現CARTA HOLDINGS）、ライブドア社（現LINE）でサービスデザイン・プロダクトマネジメントを担当。Fablic社を共同創業し日本初のフリマアプリ「FRIL」を生み出した。株式会社スマートバンクを共同創業し、CXOに就任。

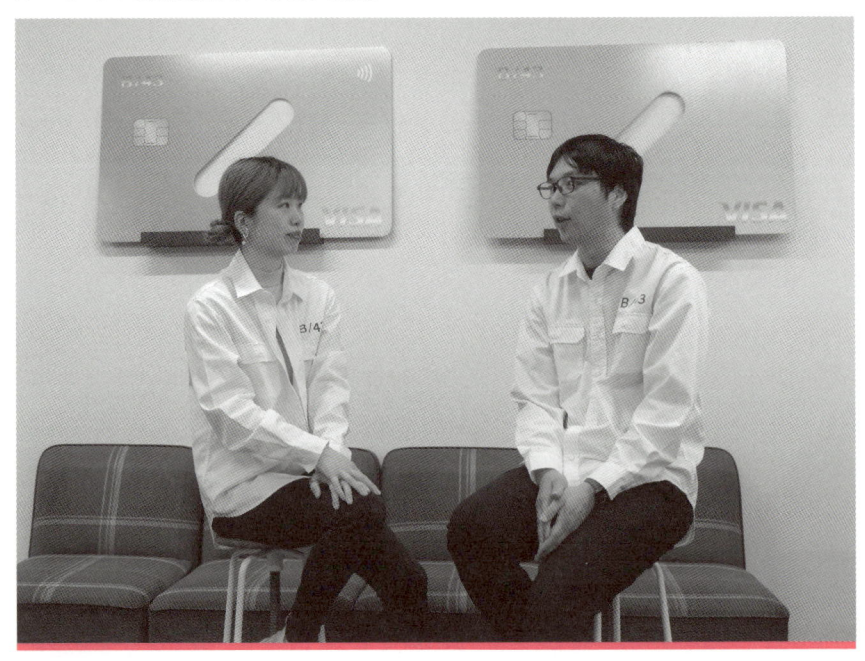

瀧本 はろか（以下、「瀧」） 私は2022年秋に、リサーチャーとしてスマートバンクに採用されたわけですが、そもそもどういう経緯でリサーチャーを置こうと考えたのでしょうか。

現場では「リサーチャーが欲しい」と思っても、経営層がなかなか乗り気にならないというケースも見聞きします。

takejune（以下、「t」） 自分は前の会社の時から社長の堀井翔太と一緒にやっているんですが、事業作りやプロダクト作りのスタイルは一貫しています。ユーザーと会って、対話して、そこからインサイトを見つけて、プロダクトを作っていくというのが体に染みついているんです。

それで、スマートバンクで新しく事業を作っていく時も、そのやり方で始めました。

事業をローンチするところまでは、自分たちで一次情報を集めてくることができていた。けれど、ローンチ後に事業が走り出すと、やらないといけないことが増えてきます。それで、リサーチに割ける時間や余裕がなくなってきたんです。

ただ、創業初期の不確実性が高い状況で、リサーチを通して手触り感を強めてプロダクトを作っていきたかったので、リサーチを継続したかった。そこで、自分たちが進めてきたリサーチ活動、つまり事業を作って拡張していくために見込み顧客に会うという活動を誰かに引き継いでほしかったわけです。

瀧 それで、ツイッターでカジュアルな募集ツイートをしたところ、反応したのが私だったわけですね。

t そうですね。最初は、リサーチを「手伝ってほしい」というのが大きかったかもしれません。考える部分は自分たちでやるので、実働部分を担ってくれる人を求めていた。

狭義のリサーチというのは、「誰に聞くか」、「何を聞くか」、「どう聞くか」に分けられると思うんです。

その中の「どう聞くか」というのが、実働の部分に当たります。日程調整に始まり、インタビュイーとオンラインあるいはオフラインで実際にお話を伺い、書き起こしやレポーティングを行う部分まで含まれます。

そして、「誰に聞くか」というのは、インタビュイーをリクルーティングする部分です。リサーチャーの

中には、インタビュー相手を見つけてくる力がない人もいると思います。

マーケティング会社に所属していると、リクルーティングする仕組みがすでに確立していたりする。あるいは大企業出身だと、人を集めてくるという場面に遭遇したことがなくて、その発想すらなかったりします。でもはろかさんは、そこも自分がやりますよという感じがありました。

最後に、「何を聞くか」についてですが、事業の不確実性を減らすために、インタビューによって明らかにしたいことは何かというのをリストアップしないといけないわけです。それは、事業のことをある程度わかっていないとできません。

普通に考えると、スポットで入ってもらった業務委託のリサーチャーの方にそれをお願いするのは難しい。だから、その部分は自分たちでやるしかないと思っていたんです。でも、はろかさんはそこについても深くコミットしてくれましたね。

瀧 リサーチは、ご自身にこだわりがあって、得意な分野だったわけですよね。それを誰かに渡すことの恐

怖もあったのかなと。

t もともと、リサーチャーという職種の方に対する信頼感はそんなになかったんじゃないかなと思いますね。まだ市民権を得ていない職種でしたし。自分たちがやってきたレベルで深く事業にコミットしてもらえるというイメージがあまりなかった気がします。

うまくいかないリサーチのパターンとしてあり得るのは、「型にはまってしまう」ことですよね。いわば**「リサーチのためのリサーチ」**に

なってしまうこと。事業をどう前に進めるかという観点に紐づかないリサーチです。

そうではなく、リサーチの依頼者や、プロジェクトを前に進めたいと思っている人が、どういうことを求めているか。そういう「事業目線」を持ってリサーチに取り組んでくれる人は重宝しますね。

リサーチは魔法の杖ではない

瀧　これからリサーチに取り組みたいという方には、どういうアドバイスをしますか？　あるいは、どういうところに気をつけるといいよと伝えますか？

t　後輩の起業家やデザインリーダーに、「リサーチをやりたい」と相談されることもたまにあります。結局のところ、**リサーチに何を期待するのかというところが曖昧なまま進めているケースが多い**かなと思います。

リサーチしたら全部が全部うまくいくわけではないですよね。実はリサーチが必要なかったというパターンもあったりします。

当たり前ですが、リサーチは決し て「魔法の杖」ではありません。活躍しどころのある道具であり、**場面を選ぶ道具だと理解した上で使った方がいい**のではないかと思います。

瀧　具体的に、リサーチの活躍しどころはどこだと言えるでしょうか？

t　それは、新規事業や新機能などを作る場面だと思います。定量的なエビデンスがあまりない場面の方が、リサーチは圧倒的に輝く。

逆に、地道に改善して連続的に伸びている既存事業で、新たにリサーチをやっても、「すでに知ってますけど」みたいな結果しか得られなかったりする。そうすると、「何か意味あった？」となってしまいます。

また、新規事業であっても、インタビューを通して何を得たいかという期待値をどう設定するかという問題があります。

アンチパターンとして、**仮説を持っていくのではなく、「仮説自体を見つけに行ってしまう」**というのがあります。ユーザーに聞いていけば仮説が見つかるでしょ、というスタンスです。

そうではなく、自分たちがすでに持っている仮説を検証する手段とし

てリサーチを使う。その結果、新しい仮説が生まれたりアップデートされたりすることはあるでしょう。でも、手ぶらで行ったら手ぶらで帰ってくることが多い気がします。

社内でリサーチを広めるためにできること

瀧　リサーチャーという職種は比較的新しいですが、そのような得体のしれない存在が周囲から信頼を得るために、大事にすると良い振る舞いというのはありますか？

t　以前ほどではないですが、確かにリサーチがまだ市民権を得ていない会社もあると思います。そうした中、どう市民権を得ていくかと言うと、**「事業に資するもの」だ**ということを認識してもらうのが大事だと思います。

やった結果、「それで？」とか、「意味あったのか？」となり、悪い印象を残してしまうと市民権は獲得しづらい。**リサーチが必要ない時に、「必要ないです」とちゃんと言えること、やるとなったら事業についての一定の理解のもと必要なリサーチを実行できること。**それが信頼を得ていく方法だと思います。

この人たちは、ふわっとした形式ばったリサーチをするだけではなく、自分たちが事業を進める上でプラスになってくれるんだという認識をどう作っていけるかが問題です。

瀧　具体的には、どういう流れを作っていくのが良いでしょう？

t　やはり、まずは影響力が大きい「決裁者」の信頼をどう得るかというのが重要ですよね。そして次のステップが、決裁者から得た信頼感を、他のメンバーあるいは会社全体に対してどう広げていくかという部分です。

インタビューを進めて、得られた結果をチームで意思決定の材料にする。そのレポートを社内でシェアして、**インタビューによって得られたユーザーに関するインサイトが流通するという組織風土を作っていく。**スマートバンクのケースを振り返ると、そういった流れが、全社的に信頼感を築く上で機能していたのかなと思いますね。

そして、その様子を見ていた他のメンバーから、別の案件でもインタビューをやりたいという要望が来る。こうして良い循環が生まれていった気がします。

リサーチの波を作る

第1部では、自分、組織やチーム、事業といった単位でユーザー視点の影響度合いを整理してきましたが、ここからは、それらを踏まえながらリサーチ活動を目に見える形にしていきます。

第2部では、リサーチ活動を進める上で意識することや、仲間の巻き込み方を中心に捉えていきましょう。

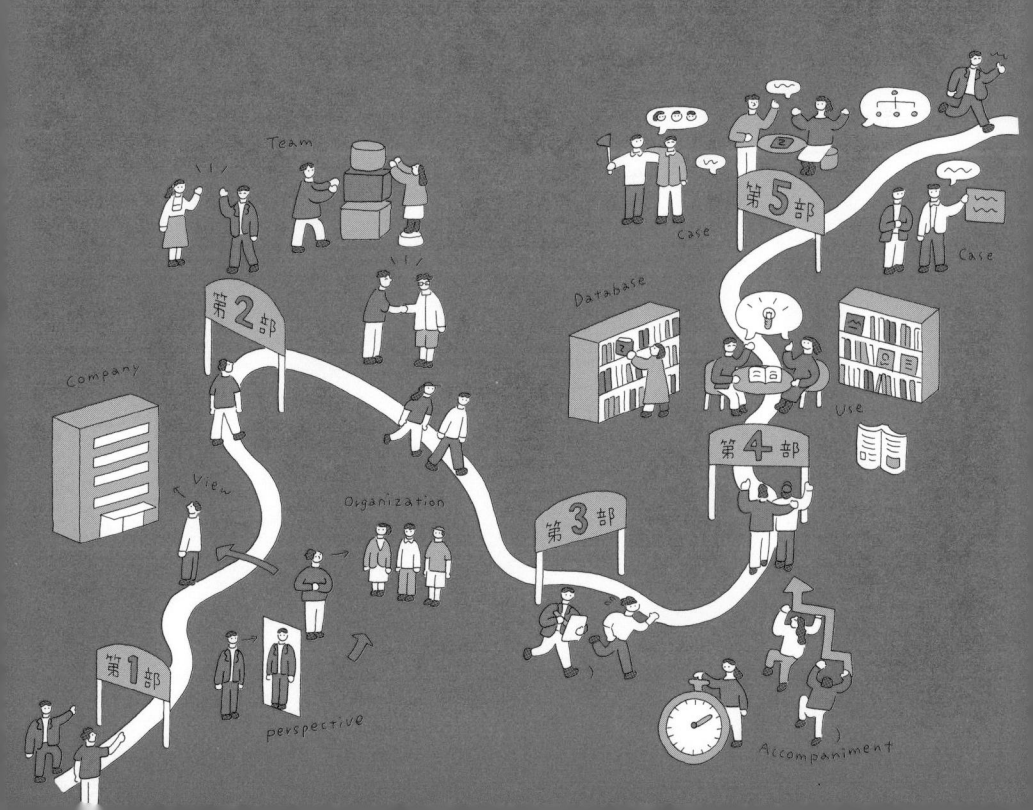

第 **5** 章

日 常 業 務 の 延 長 上 で 、 仲 間 を 巻 き 込 む

多くのリサーチ活動は、事業活動の中の小さな点にすぎません。

しかし、その点を打ち続けられると、「何かリサーチをしている人がいるぞ」と気づく人が増えたり、一緒に進めてくれる仲間に出会えたりと、影響範囲が広がっていきます。

とはいえ、これまでリサーチに取り組んだことのない組織の場合、どんな成果が出てくるのか目にしないと、そもそも検討の土俵に上がれないことも往々にしてあるでしょう。ここで重要なのは、リサーチそのものを見せるだけではなく、**事業に紐づいたリサーチ活動を通じて、事業に貢献できていることを知ってもらう**ことにあります。

組織や事業の文脈に合うように、リサーチ活動を進めるためにここではどんな体制で臨むか、という観点で考えていきます。

私はこれまで、リサーチ活動を進めてこられた方と交流する機会を多く持ってきましたが、その中で共通していた成功パターンが2つありました。

1. 「リサーチをやりたい」という仲間を探し、味方になってもらう
   - （できれば）リサーチプロジェクトを応援してくれる意思決定者を味方にすること
2. 事業やプロジェクトに紐づいたリサーチを行う
   - いきなり実施するのが難しければ、課外活動的に進めつつ事業に還元できそうな成功体験を作ること

リサーチ自体が単発で終わるようなものなら、特段気にかけなくても良いかもしれません。ただ、組織で継続的にリサーチ活動に取り組み、プレゼンスを上げていくのであれば、この2つの要素は欠かせないものです。

01 》「リサーチをやりたい」という仲間を探し、味方になってもらう

　継続的なリサーチ活動を行う上では、**同じ熱量の仲間を集める**ことが大事です。

　ここで言う仲間とは、自分と似たような考えを持っている人、つまり、「ユーザー視点を事業に取り入れることが大事」、「リサーチに共感する／興味がある／やってみたい」といった考えを持っている人のことです。

　でも、なぜ先に仲間を見つける必要があるのでしょうか。

　それは、**自分だけがユーザー理解が必要だと感じていても、そのサービスを手にとるユーザーに大きな価値が届けられないから**です。

　自分一人で全ての工程を担当するのは不可能ですし、事業活動は誰かと一緒に行うものです。周りのメンバーがリサーチ活動に協力的な状況を作っていけると、圧倒的に有利に進められるのです。ご自身がリサーチを実施する場合、まずは、近しいメンバーから探していくと良いでしょう。

　その人に意思決定権があるなど、裁量が大きければ大きいほど、一緒に組むことで活動が進めやすくなります。

　私は、**組織に所属する以上、どんな職種でもユーザーと全く関係ないとは言えないのではないか？**と考えて、仲間を探してきました。

　ユーザーを理解する取り組みは、どの職種にも気づきを与える可能性があるし、知っておいて損はないと思います。

　日常的な業務においては重なり合う面積が少ない職種でも、どこかでつながっているものです。となると、場面によっては、ユーザーのことが気になるところが出てくるかもしれない、そう思ったのです。

　例えばマーケターがInstagramの広告に出稿するタグラインを考える時、「誰のため？」がわかっているのといないのとでは、議論の進み具合も納得感も違うのではないでしょうか。

　また、リサーチが必要だとわかっていてもまとまった時間がとれない、日々の業務の中でリサーチに工数を割くのが現実的ではない、というケースもあります。

　これまで話をお聞きした方々も、口を揃えて、**周りに「リサーチをやりた**

いけどできない」と考えている人がいた、と仰います。

ユーザーのことを知った上で、アイデアを出し合いたい、仕様を検討したい。でも、時間がない、本職ではないからなかなか工数が割けない。代わりにやってくれる人がいたらなあ、とか、一緒に進められたら時間が捻出できそうなんだけどなあ、そう考える人を見つけてくるのです。

最近では、リモートワークをベースにした働き方も増えていますが、オフィスで顔を合わせた時には積極的に「今どんなことに興味ある？」とか「何か勉強していることある？」など雑談してみてもいいですね。

場合によっては、会社の部活動でUX系やユーザーリサーチそのものに関わる取り組みを実施しているケースもあるようです。

社内の勉強会やコミュニティがあれば、積極的に参加すると、また別のつながりを紹介してもらえる可能性も高まります。自分自身が直接つながりを持っていなくても、社内の誰かを通じてつなげてもらうこともできるでしょう（社内人脈を広げ、頼り先を作っていくイメージです）。

さらに、会社のSlackやXでの投稿で、リサーチに関連するイベントに参加していたり、関連書籍を読んでいる人がいたりしたら話しかけてみるなど、組織にある情報をもとに「私も興味あるんですが、一度情報交換しませんか」と話しかけてみるといいと思います。

見つけてもらうために「自分で発信する」のも、とても大切です。

UX系の学びを社内ドキュメントに記録する、対外的に発信するなど、見つけてほしい誰かに見つけてもらえるようなきっかけを組織の中に仕込んでいきましょう。

まずは、自分から行動してみて、自分が今リサーチに興味があること、実際にやってみたいと思っていることを表明する。それをきっかけに思い出してもらえたり、話しかけてもらえたりすることが増えていきます。

■ 組織のリサーチ先駆者を探す

仲間を探すのと同時に、もし組織内ですでにリサーチを実践している人やチームが見つかれば、積極的にコンタクトをとりましょう。

自分とは異なる職種などで、リサーチ活動に取り組むチームがすでに存在する場合、普段どんな風に進めているのか聞くと、学びが多く得られるもの

です。

　職種は違えど、リサーチ活動で感じている効果などは説明の際に取り入れることができるでしょう。また、どんな目的のもとリサーチ活動を行っているのか、普段の目標設定や評価をどう進めているのか、といったことも聞けたりします。

　もし可能であれば、実際のインタビューなどリサーチの場に同席させてもらったり、分析を見学したり、様子を見せてもらったりするのも大いに刺激になり、学びが深まると思います。

02 》 事業やプロジェクトに紐づいた リサーチを行う

　リサーチ活動の実践者に共通する成功パターンの2つ目は、**事業やプロジェクトに紐づいたリサーチを行うこと**です。

　そのため、自分が何らかのプロジェクトに所属している場合、まずはその中でリサーチを小さく始めてみるのです。

　今関わっているプロジェクトでのトライをおすすめするのは、これまでの関係性もあり、コミュニケーションがとりやすいからです。いわゆる**信頼貯金が貯まっている状態で、協力を得やすい環境下でのリサーチ活動になるの**です。

　ケーススタディを通して、協力を得ながら実行に移していく流れを理解していきましょう。

　デザイナーのAさんは、あるWebサービスのメインページのリニューアルプロジェクトに、リードデザイナーとしてアサインされました。

　当時、コロナを経てこれまでとは違ったユーザー群がサービスを使っている雰囲気がありましたが詳しく調べることはありませんでした。Webページのログデータがとれなかったこともあり、一体どんな人に向けてデザインするといいんだろう、と制作を進める中で感じ始めました。

　「それっぽいものは作れるけど、果たして実際に使うユーザーはどう思うんだろうか？」

そう考えたAさんは、プロジェクトを統括するPMに相談します。「より良いデザイン制作業務に向けて、どんなユーザーが使っているかリサーチをしてみたいんですが、どうでしょうか」

　相談を受けたPMも同じような課題感を持っていたため、工数を使ってでもリサーチしてみることが得策ではないか、と思ってくれました。

　周りのメンバーにも、リサーチをすることで「誰のため」がシャープになり、レビューしてもらう時の目線も合わせられるのではないか、と提案し、スケジュールを調整してインタビューを進めることにしました。

◤ 日常業務の延長線上にリサーチを置いてみる

　このように、自分の業務の延長線上にリサーチを置く活動を探すのが、成功体験を作る秘訣かもしれません。

　他のメンバーの動きを気にかける中で、本人は認識していなさそうだけど、実はリサーチと親和性が深そうだなと気づくことはありませんか？「ここがわかると要件整理しやすいかも」とか「KPIに影響を及ぼす要素がクリアになるかも」といった気づきは、リサーチに関連性が深いものです。

　リサーチは意思決定をサポートするために行うと述べてきましたが、事業のみならず、その事業を支えるメンバーの不明点を解消して、前に進みやすくするために使うのも効果的です。

　日常業務の中で、「今リサーチが必要そう？　何か役に立てるかも？」と思ったら次のように声がけします。

「N1の声があれば予想がつきやすいかもしれません」
「明らかにダメなプランがないか見極めましょう」
「SNSを調べていたらこんな声がありました！　友達に似た人がいるので聞いてきましょうか？」

　ユーザーについて不明な点をベースに、わからないところを潰していきませんか？と尋ねてみる。実際調べてみて想定とは違った、そんな経験を一緒

にする。そんな流れを各所で発生させられたら、仲間になってくれることでしょう。

「本当にやる意味ある？」が「ちょっと話を聞いてみようか」に変わるのは、自分の業務に関連があるからです。

こうした小さな成功体験を重ねながら、プロジェクトのロードマップにリサーチを仕込ませていく。そんな風に広がっていくと、小さな波が徐々に大きな波に変わっていくのです。

■ 課外活動として始める

もし、プロジェクト内で工数が十分に確保できない場合や、特定のプロジェクトに所属していない場合は、**課外活動的に進める**方法もあります。

ただ、その場合でも、事業やプロジェクトに何かしら紐づいたテーマで実施し、同じように仲間を募り、一緒に進める方が良いでしょう。例えば、これまで分析できていなかったデータの可視化なども、テーマ選定の方向性として面白いかもしれません。

ヘビーユーザーの生活背景がどんなものか探りに行くなど、**事業に関連しているが、どのチームもボールを持っておらず手つかずになっているものをリサーチを通じて拾いに行く**イメージです。

課外活動的に始めたとしても、いつでも本線に合流できるよう、関係しそうなメンバーに動きを共有する、ドキュメントを残しておくなど工夫すると良いでしょう。

参加したい人を探すチャンスにもなりますし、よりリサーチの機運を捉えやすくなるのではないでしょうか。

第 6 章

リサーチ活動をオープンに報告していく

　心強い仲間に出会い、リサーチできそうと感じたら、**活動内容をオープンにしていく**ことを強くおすすめします。

「今、こんな課題に向かってこんなことをしています！」、「進行状態はこんな感じです！」などを社内に発信し共有するイメージです。

　仮に、リサーチ活動が秘密結社のように閉ざされたものだったとしたらどうでしょうか。例えば、前章のケーススタディに登場したAさんの取り組みが、AさんとPMだけで動かされ、プロジェクトメンバーに共有されていないとしたらどうでしょうか。誰にも知られず、活動そのものがなかったことになりそうです。この先協力してくれる仲間を見つけることが困難になるかもしれません。

　少数メンバーだと実務はやりやすい一方、他のプロジェクトメンバーに活動内容が伝わっていなければ、こんな声も聞こえてきそうです。

「何をやっているか知らなかった」
「自分たちに都合の良い情報を集めているのではないか」

　AさんとPMだけがユーザーを主語にして話せたとしても、プロジェクトメンバーにその流れが波及していなければ、結局ユーザーが手にとれる形で価値を届けることはできないのです。

　特に、これまでリサーチについて見たことも聞いたこともないメンバーにとっては、「大体こんなことをしているのね」というイメージすらつかないでしょう。**自分たちの取り組みを知ってほしい方にオープンに報告する**ことで、同じゴールに向けた活動だと認識してもらい、目線が合わせられるようになります。

「ユーザーってこういう人だったのか」
「自分の業務にも関係あるかも？　もしかしたら役に立つかもな」

そう思ってもらえるように、**今どんなリサーチに取り掛かっているか、これから何をする予定かをわかりやすく発信する**ようにしましょう。

例えば、プロジェクト内のリサーチであれば、定例会議などできるだけ多くのメンバーが集まる場で、共有の時間をもらいます。

その際、**主語を「リサーチ」にせず伝える**と、メンバーに伝わりやすくなります。伝えるのは次のような内容です。

- プロジェクトの進行や全体ゴールを達成するにあたって、今課題だと感じていること
- その課題について解決するためのアプローチとしてのリサーチ
  - リサーチを今回選んだ理由
  - 今考えている仮説
  - リサーチを実施した達成状態
- 実施期間や調査手法
- 関連するドキュメントを保存する場所

まず初めに、プロジェクトゴールについて話します。

プロジェクトに関わるメンバーにとっての**共通認識から、ブレイクダウンする形で話を進める**のです。リサーチは、ゴールに向かう道のりの一部にすぎません。

全体から部分へ、と話を進めることで、プロジェクトに関わるメンバーにとって、関与度の差はあれど、全員に関わるものだというイメージを持ってもらいます。

プロジェクト進行での課題を解決していきたいと思ってもらってから、そのアプローチとしてリサーチに今回取り組むのである、という位置づけで話します。リサーチ目的や位置づけについてはプロジェクトゴールと強く結びつけなければ、なかなか話は進められないでしょう。

なぜこの数字が低いのか。なぜ我々の思う通りにユーザーが動いていないのか。それを知るために、ユーザーが実際に使っている様子や、何をしたいと思っていたかを把握し、施策や仕様の検討につなげませんか？と提案していくのです。

さらに、実施するにあたって、具体的なスケジュールなど運営面を伝えます。この時に質問などがあれば、丁寧に答えます。

1回伝えたらわかってもらえるだろう、という意識だとなかなか伝わらないものです。メンバーが違和感を持ったり意見を述べてくれたりしたら、それはリサーチ活動について興味を持ってくれたことの表れです。多くの場合は「良さそうだとはわかるが、実際見てみないことにはよくわからない」ので、最初は質問が出ないこともあります。

何も聞かれなかったからきっと理解してくれているだろうと思わず、進みながら少しずつ理解を深めてもらえるように気をつけていきましょう。

リサーチの報告をこまめに行っているはずが、リサーチ目的が伝わっていなかったり、「この日までにリサーチ結果を出してほしい」と言われていた日に間に合わない日程でインタビューを組んでしまったり……。

特にインタビュー調査の場合、対象者がどういう人で、どんな生活背景で、どんな価値観を持っているかといったコンテキストを理解するのが重要になるのですが、発言の一部だけがひとり歩きしてしまうこともあります。状況を丁寧に理解してもらうコミュニケーションに、想定以上の時間を使ったりもします。このように、「伝えたつもりが伝わっていなかった」が往々にして起き得るのです。

こういった落とし穴を避けるためのTipsを2つご紹介します。

1. 意思決定に至った経緯などの記録を残す
2. 一緒に進める、適切な関与度合いを探る

Tips 01 》 意思決定に至った経緯などの記録を残す

1つ目は、「何事も記録を残す」です。

いつ、どういった議論がなされ、どう決まったか。誰が何を話したか、考慮事項として何が議題に上がったか。この後どのように進める予定か、担当は誰か……いわゆる進行状態を共有するのです。

これらの項目について、**その場のコンテキストがわかるように書いておく**

と、ドキュメントを見返した時に経緯が追いやすくなります。

　経緯が追えると「今何に取り組んでいるのか」がわかりやすいし、自分の活動がどんなものか知ってもらうことにもつながります。

　なお、記録をとる時は、**「他の人が見て経緯がわかるか」、「相手に報告されるならどんな内容だと安心するか」**を意識すると、書く内容を取捨選択しやすくなります。

　私がリサーチを始めたての頃、実査の運営や会議の場回しに精一杯になり、何一つ記録をとっていなかったことがありました。リサーチが全て終わってから必死でSlackやカレンダーの予定を遡ったものの、意思決定に至った流れがわからなくなったのです。

　このような状況は、組織にとっても不健全です。また、本来メンバーに届くべき情報が滞留する原因にもなっていることを反省し、**進行状態をドキュメントに書き残す**ようにしました。

　一緒に進めている仲間と書く、1日の終わりに15分だけ時間をとって整理しておくなど、工夫しながら進めると、無理なくできるように思います。

　進行状態を記したドキュメントは、自分のディレクトリ内など、個人メモとして置かず、**プロジェクトメンバーの見える場所に格納しておき、誰もが見られる状態にしておく**と、ふと気になった時に確認でき、進行している様子がより伝わりやすくなります。

　例えば、私は調査計画書の中に「進捗」というセクションを入れておき、関連ドキュメントや話した内容、誰がその場にいたかなどを当日中に記録します。

　Slackのチャンネルのリンクを貼る、もらった質問とその回答を記載するなど、できる限り議論の雰囲気や流れがわかるような残し方を心がけています。記録できるものは何でも記録しておく、というようなマインドです。

[図2-1] 進捗セクションのイメージ図

　また、**リサーチプロジェクトが終わったら、必ず振り返る**こともおすすめです。

　今回、うまくいったと感じるか、今一つな点はどういったところか、それはなぜか……振り返りをすることで、次にリサーチプロジェクトを進行する時の改善ポイントが見つかります。回数を重ねると、その場に応じた柔軟な一手が導き出せるようになります。

　また、**振り返りはぜひ一緒に進めた仲間と行ってみてください。**相手からはどう見えていたか、どんなところで「助かった」と感じていて、どこに改善の余地があるかといった視点を得ることができます。

　「もし、今自分が行っていることを誰かに頼むとしたら?」というのも取り組みを整理する良い問いです。再現性を高められるようにプロセスを分解し、図にしてみようか、とか、ここでとても苦労したから注意点として書いておこうか、などに気づきやすくなります。

　リサーチ進行中はまとまった時間がとれず、振り返りの思考に切り替えるのが難しいかもしれません。終わったらこういうことを書こう、と気づいたことを箇条書きでも良いのでメモしておくと進めやすくなります。

Tips 02 》 一緒に進める、適切な関与度合いを探る

　2つ目のTipsは、**リサーチを一緒に進めること**です。

一緒に進めると言っても、プロジェクトメンバー全員を全工程に巻き込むのはあまり現実的ではないかもしれません。そのため、**巻き込み方の度合いを工夫し、プロジェクトメンバーに「これがわかると自分の業務が前に進む」と感じやすいポイントで関わってもらう**ようにします。

　私がこのテーマで大事にしている言葉が、**「関与度合い」**です。

　リサーチプロジェクトを推進するメンバーもいれば、その様子を知っているメンバーもいる、また、全く別のチームで伝え聞くメンバーもいるといった風に、リサーチプロジェクトにどの程度関わっているかをイメージしながら、進行するのです。なお、具体的な巻き込み方の詳細は第7章に記載しているので、ご参照ください。

　初めのうちは、周りのメンバーを積極的に誘いにくいと感じるかもしれません。やはり、相手が「気になる」とか「聞いてみたい」と思ってもらえない限り、情報を手渡したとしても読まれなかったり、そういったコミュニケーションをとること自体が裏目に出たりする可能性もゼロではないと思います。

　そんな時は、リサーチ進行の**記録を「見ようと思ったら見られる」**状態に**しておくのがスモールステップ**かもしれません。**気になった人から、ちゃんと連絡をもらえるような状態にしておくとか、興味のある人にそのドキュメントを通じて出会える**ようにしておくというイメージで整理しておきましょう。

》情報を集め、リサーチ機運が高まる波を捉える

　リサーチを進めるにあたり、組織でも同様の動きがありそう、何だか加速しそう、と感じる瞬間があります。

　第1部のResearcher's Challengeでも、リサーチの波を捉えてそこから大きくリサーチ活動を加速させたエピソードがありました。

　自分の活動がダイレクトに影響するケースもあれば、時事的な要素や、経営陣の刷新など、予想もつかない展開で波が高まることもあります。**その気配をいち早くつかめるかどうかが、リサーチ活動に大きな影響を与えます。**

　うまく波を捉えられたら、リサーチ活動はもっと進めやすくなります。場

合によっては、思っているよりも速く物事が進む時もあります。

　波をどのようにして捉えるのか。それは、**組織内での情報収集**に尽きます。経営・事業活動に関するドキュメントを読み、会社の方向性や、何を目指しているのかをつかみます。中長期の事業計画やミーティング議事録など、見られる範囲のものは全て目を通します。

　私は、業務の合間にさっと見られるよう確認先のリストを作っておき、定例ミーティングが終わった翌日の朝一番にドキュメントを見るようカレンダーに「議事録を確認する」という予定を入れるなど、ルーティン化しています。

カテゴリ	確認先	確認曜日
事業進捗	経営会議ログ	毎週月曜日
週次KPI	週次定例ログ	毎週月曜日
プロジェクト進捗	プロジェクト定例ログ	毎週水曜日
部門長定例	部門長定例議事録	毎週金曜日

［表2-1］　確認先リストイメージ

　併せて、関連する話題について話されている Slack 投稿を探し出し、**今どういった話題がメインになっているか、事業計画との差分はどれくらいかなど注意深くつかむ**ようにしています。

　まとまった情報は、表2-1のリストをベースに確認すると効率的ですが、**日々状況が変わっていくのが常なので、関連チャンネルで話題になっている資料はさっと目を通して**おきます。競合他社の動向やその時代の出来事も経営に影響するので、**事業のマーケットに強く影響を及ぼしそうなニュースはないかなどアンテナを張っておく**のも良いですね。

　ドキュメントを読んで理解する以外に私がおすすめしたいのは、**自分の所属するプロジェクトや部門で意思決定に関わる人、意思決定に関わる情報を集める人との1on1**です（1on1で聞く内容については第3章を参照）。

　私は1on1で聞いた情報を、**リサーチ情報を流通させる際に大いに役立て**ています。必要な時に必要なタイミングで届けるためにも、メンバーの関心事を知っておくと良い働きをしやすくなるからです。

仮に意思決定者をXさんとし、Xさんが興味を持っているポイントを1on1で聞いていたとします。

　UXリサーチャーという立場上、数多くのユーザーに出会う機会があるので、日頃のリサーチ活動の中で「Xさんに伝えたら今取り組んでいる業務のヒントがあるかも」、「過去に相談を受けたから、Xさんに今取り組んでいることを伝えると安心するかも」と考えたりします。

　このように、**「自分から声をかけてリサーチの種を拾う」ことで活動量が増えていきます**。自分から話しかけるタイミングや話題はないか？と意識することで、情報収集の質も上がっていきます。メンバーから声をかけられた場合は背景をヒアリングし、適切なリサーチ手法や進め方を提案していくと良いでしょう。

　リサーチの波が来た時にその波が大きく動くような行動が多くできると、リサーチをベースにして開発プロセスを設計したり、リサーチできる領域を拡大できたりします。

　そのためにも、組織内で情報収集し、リサーチと親和性が高いポイントを見つけて積極的に拾っていくことが重要になってきます。

　行動を増やすと、リサーチを身近に感じる人の数を増やすことができます。

Researcher's Challenge: 小さな波から大きな波を作る

　小さな波から大きな波を作っていくためには、組織に対して適切にコミュニケーションをとりながら、周りを巻き込んでいく動きが大事になってきます。

　第2部の Researcher's Challenge でも、3名のエピソードをご紹介します。小さな波を起こせたとしても、その波を大きくうねりのある形にしていくのは簡単なことではありません。

　組織の中で普段どのようにコミュニケーションをとっているか、日々どんな行動を積み重ねてきたかについて先駆者の事例を知っている方が立ち回りやすくなります。ご自身の引き出しをたくさん持っておくと、どこかで支えになってくれると信じています。

　私自身、3名のお話を通じて、真っ直ぐに事業に向き合いながら活動する姿に感銘を受けましたし、新しい視点をいくつも教えていただきました。

　それぞれ活動を進める中で気づいた実践知──悩みの解決法、発信チャネルの選定、チームの言葉で話すことなど、みなさんの行動のヒントになりそうなことがたくさん散りばめられています。

　みなさんが波を作ろうとする時、折に触れて読み返していただけると、とても嬉しいです。

目の前の
選択肢にこだわらず、
事業の全体像をつかむ

株式会社ユーザベース　鳥居 大

職種
Product Design Division Leader

経歴
高校卒業後、バンドで飯を食うことを夢見て上京。厳しい現実に向き合い、28歳の時にWeb制作会社へ初就職。事業会社に転職し、最終的に新規事業責任者へ。前職はQuipper（スタディサプリ）でVP of Design。2021年10月にNewsPicks（ユーザベース）入社。Product Design DivisionのDivision Leaderを務める。

現職ではどんなお仕事か
主にNewsPicksアプリケーション・プロダクトのデザイン領域の品質、設計に責任を持っています。プロダクトデザイン組織のマネジメント、デザインや要件のレビュー、新機能などでは構造・情報設計をしたりします。UXリサーチを組織化し社内にリサーチ文化を作り、プランニング、定量分析、仮説立案、設問設計、リクルーティング〜インタビューまで、事業組織やPdMと並走しながらのリサーチを推進しています。

　僕はデザインチームを管掌する立場ですが、所属するメンバーは定例会や会議などに、どんな立場でプロジェクトにアサインされても、「デザインチームのXXさん」として参加します。

　その時、チームとしての振る舞いで、メンバーに心がけてほしいことがあります。それは、**事業を理解した上で、同じゴールに向かえるようにコミュニケーションをとること**。

　自分のポジションの中で、自分の仕事が何につながっているのか説明できないのが、一番前に進まないと思います。蚊帳の外か

ら、ただ正しさを主張するのはやめよう、と。

そう考えるようになったのも、若い頃、当時の役員に「鳥居ちゃんは目の前の道を右に行くか左に行くかで一生懸命になりすぎてる」と言われたことがありまして。「別に、どういう道を行こうが何とでもなる。交差点の右に行くか左に行くか検証するんじゃなくて、**ゴールがどこにあるのかの感覚が大事なんだよ**」と。

僕は、手前にある選択肢の正しさだけを見ていました。その正しさにこだわり、右と左を比べて、どっちがどれくらい優れているかを見ていたんです。

でもそれは、**経営指標や、事業や組織が大事にしているものをあまりわかっていない状態で、枝葉の正しさを追求していた**ことに他なりません。

正しさを啓蒙し続けていても、事業観点だと気にしているのはそこではない、ということが往々にしてあることを教わった気がしています。

メンバーがアサインされるチームに役員がいるかマネージャーがいるかはわかりませんが、相手に合わせた**最適な言葉で話せるように全うすること**に尽きると思うんです。相手を意識すると、伝え方も変わります。

■ 経営者の視点を獲得し、ゴールを揃えるために

特に経営陣に対しては、リサーチという主語ではなくて、**事業や顧客にとっての価値を主語にして伝える**必要があります。

事業の売上がどのくらいか、市場や競合を含めた外部環境はどれくらい変わっているかに主眼を置かないと目線が揃わないからです。

一番近くにある数字に興味を持つ。これが経営と同じ目線で話すための第一歩かなと。その一歩を進める上で、あらゆるものが見えるようになります。

今月の予算、今年度の計画、KPIなどを見に行くことで、相対的に自分たちの事業や会社の状況を把握することができます。

売上のトップラインを伸ばすのか粗利を追っているのか、今会社や事業がどの方向を向いているのか。事業として赤字を掘ってでも伸ばすべきタイミングならその話をした方が良いし、利益を出すならコストを削る方向になります。

僕が経営陣にコミュニケーションをとる時は、「一緒に動かそう」と自分ゴト化してもらうように巻き込むことを意識しています。**ゴールを揃えて信**

頼してもらう、これは私たちの課題だと認識してもらう。

　相手の出方を待っていても進まないという前提で、自分から積極的にコミュニケーションをとることも大事だと思います。

■ リサーチの波が来るかの肌感をいかにしてつかむか

　僕は、リサーチの意味は、結果としての行動ログの背景を探ることにあると思っています。

　リサーチに限って言えば、数字の確からしさは結局わからないし、リサーチしたからこれくらい数字が上がります、と確実には伝えられない。だから、報告の際もその点を考慮した伝え方をします。

　例えばサービスのCVR（コンバージョンレート）が思ったより振るわないとします。その結果がなぜ起こっているのか、ユーザーが我々のイメージと同じ行動をするなら想定通りの数字が出るはずだけれど、出ていない。こんなことが、事業を進める上ではたくさんあるわけです。

　ユーザーが自分の考えと同じなら困りませんよね。でも、想定通りではない数字で、その理由がわからないからリサーチをしなければならない。

　リサーチは、「なぜ」を紐解くために行うという共通認識を持ってもらい、筋の良い仮説を立てることに使われるべきだと思います。

　定量的な結果があって、そこから課題を特定し、リサーチを通じてファインディングスを得る。こうしたら良い結果になる可能性があるんじゃないか、という思考の繰り返しだと思います。実際リサーチを経て効果があったかどうかは、リリースして確かめる他ないですし。

　リサーチについて、いろいろなイメージを持つ人がいます。リサーチにとても期待していて、「ユーザーが答えを持っている」と思っている人もいれば、「リサーチしてもしょうがなくない？　機能をリリースしてABテストやればよくない？」という人も。

　僕は、そんな雰囲気がある中で、何の承認もされていないけれど自分たちでリサーチプロジェクトを動かす、ということをちょこちょこやっていて、いつかタイミングが来た時のためにと準備をしていました。すると、定量的な分析から施策を考えるという、従来の流れの延長では行き詰まるタイミングが来たんです。

仮説を無理やり立てても当たらない、そんな時にリサーチの波を合わせるように経営陣にコミュニケーションをして、結果リサーチを主軸にするチームを立ち上げました。

　波が来るかどうか、その肌感をつかめる状況にするのがすごく大事な気がしています。経営陣の動向を見ながら、現場ではリサーチをいつでも始められる状態にしておくようにできたのも、組織の全体像を把握していたからこそです。

　リサーチの波をつかみ、事業を強く動かしていく。あの時、目の前の選択肢にこだわっていただけだったら、なかなかできなかったと思います。同じゴールを目指して、リサーチやデザインの力を使って乗り切ることができるよう、日々努めています。

専門職かつ起業家のように振る舞い、組織を動かす

日本政府デジタル庁　樫田 光

職種
CxO

経歴
外資系戦略コンサルティング、メルカリなどを経て現職。メルカリではデータ分析チームの責任者として、施策やプロダクトの分析・ユーザー理解・事業戦略など、幅広い分野を担当。定性リサーチとの共同プロジェクト等も主導。

現職ではどんなお仕事か
デジタル庁で政策データを可視化するプロジェクトを、プロジェクト責任者として推進しています。

　ユーザー理解が必要だと本気で考えている人を組織内で見つける──。データ分析の専門職種として活動してきた中で、これが何よりも重要だと考えています。同時に、それが必要だと考えている人がいても、アウトプットが何もない状態では周囲を説得しにくいと思います。

　そのため、最短でアウトプットや成果を出すことをこれまで強く意識してきました。

　そう考えるに至った背景として、データ部門が組織の中では間接的な部門であること、また、長期的には間違いなく重要だと言われるものの短期では軽視されがちな実態があります。

　ことデータ系職種について言えば、積極的に採用したものの、その後社内でうまく役割を見出せずに採用した側・された側の双方からネガ

ティブな声が聞こえてくることも少なくないように思えます。

データ分析やUXリサーチャーなどの専門職が、組織の中で活躍する土壌を築くためには、「やるべきこと、あるべき振る舞い方を自分たちで規定し、それらと組織の調和点をうまく見つけていく」ことが大事なのではないでしょうか。

周囲から振られる仕事に受け身な態度で流されるのではなく、自分たちで然るべき場所に能動的に仕事を創っていくという、その態度と行動。この動き方ができる専門職は価値が高く、さらに言えば「この能力があるリーダーの存在」がその後の社内での専門職の地位や、チームの規模を決めていくことになると考えます。

こういった動きのできる専門職を、仮に**アントレプロフェッショナル**と呼ぶことにしましょう。起業家（アントレプレナー）の心を持った専門職（プロフェッショナル）の意で、適当な造語ですが、自分自身で仕事を創る、となると、これは**起業家と同じマインドセット**が求められると思うのです。

■ 明日から役立つと実感してもらえる活動にする

アントレプロフェッショナルがまず意識しなければならないことは、自分たちが「重要だからやるべき」と思う仕事だけをやっていても、それがいきなり組織に受け入れられる可能性は高くないということです。これは非常に難しい問題です。

専門職の目から見て「最重要」だと考える仕事と、周囲が考える「やってほしいこと」には常にギャップがあるため、そのバランスをとりながら進めることが必要になります。

そのため、最初のうちは**50%の時間で小さくてもいいので頼まれた仕事をこなし、残りの50%の時間で自分たちが描く理想的な価値を社内で創造するために動くこと**を意識するのが良いと思います。社内でマーケットを開拓するようなイメージです。

以前の職場の失敗例をお話しします。

最初のうちは、事業活動において「誰も手をつけていないけど知れると嬉しい」というタイプのデータ分析に時間を使いました。組織内で縦割り的にチームが編成されていくようになると、チーム横断的な目線での事業把握や

分析が後回しになってしまうことがありますよね。そういった観点でのデータ分析を初手から実施することで、自分たちにとっても、事業構造を俯瞰的に理解・整理できるという利点があります。

そういった分析の結果を周囲のチームに共有したところ、「俯瞰の視点は必要だとわかっていたけど、確かに最近はあまりやっていなかったな」とは言われます。その場では感謝されましたが、そこで終わってしまった。その人たちの来週の仕事に関係ないから、「そのうちまたディスカッションしましょうね」以上の展開にならないんです。

ユーザーリサーチについても同様で、これらの職種の機能は、**仮に存在しなかったとしても短期的に事業の存続や成否に関わる要素ではないため、同じような流れになると考えられます**。

この経験を通じて、「**実際に動いているプロジェクトの中で『明日から役立つ』と実感してもらえる活動をする必要がある**」と考えるようになりました。データ分析を通じてユーザー理解を深めながら、プロジェクトの実際の施策に活かしていく流れを意識するようにしました。

当時、社内でナレッジを溜めるWikiが存在していたので、各チームのPMが書いているドキュメントを片っ端から読みました。その中で、これまであまり関係性は持てていなかったものの、ユーザーリサーチに興味がありそうなPMを1人発見しました。

そのPMが、毎日人気のない朝早くに出勤していることを突き止めて、僕も同じ時間に出勤して声をかけてみようと思いました。面識がない相手でも、人気のない朝早い時間だったら、話しかけても不自然ではないだろうという目算です。

そのタイミングで、「おはようございます」と話しかけて、「**ドキュメントを見ました。僕はデータ分析をやっている者で、良かったら一緒にやりませんか**」と。

この声がけがきっかけとなり、PMと一緒にデータ分析活動を始めました。プロジェクトの工数をいきなり使わず、課外活動的に取り入れるのがやりやすいかもしれません。一緒に取り組むチームの選定に関しても、事業上の重要度などではなく、データ分析に対して熱量があるメンバーがいるかどうかで選んで良いと思います。正規の承認をとらなくても、まずやる、という流

れでいいと思うんです。

そこから、そのPMが上司であるプロジェクトオーナーにもつないでくれて、そのプロジェクトの広い範囲で様々なデータ分析ができるようになりました。

初めに直接プロジェクトオーナーにアプローチしていたら、おそらくうまくいかなかったと思います。信頼関係がない中で、いきなり横から「データ分析しましょう」と言われても受け入れがたかったと思います。でも、自分が信頼を置いているPMの熱意なら聞いてみよう、彼にやらせてみよう、となるかもしれない、そう思ったのです。熱意があって一緒にやってくれる仲間を見つけられるかどうかが、成否を分ける。

振り返ってみると、事業横断のデータ分析は、全体の整理はできたものの、「そもそも論」すぎて受け入れられなかったのかもしれません。データ分析を経て得たアウトプットが実務で使えるな、他の場面でも役立ちそうだな、と思ってもらえるのが大事だと思います。

この最初の流れができたことで、別のチームからも引き合いがあり、順々に多方面に水平展開していきました。さらに、分析だけではわからない部分も出てきたので、ユーザーテストやUXリサーチにもつながり、事業戦略に入り込んでいくようになりました。

■ 新しく作り出した仕事で信頼残高を調達する

何か新しいことを推し進めようとした時、実績がないとそもそも会話の土俵にすら上がれないこともあるんです。その時に大事なのは、**どれだけ信頼残高を持ち合わせているか**。

ある意味で、スタートアップに似ている気がしています。

起業では資金が重要で、資金が多いほどその後長い活動が担保され、大胆な打ち手の検討が可能になります。社内であるチームが活動する際、資金に当たるものは「信頼残高」ですね。日々の仕事で細々とした信頼を稼ぎつつ、自分で新しく作り出した仕事をテコに、その都度大きめの信頼残高を調達するようなイメージです。

目に見える成果がすぐに出ない活動をしても許されるランウェイ（資金が底を突くまでの残り時間）がある。このランウェイがそれまで積み重ねてきた

信頼残高なんです。自分で新しく作り出した仕事が実を結んだら、組織にどんどん広げていく。

　僕がメルカリ在籍時に強く意識していたのは、データ分析のアウトプットを届けるための「メディアとチャネル」です。情報流通のメディアとチャネルを適切に選べば、分析内容に興味を持っている人を引き寄せたり仲間を作ったり、小さなフィードバックを多く得たりできます。

　限られた対象だけに絞って届けることもできますが、それではもったいない。Slackに貼る時でも、どのような画像を添付するか、どのような注記をつけて投稿するかだけでも、反応は大きく変わります。

　ここまで話してきたように、アントレプロフェッショナルとして振る舞うには、事業、組織、各個人など全方位へアンテナを張り、活動し続ける根気強さが求められます。全員がそう振る舞うべきだとは思いませんが、その職種における社内1、2人目の方や、リーダー的なポジションを担う人物たちが、そのように振る舞えるかどうか。それが、組織における当該専門職のチームのスケールやプレゼンスを大きく左右することになると感じています。

　アントレプロフェッショナルがいる組織では、その専門職分野に対する信頼や期待、知名度は高くなり、大きな裁量や採用の予算が与えられ、チームは拡大し、より大きな成果を上げる未来を描けると思います。

事業と同じ方向を見て
リサーチの必要性を
チームの言葉で伝える

株式会社MIXI　上田 利瑳子

職種
UXリサーチャー・プロダクトデザイナー

経歴
九州大学大学院統合新領域学府を修了後、2021年にGMOペパボ株式会社に新卒入社。担当するWebサービスのデザインや新規事業リサーチ、複数事業を横断した全社的なリサーチ活用の文化・体制作りを推進。2024年より現職。

現職ではどんなお仕事か
「家族アルバム みてね」というサービスのプロダクトデザインとUXリサーチを担当しています。アジャイル開発体制にフィットするUXリサーチのあり方を模索しつつ、UXリサーチの文化醸成と組織的な仕組み作りを進めています。

　現在、UXリサーチとデザインという手段を用いて組織や事業へどう貢献できるかを模索し続けていますが、その上で大事な観点や姿勢は、新卒入社し約3年間勤めたGMOペパボのみなさんから学ばせていただきました。

　私がデザイナーとして入社した頃、リサーチは職種を超えて広く活用されているとは言いがたい状況でした。リサーチに詳しい人が社内に少なく、実施の担い手が専門性の高い一部のデザイナーに偏っていたのです。「リサーチって、どんな場面でどんな方法を使ったらいいかわからない」という声を聞くことも多々ありました。

　学生時代から定性調査の有用性を実感していた私は、リサーチ活用を積極的に提案していきたい、みんなにわかりやすく伝えたいという使命感のよう

なものも抱いていました。そして大きな転機となったのが、配属から数ヶ月経った頃、規模が大きめのリリース施策にアサインされた時です。

リリースまでの期間が短くスピード感も求められた一方、ユーザーの反応が分かれそうな内容で、ブランディングへの影響も懸念されていたプロジェクトでした。様々な影響が考えられたものの、売上も高く見込めることから「まずはリリースして反応を見よう」という方針で進み始めました。

「ユーザーに事前に聞けるなら聞いちゃった方がいいのでは？」と感じた当時の私は、リサーチしませんかと無邪気に提案しました。それに対し、会議で返ってきたのが**「アカデミックなリサーチをやる時間はないよ」**という言葉でした。当時はリサーチが否定されたとショックを受けたのですが、今振り返ると、**伝え方が自分の視点に閉じてしまっていた**と反省しています。

説明不足もあり、おそらく「リサーチ＝時間のかかる調査研究」だと受け取られたのでしょう。スピード感が特に求められるプロジェクトだったこともあり、その状況下で時間のかかる調査研究はできないという判断は今考えれば当然だろうと思います。

ただ、**このプロジェクトを成功させたい、リリース前の不確実性をできるだけ下げたい**という思いから、本来アサインされていないものも含めてほぼ全ての会議に参加させてもらうことにしました。狙いは、「意思決定者は何を重視しているのか」という事業目線を得ることで、「リサーチがどう捉えられているのか探る」という組織内リサーチも兼ねていました。

参加してみて、会議で共有されている重要指標、言葉の捉え方すらデザイナー視点と大きく違うと気づきました。「リサーチ」という言葉の解釈も自分とかなりギャップがありました。

それからは誤解を生みやすい**「リサーチ」という単語をあえて使わず**、「リリース前に検証してみませんか。リソースに応じて松竹梅の3つのプランを準備したので、どの手段で行くか決めましょう」と伝えるようにしました。リリース前検証というラベルにし、スピード優先で手段はそれに準じるというスタンスに変え、状況に応じたスケールで検証することができました。

事業と同じ方向を見てリサーチの必要性を伝える意義と、チームの言葉で伝えることの重要性を、この時実感として抱きました。

■ オープンにすることで、スピーディーにリサーチ結果を活用できる

この話には続きがあって、実はもう一つ失敗をしていました。リサーチを実施したものの、その結果を初期リリース内容に組み込めなかったんです。

なぜそうなってしまったかと言うと、リリースに間に合わせるスピードを出すためには、**全て一人でやる必要があると思い込んでいた**んですね。計画から分析まで一人で完走した結果、リサーチで得られた示唆や結果は私だけの中にある状態で、チームにうまく同期できず内容に反映できなかった。大変悔しい思いをしましたが、この時求められていたのは「独力で調査結果を納品するリサーチ専門家」ではなかった、と後になって気づきました。

それから数ヶ月後、新規事業の施策で、インタビューを手伝う話が舞い込んできました。キックオフで話を聞いてみると、そもそもインタビューでいいのか？流れもこれでいいのか？など気になるポイントがありました。

過去の失敗を踏まえて、**単なるリサーチ専門家ではなく、プロジェクトに入り込み、同じ目線、同じ言葉で事業目標に向かって動くと決めました。**

ちょうどその頃、はろかさん（著者）と勉強会で出会ったのですが「とにかくオープンにする」という言葉がとても響いたんです。自分に足りなかったのはこれだとハッとしました。「思っている以上に進捗も思考プロセスもオープンにした方がいいんだな、やってみよう」と取り組み始めました。

それからは、**こまめにプロセスを可視化**しました。例えば社内のチャットツール上にリサーチ用スレッドを定期的に立てて、生煮えの仮説を書いてみたり、詰まっている点を書き出したり、**進捗も悩みも意識的にオープンに書く**ようにしてみたんです。

そうすると、投稿を見たPMが「ここちょっと話しましょうか」と声をかけてくれたり、チームのデザイナーと役割を分担できるようになったりしました。「チームでリサーチする」状態が自然とできていったんですね。その結果、リサーチ結果も同期しやすく、高速でプロトタイプができ上がり、プロジェクトのスピードも上がっていきました。同じ方向を向きながら、強くて速い仮説検証ができたとても貴重な経験でした。

新卒時代の失敗を経て、この経験は、大きな原点となりました。新しい組織でも再現性を高めていけるよう試行錯誤しながら取り組んでいる最中です。

「ユーザーリサーチで、会社の バリューを実現する」

—— 自社が大切にしていることを起点に、 ストーリーを組む——

「全ての人の、『お金のプラットフォーム』になる。」を
ビジョンに掲げるマネーフォワード。
ユーザーリサーチの価値はなぜ理解されないのか、
どうすれば伝わるのか。
ＣＤＯの伊藤セルジオ大輔さんに聞きました。

伊藤セルジオ大輔　Daisuke Sergio Ito

株式会社マネーフォワード CDO（Chief Design Officer）
2003年にフリービット株式会社に入社し、CEO室にて広報、ブランディング、事業戦略などを担当。
2006年に同社を退社し渡米。ニューヨークにてアートを学び、フリーランスデザイナーとなる。帰国後、
デザイン事務所代表を経て2019年にマネーフォワードに入社、2020年より現職。

瀧本 はろか（以下、「瀧」）「ユーザー視点をつなげて事業を動かしていく」ことについて本を書きたいと、弊社スマートバンクCXOのtakejuneに話した時に言われたのが、「それを体現しているのは、自分が知る限りセルジオさんしかいない」でした。

伊藤セルジオ大輔（以下、「セ」） それはどうでしょうか（笑）。ただ、マネーフォワードには今、プロダクトが60以上あり、従業員も2,000人以上います。その中で、「ユーザーを理解するという文化をどう作っていくか」ということなら多少語れるかもしれません。

瀧 ぜひお願いします！ セルジオさんは今、CDO（Chief Design Officer）という、日本ではまだなじみの薄い役職に就いていらっしゃいますが、どんなことに取り組んでいますか？

セ もともと自分はデザイン会社をやっていたんですが、マネーフォワードではCDOとして、100人以上のデザイナーが在籍するデザイン組織の強化、プロダクトデザインの品質向上、プロダクトを横断したブランディング、そして経営にデザインの考え方をどう取り入れるかなどに取り組んでいます。

代表の辻は、「ユーザーに価値を届けよう」という気持ちがかなり強いです。創業当時から、自身もプロダクト開発に携わる中でそこを大事にしてきました。いつも「ユーザーに会いに行きましょう」というメッセージを発しています。

ただ、それを会社全体にどう浸透させ、文化を作っていくかについては、もう少し具体的なことをやっていかないといけないなと。

瀧 具体的なこととは、どんな取り組みでしょう？

セ 例えば、経営合宿のコンテンツとして、役員全員がユーザーインタビューに挑戦したこともあります。社内で「ユーザーインタビュー勉強会」を開催したりもしてきました。

あと弊社では「半期スローガン」があって、「この6ヶ月はこういうテーマで行こう」と、全職種共通で設定しています。そのスローガンの選定に僕も関わっていますが、例えば去年は、「オンサイト、インサイ

ト」というスローガンがありました。つまり、現場（オンサイト）でインサイトを得よう、というわけです。「うれしい体験を届けよう」というスローガンだったこともあります。

こういうところでも、ユーザーを中心にいかに価値創出するかという考え方を広めていますね。

会社のバリューを実現する方法として、リサーチがある

瀧　実際のところ、「ユーザー理解が大切だ」、「ユーザーリサーチを広めようよ」と言ってもなかなか理解されないこともあると思いますが、その場合はどんなことができるでしょう？

セ　僕の場合、入社時点ですでに「ユーザーフォーカス」という言葉が、会社のバリューに入っていたんです。2016年に、会社のミッション・ビジョン・バリューズ・カルチャーを策定した際に、この言葉を入れたそうです。

会社が大切にしていることとして、ユーザーフォーカスという言葉がある。すると、「これを体現するものとして、例えばリサーチがありますよね」と伝えることができる。

「リサーチ」や「デザイン」という言葉を使わず、「ユーザーフォーカスなんとか」という名前をつけていろんなプログラムを組んでいくんです。

例えば、ノンデザイナー向けの「ユーザーフォーカススクール」というのを開催していました。

他にも、スクラム開発にユーザーリサーチを組み込むという取り組みがあるんですが、それも「ユーザーフォーカススクラム」と呼んでいます。「サービスデザインスクラム」でもなく、「ユーザーリサーチスクラム」でもない。

どの会社にも、大事にしていることがそれぞれあるはずです。それを起点にストーリーを組んでいく。「このバリューを体現するなら、こういうアプローチがありますよ。なので、取り組んでみませんか」と伝えて、じわじわとそういうプログラムを組んでいく。それで、具体的な「How」のところに、デザインやリサーチのHowを散りばめればいいんです。

瀧　そもそも、ユーザーを中心に考えることや、そのデザインやリサーチの大切さは、なぜ理解されにくい

のでしょうか？

セ　正直、その価値がわかりづらいんですよね。あるプロダクトに対してユーザーリサーチをしても、その効果が出るのは半年先、1年先だったりします。

だから、**小さく区切るように工夫しています**。例えば営業資料のデザインなら、営業先に同行させてもらい、相手を知ることで、「もっとこうした方がいいですよ」などと、すぐに取り入れられるアドバイスができる。そのように、時間軸が短くてクイックに勝てそうなところを探る、というのはやった方がいいなと思います。

ビジネスの現場は、1週間、1ヶ月、半期の中でどれだけ数字を作れるかを大事にしています。それに対しデザインは、もう少し時間がかかるものです。

このような時間軸のギャップがあると認識した上でステークホルダーとコミュニケーションをとることが大事だと思いますね。まずはそのズレを認識することです。

瀧　小さな成功体験を作るというのは大切ですね。マネーフォワードさ

んくらいの規模になると、部門ごとにかなりの人数がいて、それぞれ取り組む内容も違うので、ユーザーリサーチの機運を高め、足並みを揃えるのはなかなか難しいのではないかなと。工夫されていることはありますか？

セ　基本的には、**社内のあちこちにベストプラクティスが埋まっているので、それが全体に行き届くようにしよう**と考えてやっています。社内をよく見ると、うまくやっていると

ころはある。だから、そこの情報が全社に広まるようにするわけです。例えば今、「デザイナーハッピーアワー」というのを隔月で開催していて、全事業部のデザイナーが集まってナレッジシェアしています。そういう場で良い取り組みを発掘して、LT（ライトニングトーク）をやってもらったりします。

他にも、マネジメントのメンバーが話題にしていることに着目したり、Slackで「これはいいな」と思う取り組みを見つけたり。けっこう地道に情報収集しています。

お困りごとを聞いていく

瀧　組織や事業を理解する上で、地道な情報収集は大事ですよね。

ユーザーリサーチをやりたいとなった時、キーマンにアプローチして、本人のミッションや今期の注力テーマ、プロジェクトの課題などを聞くのも効果的だという話を本書では書いています。ただ、キーマンにアプローチするのに尻込みするという人もいますよね。

セ　どんな立場の人であれ、困っていることはおそらくあるんです。それを解決してあげられるかもしれないという可能性は誰にでもあるはず。そして実は、職種が違うほどその可能性があるんじゃないかと僕は思っています。

例えば僕は、社長の辻よりファイナンスの知識があるわけではないけれど、ビジョニングの部分や、ストーリーでどう伝えるかといった部分では、デザイナーとしての専門性が活きてくると思っています。シンプルに相手のお困りごとを聞いていくというのはとても大事だと思いますね。

瀧　そのようにお困りごとを聞き取りする時、大事にされていることはありますか？　そもそもベースに信頼関係が必要だと思いますが、どういう聞き方をすれば自然なのかなと。

セ　僕の場合は、「最近どんなこと考えているんですか」、「マインドシェアってどんな感じですか」と聞くことが多いですね。そうすると、相手の漠とした思考が見えてくる。それに対して、「ここってどういうことですか？」と質問を重ねていくんです。

相手の言葉を聞きながら、その場

でオンラインホワイトボードにまとめていきます。「こんなこと考えているんですね」と付せんを貼っていく。「ここ、やっぱり困ってるんですね」、「そうそう」と対話していくと、付せんが視覚的にじわーっと広がっていくんです。

瀧　自分も、同じチームで視覚化が得意なメンバーがいて同じようにやってくれるんですが、視覚化すると自分でも思ってみなかったことが出てきたりしますよね。

▍好奇心を持つなら、誰にでもできる

瀧　新卒の時に社長室にいらっしゃったそうですが、そこが原体験になっていたりするのかなと。自分も、新規事業立ち上げの経験がいまだに支えてくれていたりするんですよね。当時身につけたソフトスキルで、今も役立っているものはありますか？

セ　基本は、「『できない』と言わない」。体育会系っぽいですが、それに尽きるなと思います。

チャンスというのは、本人がやったことがなかったり、誰もやってい

なかったりすることに眠っているものだと思うんです。

相手からしても、今回断られたら、次から頼まなくなってしまいますよね。だから「できない」とは言わない。

瀧　「できる」という方向で考えるというわけですね。

ユーザーリサーチに取り組みたいとなった時、役職がついていない、あまり権限もない現場の人が、明日からでも実践できることって、何があるでしょうか？

セ　誰にでもできることと言えば、「好奇心を持つこと」かなと思います。相手やその場に興味を持たないことには、情報を探そうという姿勢にならないし、情報は集まってこない。

いかにその場の状況やそこにいる人に興味を持つか、もっと言えば「好きになる」か。それは誰でもできることだと思います。

リサーチの波を組織全体に広げる

第2部では、リサーチ活動の仲間を見つけ、活動をオープンにすることで周囲を巻き込む方法をご紹介してきました。

第3部では、具体的にフェーズごとのリサーチ活動の進め方や環境整備について、私が所属するスマートバンク社での事例を中心に紹介していきます。

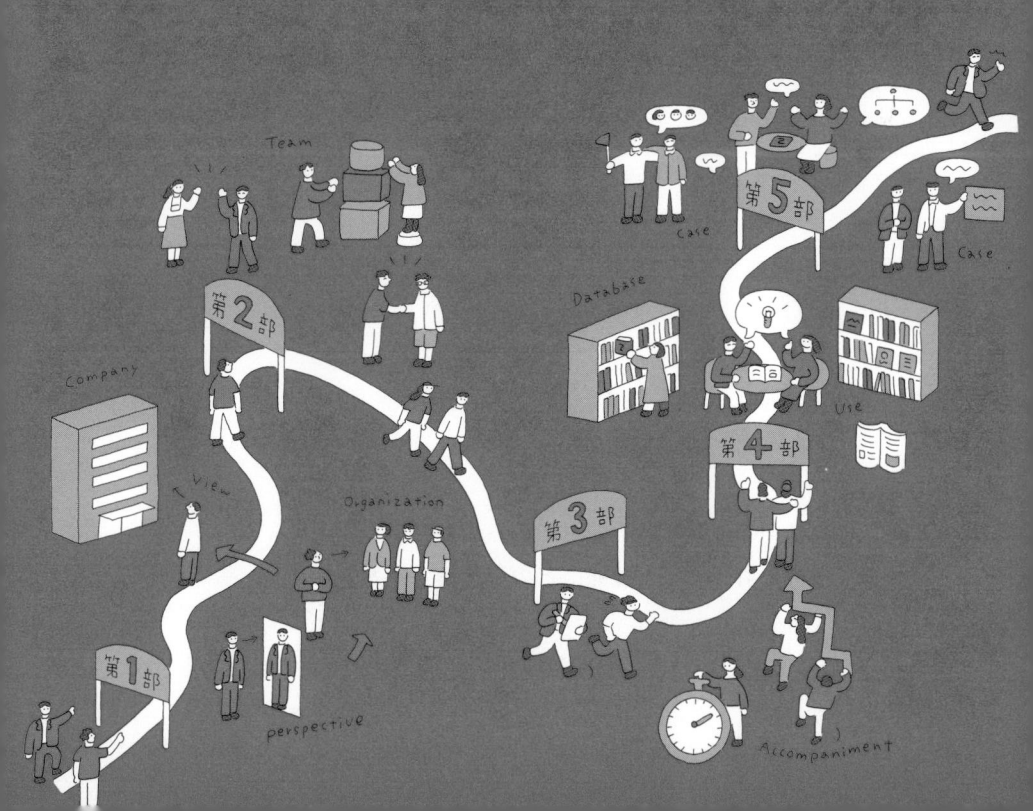

第 7 章

リサーチに周囲をいかに巻き込むか

これまで、リサーチに仲間を巻き込むことの大切さについて述べてきました。本章では、具体的にどうすれば周囲を巻き込めるか、私のスマートバンクでの取り組みを通して見ていきたいと思います。

私は、**良いリサーチは、良いチームから生まれる**と信じています。

そのため、チームで取り組むことを前提に、環境整備や情報提供を行うことを大事にしながら活動してきました。**「ユーザー視点を提供することで、チームの力を発揮しやすくするには」**という問いを考え続け、試行錯誤してきたとも言えます。

「リサーチは、リサーチャーだけのものではない」は、私がチームでリサーチを行う上で、最も大事にしている言葉です。

それではさっそく、スマートバンクでリサーチを実施する場合のチーム体制を見ていきましょう。普段のコミュニケーションで意識していることについても、本章でご紹介します。

なお、私はCXOが管掌するプロダクト本部の中でUXリサーチ部に所属し、横断的に関わる動きをしています。リサーチプロジェクトが発足したらプロジェクトに入り、終わったら手離れし、また別のプロジェクトに移るような動き方です。

例えば、既存サービスの価値を高めるため、新機能を追加するプロジェクトが発足したとします（事業目標としては、LTVの向上に紐づきます）。

- 新機能検討にあたり筋の良さそうな方向性を見定めたい、その上で……
  - そもそも、今考えている機能を使ってくれるユーザーが存在するのか？
  - 今は何の代替手段を使っているのか？
  - 自分たちが考えた機能にどの程度興味があるか？

以上のことがわかれば、要件整理ができ、仕様にも落とし込めそうです。

特に、検討機能についてはユーザーからの印象を聞けた方が手戻りも少なく、詳細の仕様が詰められそうです。

　このような背景から、実際にユーザーにモックを見せて印象を調査するリサーチプロジェクトを実施することになりました。

プロジェクト体制とそれぞれの役割

　この場合、プロジェクトの体制は、おおよそ次のような構成になります。

- PM
- プロダクトデザイナー
  - コミュニケーションデザイナー
- エンジニア
- BizDev（事業開発）
- UXリサーチャー
- （実装後）カスタマーサポート、マーケター、広報

※プロジェクトの最終決定は、PMと経営メンバーが行う。
　デザイン面や体験面の相談は、CXOが日常的に相談に乗ってくれる。

　メンバーはリサーチプロジェクトの大元のプロジェクトに所属するメンバー全員を想定していただくと良いでしょう。実行者だけではなく、情報共有を受けるメンバーも視野に入れて考えるのがポイントです。

　リサーチへの関与度で分類すると、例えばこんな感じになります。

関与度：高

リサーチプロジェクトの設計〜分析までを推進

- UXリサーチャー
- PM
  - リサーチで明らかにしたいこと、取得したい情報を整理する
- プロダクトデザイナー
  - リサーチを通じてUIを作る
    - UIがおおよそできたタイミングでコミュニケーションデザ

イナーが参画

※リサーチプロジェクトにおける決定権あり。

関与度：中

リサーチプロジェクトの状況報告・結果共有を受ける

- エンジニア
  - 仕様検討し、実装する
- BizDev（事業開発）
  - 必要に応じて外部と交渉する、契約まわりを担当する
- （場合によっては）カスタマーサポート、マーケター、広報
  - ヘルプページを作る
  - コミュニケーションデザインを検討する

図3-1にあるように、当該プロジェクトにおいて関与度の高い職種は、UXリサーチャー、PM、プロダクトデザイナーの3名で、**リサーチプロジェクトの中核となるメンバー**です。ユーザー理解を進める時は、まずこのメンバーで集まり、何もないところからスケジュールや進め方、調査手法の選定などを話し合って具体化していく流れです。

新機能検討チーム

ミッション	役割分担

新機能検討にあたり筋の良さそうな方向性を見定めたい

	リサーチャー	PM	デザイナー	エンジニア
リサーチ関与度	高			中
設計	●	●	●	
実査	●	●	●	○

今回の取り組み

期間：約2週間
・新機能検証用のモック作成
・ユーザー調査

［図3-1］ 新機能検討を行うチーム体制

　関与度が中程度の職種は、主にリサーチ結果を受け取り、それを踏まえて業務を進めるメンバーです。当該プロジェクトでは、エンジニアやBizDev

などが該当しています。リサーチプロジェクトが発足したら、随時リサーチプロジェクトの進捗について報告をしたり、インタビューに同席してもらったり、アンケートを分析して意見を交わしたり……と関与できる機会を設けています。

私は、**プロジェクトメンバー全員を、「拡張したリサーチチームのメンバー」と捉えてコミュニケーションする**ことを心がけています。

普段は別のところにいるリサーチチームのメンバーだと考えてコミュニケーションをすると、伝わりやすい情報整理が自然と意識できるからです。「不在の期間、進捗した点についてわかりやすくまとめておこう」とか「ちょうど手が空いてると聞いたから、インタビューの書記をお願いしようかな」といった捉え方ができ、コミュニケーションする上でのヒントが多く得られます。

また、**プロジェクトメンバー視点に立ってみて、わかりにくいところはないかな？と考える機会を定期的に持つ**ようになりました。

特に、エンジニアの場合は、**出発点でどんな話し合いが行われたかを把握しておけると、「何のためにこの機能を作るんだろう」という不安を取り除く**ことができます。そのため、横で一緒に見てもらう感覚で、リサーチ関連の動きをオープンにしたり、会議に任意招待したり、自分から積極的に招き入れる姿勢を作っていきました。

ここまで、チームメンバーの関与度を意識しチームに関わる思考の流れをご紹介してきました。

プロジェクトに関わるメンバーに少なからず関係のあるユーザー視点を、どのタイミングで手渡せば、プロジェクトがもっとうまく進むだろうか？

⇩

スマートバンクにおいては「プロセスに関わってもらう」、「共有する」のが良いのではないか

この考えをもとに、あらゆるメンバーと関与しながらリサーチプロジェクトを進行するあり方を**私は「伴走型リサーチ」**と呼んでいます。

伴走型リサーチは、**実査の部分だけではなく、企画の初期段階から参画し、設計部分もメンバーと共同で行うのが特徴**です。

　次章では、伴走型リサーチの具体的な進め方について見ていきます。

第 8 章

伴 走 型 リ サ ー チ の 進 め 方

　スマートバンクでは、プロダクト開発の現場のみならず、マーケティング、BizDev（事業開発）や広報部門でも伴走型リサーチを実践しています。

　主な工程は情報収集、設計、実査、分析、共有、実装の6つです。前章では新機能検討のプロジェクトを例に出しましたが、他部門でも同様です。

> 〈**情報収集**〉 事業や組織に関して情報を集める
> 〈**設計**〉 何を調べたいのか計画を立てる
> 〈**実査**〉 調べたいことを明らかにする
> 〈**分析**〉 調べたことを整理し、施策や開発へフィードバックを出す
> 〈**共有**〉 分析内容を共有する
> 〈**実装**〉 施策や開発を行う

　図3-2において、●はメンバーと協業して動く、○は場合によってはUXリサーチャーが担当するものを指します。

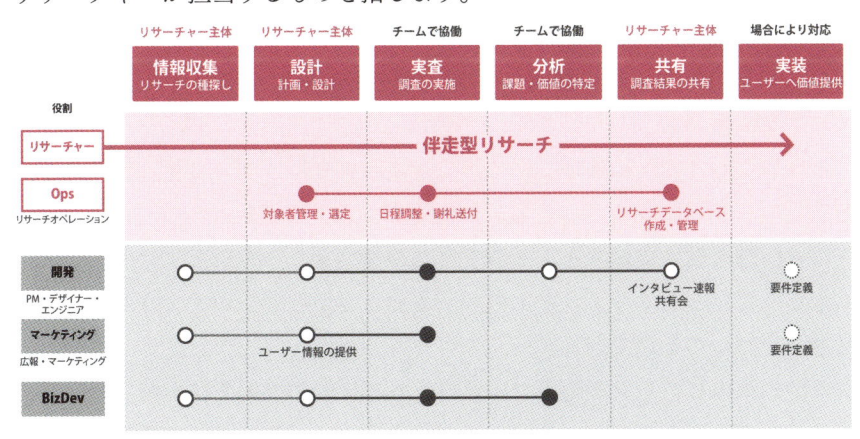

[図3-2] リサーチプロジェクトにおける伴走型リサーチの進み方

　ここからは、主にプロダクト開発の現場で実施するリサーチプロジェクトを例にとって伴走型リサーチの流れを紹介していきます。

イメージとしては、**点ではなく線で関わるリサーチ**です。結果だけ渡すのではなく、リサーチそのものを一緒に体感してもらい、終わってからも相談しやすいような関係値を築くことを意識しました。全てのフェーズに、関与度を強めたり薄めたりしながら関わってもらうイメージです。

　なお、チームでどう進めるかをお伝えするため、各フェーズにおけるリサーチのハウツーにはフォーカスしていません。各フェーズでどんな情報を取り扱っているか、誰にその情報を受け取ってもらうかなど、情報の流れを意識した書き方になっていることをご了承ください。

各フェーズの情報の集め方、届け方

■ 〈情報収集〉

　ファーストステップの〈情報収集〉は、**特定のプロジェクトやチームにこだわらず、組織で会話されるあらゆることにアンテナを張る活動**です。

　この時点では、リサーチの相談を受けているわけではなく要件が具体化していません。とはいえ、リサーチの種が現れるフェーズでもあります。

　リサーチの相談が来てから該当するプロジェクトのことを調べ始めると、インプットに時間がかかり、後の進行がスムーズでなくなることがあります。また、事業方針や組織の状況にアンテナを張っておかないと、設計にネガティブな影響があったりします。

　そういうわけで、私は毎日朝イチで情報収集を行っています。具体的な情報収集のやり方については、第6章で説明したのと同様です。

　この活動を続けておくと、そろそろこのプロジェクトからリサーチの依頼が来そうだなとか、ちょうど工数が空きそうだから話しかけようかな、など見通しを持つことができます。

　リサーチのヒアリング時点で、私自身もほぼ同じ前提条件を持った状態にできるので、お困りごとのイメージがつきやすく、その場での提案内容の精度を上げやすいように思います。

■ 〈設計〉

　次の **〈設計〉** は、**調査を企画し、実行計画を立てるパート**です。ユーザーに関する情報で、どんなことがわかれば良い意思決定をサポートできるのか、それを知ることで何につなげるのかを整理し、そのためのアプローチを考えます。

　例えば、新規事業開発の場合などは、自社ユーザー以外のユーザーのことを知りたいでしょう。何一つ手がかりがない場合は、社内メンバーや友人などに声をかける、他社のアンケートや大規模調査などをデスクリサーチするなど、何かしらの情報を集められないか頭を使っていきます。

　スマートバンクのプロダクト開発の現場では、プロジェクトごとにチームが分かれています。担当PMが1名、デザイナーが1名、エンジニアが複数名所属することが多いです（図3-3、ただしマーケター、カスタマーサポートなどは横断的に関わるチームに所属しているため、図には入れていません）。

プロジェクトチーム

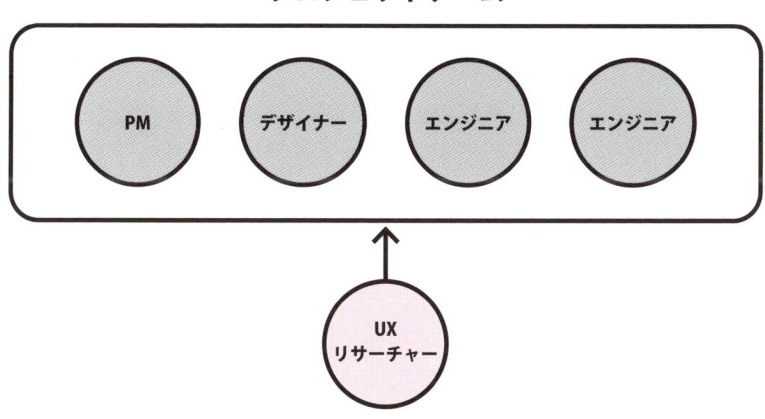

[図3-3] プロジェクトチームの構成

　例えば、こちらのチームではWebアプリの課金機能の開発を担当しているとします。仮に、課金機能リリース後、課金ユーザー数を増やしたい、そのために何か施策を考えたい状況だとしましょう。

　施策をとりあえず打ってから、筋の良いものを見つける方法もありますが、**施策を打つ前に精度を上げる方が良さそう、となったらリサーチを実施する**

ことで良いフィードバックを返せそうです。

　反対に、この段階でプロジェクトの目標達成を踏まえた時、リサーチは今のタイミングでは不要、または過去のデータを参照することで不明点が解消しそうなどであれば、**リサーチをしない判断**をします。

　実施が妥当だと判断した場合は、**設計段階で、リサーチ結果をどのような形で活用するかについて具体的にしておく**必要があります。

　この時、気をつけたいのが**実現可能性**です。

　例えば、開発工数があまりとれないので、できるだけエンジニアの手を借りずクイックに打ち手を考えたいプロジェクト状況の場合、リサーチ側からアプリ内の機能追加や改修の提案をしたとしても、すぐには使えない提案になってしまいます。

　そのため、設計段階では、純粋にユーザーに聞きたい情報を集めるための組み立ての他、**プロジェクトを取り巻く周辺情報**（期間、会議体、チームの稼働状況、事業方針など）を踏まえながら考えます。

　プロジェクトの周辺情報について、〈情報収集〉の段階である程度状況を把握していたとしても、特に横断組織で関わる場合、プロジェクト状況をつぶさに把握できるわけではないと思います。

　ここに、プロジェクト担当のPMに関わってもらうことの良さがあります。

　PMはプロジェクトの達成に向けて、あらゆる職種とコミュニケーションをとり、進行管理をする役割を担っています。事業視点や組織視点を持ち合わせながら業務を進める職種なので、リサーチ結果をどう活用するか、そのためにどういった情報を集めれば良いか、相談しやすいように思います。

　当社の場合はPMですが、みなさんの組織で同様の機能を持った職種があるなら、その方に壁打ち相手になってもらうと良いでしょう。

　話していく中で、例えば施策によってはお知らせのためのバナーが必要、今の訴求ページの改修が必要、となった場合は、デザイナーに協力を仰がなければなりません。ユーザーのアプリ内行動についてあらかじめ知っておく方が良いと感じたらデータアナリストに……など、組織によって対応する職種が分かれている場合は、担当職種にリサーチを実施することを共有しておくといいですね。

　私は、関係しそうな職種が具体的に思いついたら、**一旦全員集め、ミー**

ティングの中でリアルタイムで調査計画を作っていきます。**関与度が高いメンバーについては、設計について話すミーティングに必ず来てもらうように調整し、関与度が低いメンバーは任意で招待する**ようにします。

ミーティングの議事録は必ずとり、話した内容はプロジェクトのSlackで公開するなど、情報共有するようにしています。

関与度の高いメンバーと、非同期で確認依頼↔確認といった形で進行することもできますが、経験上、会話しながら作る方がうまくいくことが多いように思います。

その際、叩き台は私の方で用意しつつ、「今ここがわからないから、こんなことがわかるといいよね」という会話を多く引き出すように関わります。

叩き台を媒介にして、コミュニケーションを発生させ、そこで得られた情報から、リサーチ活動を通じて何を意思決定できればいいか、それにはどんな情報が必要かを整理していくようなイメージで場を作っていきましょう。

ややもすれば社内受託のような関わりになってしまうことを避けたいので、**役割は違えど、「同じ目的に対して一緒に作り上げていく」という姿勢を持ってもらう**のがポイントです。

これらの話し合いを経て、実際にアンケートを作ったり、インタビューのための候補者を選定したり、シナリオ（インタビュースクリプト）を作ったりと、把握したいことに合わせて調査手法を選定し、進めていきます。

■ 〈実査〉

設計した内容を実行するのが、〈実査〉のパートです。アンケート調査なら配信や回答収集、インタビュー調査ならインタビューの実施が該当します。

インタビュー調査の場合、関与度の高いメンバーにはできる限り同席してもらうように予定を調整します。不在の場合は発話録や動画を残しておき、確認してもらえるようにするなど、**リサーチ進行と共に得られる情報を随時キャッチアップできるような環境**を整えます。

リサーチが進行する中で、「もともと立てていた仮説とはちょっと違っているようだ」、「対象者の中でも行動パターンが分かれているようだから、もう少し詳しく聞いてみたい」など、チューニングしたい項目が出てくることがあります。

そのため、「設計時に立てた計画のまま進めていいか？」、「意思決定に必要な情報、把握したい情報が取得できそうか？」という振り返りの目線を持ち、**実査運営自体をアップデートしていく働きかけ**を行うことが重要です。

具体的には、インタビュー終了後にメンバー全員で集まり、15分ほど振り返りタイムを設けます。

振り返りの進め方（例）

- 事実の確認
  - どういった方がどんな話をしていたかを行動ベースで辿る
- 各メンバーから気づきの共有
  - 把握したい情報が話されているか
  - 仮説との差分
  - （複数のインタビューをしていたら）共通点や違いなど行動パターンで分けられそうなものがあるか
- インタビュー進行時の気づき
  - シナリオ（インタビュースクリプト）で聞き方を工夫できそうなところはあるか
- 対象者にとってどうなっていたら嬉しいか
  - 解決策としてどういった方向性があり得るか

話す際には、対象者の実際の発話や行動を引用しながら会話するなどインタビューで得られた対象者のデータから離れないように注意します。

事実と推論を分けて話すよう心がけることで、ユーザーから聞いた情報をねじ曲げないという認識を前提条件として持つことができます。気づかぬうちに議論がひとり歩きしてしまわぬよう実際の発話や行動に基づいて会話していきましょう。

また、**運営自体のアップデート**について、例えばもっとこう聞いたらいいんじゃないか、こういう行動について聞くとより深く知れるのではないかといった気づきがあれば伝えてもらうようにし、次回のインタビューで改善していきます。

例えば、別の対象者群にも聞いた方が良さそうだと感じたら、スケジュー

ル内で収まる対応ができそうか、クイックに確認していきます。

　自分の力不足かもしれませんが、対象者条件を完全に満たす対象者を何人も探してくることは難しいものです。

　スクリーニングアンケートで抽出し、これは条件にバッチリだ！と息巻いてお聞きしたものの、アンケートの回答内容と話す内容が違っていて戸惑った経験もあります。また、対象者条件そのものが、話をお聞きするうちに当初想定していたのと違った！ということも起き得ます。

　設計でどれだけ議論を尽くしたとしても、実際の現場では「もうちょっとこうした方が良かったな」と思うことが多々ありました。

　そのため、**万が一うまくいかなかった場合を想定したプランBを作っておくことが大事**だと思います。

　こういった状況が起きることも鑑み、関与度の高いメンバーがUXリサーチャーと同等の情報量を持ち、同じ課題意識を持っているなら、リサーチによって知りたいことに、より高い精度でアプローチできるようどうしたらいいか？について話せる間柄になっておけると心強いものです。

　もちろんながら、**実査期間中も事業活動は進んで**います。現在のリサーチプロジェクトの進行に影響するような意思決定や、キャッチアップすべきことが起きたりします。そういった観点でも、リサーチ進行時にフィードバックを得やすいように、関与度の高いメンバーと運営について話す機会を意識的に作っています。

　あるプロジェクトチームでは、関与度の高いメンバーと**毎朝15分朝会で状況共有し、懸念事項はないか、アップデートできるポイントはないかを確認する仕組み**にしていました。

　なお、こういった議論について、部分的にでも良いので**関与度の低いメンバーも見聞きしていた方が、運営の意図や背景がつかみやすい**でしょう。

　例えばインタビューの場合、書記メンバーとして当番制で入ってもらう、どのインタビューでも同席してもらえるよう予定表に招待しておく。

　また、みなさんの中には、**実査パートを調査会社に担当してもらうことも**あるかと思います。その際も、調査背景を丁寧に説明する、できる限りインタビューに同席する、担当者とコミュニケーションを積極的にとるなど**「どういった経緯でこの結果になったのか」を自分の言葉で語れる**ようにし、周

辺情報を集めて展開するなどの工夫があると良いでしょう。

　調査結果に載っている文言だけをチームに展開すると、議論が空中戦になったり、場合によっては調査そのものにネガティブな印象を抱かれる懸念もあります。**途中のコンテキストが共有されている方が結局は手戻りも少ないし、進行中でも良い議論ができる**。これは、リサーチを自身で行う場合も、他社と協業する場合も変わりません。

■ 〈分析〉

　実査で得られた結果を整理し、事業に活かせるよう理解を深めていくのが〈分析〉のフェーズです。

　例えばインタビュー調査の場合、分析手法として、KJ法や上位下位分析などがあります。ここで大事なのは、手法は何であれ、**事業やプロダクトの状況を把握し、達成したい状況や意思決定したい内容に対してフィードバックを出す**ことです。

　事業やプロダクトの状況や目指すべき方向は何か、といった視点をベースにしながらユーザー視点を拾っていかないと、的外れなフィードバックをしてしまうこともあります。

　今回、例として取り扱った目的は、「課金数を増やしたい」ですが、ユーザーの具体的な要望だけをすくいとるのは得策とは言えません。ご要望の実現に多大なコストがかかる、法的な制約をクリアせねばならないので今すぐには着手できない、といった内容だと、すぐに施策として活かすことができないからです。

　スマートバンクでは、実査期間で、**質問票をアップデートしながら進め**、意思決定に必要十分な情報がなるべく多く集まるようにしています。

　インタビューが全件終わったら、記憶の新しいうちに集まり、インタビュー全体の振り返りをします。ここでUXリサーチャーが分析した結果を持ってきて、メンバーにお伺いを立てるスタイルをとっていないのは、関与度の高いメンバーが**一緒にインタビューに参加しているからこそ、同じ目線でディスカッションができる**と感じているからです。また、振り返りの場は関与度の高い、低いにかかわらずプロジェクトメンバー全員を招待します。

　例えば、今回の結論として少し画面の表示を変えてみようとか、導線を見

直してみよう、となった場合に、どんな経緯で結論に至ったのかを知っておいてもらえると、実装フェーズにスムーズに接続できると思うからです。

実際に行うこととしては、設計時にメンバーで考えた**「仮説や把握したいこと」に対して、具体的にユーザーがどういった状況に置かれているのか、行動としてどんなことをしているのか**の振り返りです。

その上で、課金数を増やすための施策をした場合、Aさんだとどうだろう、Bさんだとこうかな、といった話をチームメンバー全員で会話しながら見ていきます。課金するかしないかを分ける共通行動やパターンなど、誰の何の課題を解決し、どんなメッセージで届けると課金行動につながっていくかという話ができるように整理していきます。

分析では、正しさ、正確さ、といった観点も重要ですが、チームメンバーが自分の意見を伝えやすい場を作るように心がけましょう。

◾ 〈共有〉

〈共有〉は、メンバー（特にプロジェクトに関わるメンバー）にリサーチ結果を共有するパートです（スマートバンクの場合、**先ほどの**〈分析〉**パートが共有を兼ねることが多く、プロジェクトメンバーへの共有は分析パート時点で済むことが多いです**）。

リサーチ結果を共有することで、**プロジェクトメンバーのユーザー理解が深まったり、次のステップで何をすべきかがクリアになっていたりする状態**が望ましいと思います。

例えば、リサーチの結果、エンジニア工数を使って開発をすることになった、新しくモックを制作することになった、という場合はPMを中心にToDoを整理し、どの順番で対応するかといった議論が必要になると思います。その際にUXリサーチャーも同席して、ユーザー視点での補足があれば伝えることがあります。

一方、同期的に伝えられないメンバーへの共有観点も大事にします。途中からプロジェクトに入ってきたメンバーや新入社員など「後で入ってきたメンバーが読む時に何が残っているとわかりやすいか」という視点を踏まえて考えると、ドキュメントの書き方が違ってきます。

進行中は、自分だけがわかる走り書きのメモでも当時の様子を想起できた

りしますが、**コンテキストを全く知らないメンバーにとって、どうすれば
キャッチアップしやすいか？と考えることで、ドキュメントの質も上がって
いく**ように思います。

　非同期で共有する相手の状態は3パターンあります。

1. リサーチプロジェクト実施時に組織に在籍しているが、当該プロ
   ジェクトには直接関わっていないメンバー
2. リサーチプロジェクト実施時に在籍していないが、当該プロジェ
   クトに関連する業務を行うメンバー
3. リサーチプロジェクト実施時に在籍しておらず、当該プロジェク
   トにも関連しないメンバー

　この中で、2に該当するメンバーが入ってきた場合の対応を紹介します。

　実際に入社してきたエンジニアさんにヒアリングしてみたところ、こんな
考えを聞かせてくれました。

　「どうやって作るか、慎重に考えたい。**なぜその機能を作ることにした
のかの背景を捉えた上で自分でも考えていきたい**」

　「過去、自分が開発していたサービスで、**自分の想像と実際のユーザー
が全然違うと実感したことがあった**」

　入社してすぐに担当プロジェクトが決まった場合、関係するドメイン知識
やプロジェクト状況を中心にキャッチアップします。

　いわゆるオンボーディング時期は、何か成果を出したい、いち早く事業に
貢献したい、と焦りが出やすい時期でもあります。

　もしこのタイミングで、実際に使ってくれるユーザーがどんな人たちか知
りたいと思ったとしても、インタビュー発話録のデータを全て開いて読んで
いくのは大変ですし、ユーザー理解だけに時間をかけるのは現実的ではあり
ません。

　この場合、**できる限り全容がつかみやすく、読みやすい形でユーザー理解
に出会ってもらう**のが良いと考え、入り口としてはできるだけ軽やかに、**ま**

ずは読んでみようかな、と思ってもらうことを大事にしています。

そこで活用しているのがFigJamです。スマートバンクでは、**1プロジェクトチームについて1枚のFigJamを用意**しており、プロジェクトに関連したリサーチを集約しています。

FigJamの中に調査結果、調査中の議論や対象者一人ひとりの発話まとめ、アンケート結果まとめなど、あらゆるリサーチプロジェクトに関連したデータが入っています。

なかでも、**インタビュー調査の結果を視覚的にまとめること**にこだわっています。

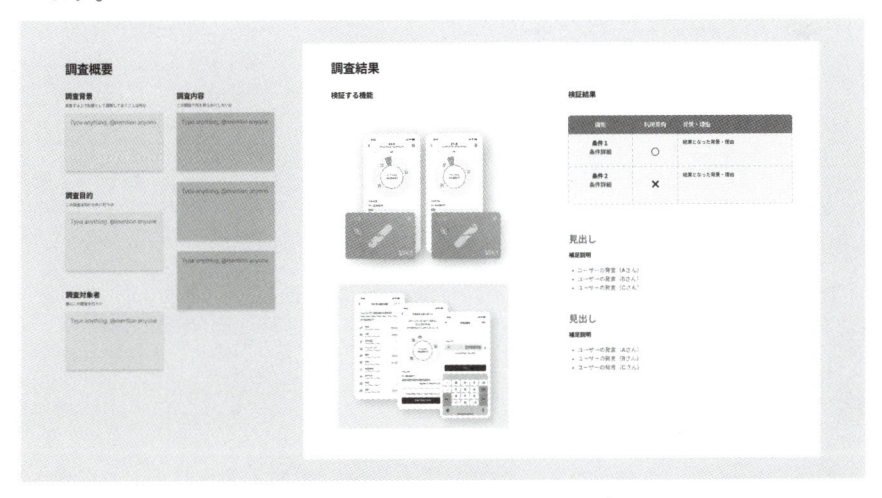

[図3-4] インタビュー調査の結果をまとめたページ[1]

この1枚には、調査概要や期間、リサーチプロジェクトの位置づけや結果が書かれ、全体に目を通すと**リサーチプロジェクト全体を俯瞰できるようになっています。**図や写真を入れたり、印象的な発話を入れたり、**思わず読んでみたくなるような仕掛けを施し、**

「この話、どんな人に聞いたんだろう」
「どこからこんな結果になったんだろう？」

1「スマートバンク調査結果テンプレート」SmartBank, Inc.
https://www.figma.com/community/file/1347451757504574822

といった**問いを読み手に持ってもらうきっかけを作る**ようにしています。

　もう少し理解を深めたいと思ったら**より詳細なデータを参照できるように、近くに発話録や調査概要などのドキュメントを置いています。**

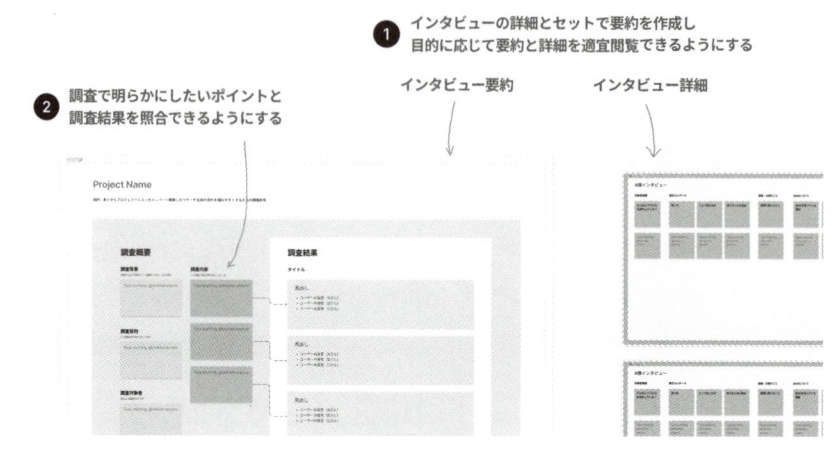

❶ インタビューの詳細とセットで要約を作成し
目的に応じて要約と詳細を適宜閲覧できるようにする

インタビュー要約　　　　インタビュー詳細

❷ 調査で明らかにしたいポイントと
調査結果を照合できるようにする

[図3-5]　インタビュー詳細を近くに置いておく

　調査結果共有の機会は、ユーザーに興味を持ってもらう機会と同様です。どのようにしたら読んでもらえるかが重要です。

■　〈実装〉

　最後の工程は、エンジニアに実装してもらう、デザイナーにモックを作ってもらうなど、目に見える・手にとれるものを作り出す〈実装〉パートです。主にUXリサーチャー以外のプロジェクトメンバーが対応します。

　このパートにおいては、UXリサーチャーの関与度が薄まっていきます。

　主導するシーンはないものの、UIにフィードバックを求められたり、過去のインタビューのリファレンスをしたり、壁打ち相手になったりしながら関わっていくようなパートとなります。

　実装パートから、何かの拍子にもう1回ユーザー理解を深めたい、となることもあるので、現在どんな状況でプロジェクトが進行しているか把握するため、プロジェクトに関連する議事録や資料は目を通すようにしています。

　UXリサーチャーの振る舞いで言うと、**〈実装〉パートと〈情報収集〉パートが重なっていることが多く、次のリサーチプロジェクトに向けてアンテナ**

を張っている状態とも言えるでしょう。

　一方、スマートバンクでは、プロダクト開発だけではなく、広報やマーケターと一緒に動かすプロジェクトもあります。この場合、成果物がプロダクトの紹介記事やWebページになることがあります。

　入社したばかりのメンバーが主導する時は、工数を見ながらリサーチャーが一緒に記事のアウトラインを考えたり、Webページの構成を考えたりすることもあります。

　リサーチャーの専門領域ではありませんが、チームとして必要な場合、自分のこれまでの経験でサポートできそうなところは入るようにしています。

　また、リサーチプロジェクトが完了したタイミングでもあるので、データベースを整理する、調査結果を視覚的に残す（〈共有〉の部分で示したFigJam）、調査概要や進行の記録など振り返りやすいものになっているか確認し、修正するなども行っています。

 ## リサーチのバトンを渡す時の工夫

　ここまで、UXリサーチャー自身がリサーチを推進するケースをご紹介してきました。場合によっては、リサーチで得られた結果を、経営層に伝え、意思決定を仰ぐケースがあると思います。

　例えば、事業責任者やマネージャーなど、別の方にリサーチ結果を手渡して、経営会議などで話してもらうようなパターンです（具体的な資料作成や意識することについては、第5部で事例を紹介しているので、併せてお読みください）。

　リサーチ結果の報告を自分以外の方が担う場合、こだわっているのは、**どんなリサーチ結果だと受け取ってもらいやすいか**です。

　仮に、マネージャーを介してAさんにリサーチ結果を渡すとします。

　誤解を招かないように先にお伝えしておくと、「Aさんが立てた仮説通りの情報を手渡す」わけではありません。内容そのものをAさんの期待通りにするというわけではないのです。Aさんの考えを結果的に補強することはあり得ますが、どんな結果が出るかわからないからリサーチを行うのであって、予定調和の内容をリサーチするのでは本末転倒です。

　リサーチは、あくまで状況を明らかにし、それをもとに検討を進めやすく

する手段の一つにすぎません。できれば企画段階からコミュニケーションをとっておき、「リサーチを通じてどんな状況が明らかになっているといいか」の認識をＡさんと合わせておきます。その上で、Ａさんに伝えるべき点と見せ方を考えるのがこの項の主旨になります。

では「受け取ってもらいやすいのは何か」を探る流れを紹介していきます。

まず、リサーチ結果を発表する場において、その結果をもとにどのように意思決定されているかを調べておきます。

チェックポイントは以下の通りです。

- 会議はあるのか
  - どんな形式か（オンライン／オフライン）
  - 誰が参加しており、その場ではどんなことが話されるか
    - 希望を出せば同席できるか
- 会議の過去の議事録は確認できるか
  - 質疑応答の内容はどんなものか

会議で取り扱われるトピックがどう言及されているか、例えば過去の議事録などを見ながらつかみます。気にするのは、**何の情報をどの粒度で書けば、意思決定する際にスムーズになりそうか**です。

意思決定する時に参照する情報として、視覚的にわかりやすくまとめられたものか、文章だけか、定量的な方法で計測できるものの方がいいのかなど会議資料を見ることで、**どんな風に情報を手渡すとマネージャーが助かりそうかを考えるヒントが得られる**でしょう。

あるいは、**マネージャー自身が作った資料や議事録を見てみます。**
「伝えたいことはこうやって伝えるのか」、「図があるとわかりやすいんだな」などの特徴が理解できます。

そして、発表するストーリーを意識し、必要な要素を集めるようにします。

また、発表する場では紹介しないかもしれませんが、背景情報を正確に伝えるために、**調査概要を一緒に手渡しておく**のも良いでしょう。

ちなみに、調査計画書の基本的な要素としては、次のようなものが考えられます。リサーチ結果を報告する際は、**その結果を発表する場の議事録やド**

キュメントの形式に合わせて必要な要素を洗い出すと良いでしょう。要素が不足していると、ストーリーとしてわかりづらくなります。

- 調査背景
- 調査目的
- 調査期間
- 調査手法
- 調査担当者
- 調査結果の活用用途……etc

　Web検索で調べたテンプレートをとりあえず使うよりも、今自分が所属する組織で読まれやすく、慣れ親しんでいる形式や表現方法を頭に入れながら作ると、読む側の負担も軽減されます。

　スマートバンクの場合、インタビュー内容を報告書に入れる際、どういったシーンで？その時に何がしたいと思っていた？代替手段は？といった情報を書いています。

　ボリュームが多くなりますが、削ぎ落とさずに書く方が、意思決定する材料として適しているからです。対象者の発言や状況をそのまま書く・読み上げることで、一連の情景が頭の中にありありと描けるような情報粒度が望まれているとも言えるでしょう。

　あとは、**そのドキュメントをいつ作るか、リサーチ結果をいつまでに手渡すといいか**を確認しておきます。

　私なら、企画の段階で関係するメンバー予定表を2週間先くらいまで確認し、普段どういったことに時間を使っているか、意思決定を求められそうな重要な会議がどこにあるかざっと見ておきます。

　リサーチを実施する現場に居合わせていないとしても、要所で状況を共有しておくなど、同じ景色を見て話してもらえるような関わりを心がけておきましょう。

第 9 章

進 行 時 の リ ス ク 管 理 や 環 境 整 備 の 進 め 方

伴走型リサーチ全体を通じて、データの取得や管理についても気を配っておきましょう。データを適切に取り扱わなければ、リサーチ活動にネガティブな影響が出てしまいます。

継続的にリサーチ活動を行うには、**協力してくれるユーザーに対し、リサーチの目的が伝わり、情報共有と保管が適切になされている状態を保つ**必要があります。リサーチデータを取得するなら、対策すべき事項と肝に銘じましょう。

私がスマートバンクに参画した当初は、全てのリサーチを一人で行っていましたが、一人だからこそ不安に感じた点がいくつかありました。

1. リサーチ進行時のリスク管理
    a. リサーチを進行する上で、対象者に予期せぬネガティブな体験をさせるリスクはないか
        i. （例）宛名の間違い、リマインド漏れなどやり取りミス、私自身の体調不良でのキャンセル……etc
2. リサーチデータとの向き合い方や活用方法
    a. リサーチデータが意図しない形で活用されないか
    b. リサーチが終わった後、データが見向きもされず、やったことすら忘れ去られる結果にならないか

※2-bについては、第4部で工夫点を具体的に取り上げます。

主な不安は、進行時のリスク管理と環境整備に関してです。リサーチの継続的な運用、リサーチの質に影響するところなので、実施と両輪で対応しなければならないと考えました。

役割を分担して人為的ミスを起きにくくする

リサーチ活動が同時期に発生したり、案件そのものが増えたりすると、進行時のタスクが比例して増えていきます。インタビュー調査の場合、対象者の方への連絡や謝礼送付など、各種やり取りも煩雑になります。

会社の顔としてのやり取りなので、対象者から見て、連絡が適切なタイミングで行われ、自分のデータの取得目的や利用用途の説明がわかりやすく、何か質問があった時には迅速に対応してくれるといった点には特に注意を払います。

大切な情報をお預かりするので、安心してリサーチ活動に協力してもらえるよう最善を尽くしたいと考える一方、インタビューの現場では対象者が複数いて、それぞれ常にステータスが異なる中（調査依頼中、返信待ち、前日リマインド……）、同時に動かしていく必要があります。ここで気にかかるのが**人為的なミス**です。

スケジュールがタイトだったり、体調が優れていなかったりして注意力が散漫になる瞬間は、人間誰しも訪れます。ミスとしては、謝礼の振り込みを忘れてしまった、本来すべき連絡とは異なるものを送ってしまったなど、対象者の信頼を損なうケースが想定されます。

人為的なミスを防ぐ一つの方法としては、別のメンバーの目を通すことが有効だと感じました。そこで、ユーザーとコンタクトをとる役割と、リサーチを実行推進する役割で、メンバーを分けることにしました。

チームメンバーの採用がすぐには難しい場合もあると思います。仲間で分担するとか、自分一人でも時間を変えてダブルチェックするなど、工夫してみるのも手です。

リサーチデータの取得・取り扱いの目線を揃える

みなさんが所属する組織では、事業運営にあたってプライバシーポリシーを定めていると思います。

それと同様に、リサーチ活動においては、ユーザーからお預かりした情報

の取り扱いについてご案内し、同意を取得する必要があります。

当社でも、同意書の取り交わしやデータのアクセス権については、法務部門や情報システム部門と連携し、整備してきました。

アクセス権を絞りすぎると社内で情報流通しにくくなるし、情報流通だけを優先すると漏洩のリスクも高まるので、塩梅が難しいところです。

組織規模やチーム体制によって適切なあり方を探るべく、関係部門へのヒアリングを進めていくと良いかと思いますが、社外事例のヒアリングも併せて進めると、具体的な落としどころが見つかりやすくなります。

現在のスマートバンクにおいては、ユーザーの個人情報について、進行中はプロジェクトに関わるメンバーなら確認できるようにしておき、終了後はリサーチチームのみ確認できるようアクセス権を変更しています。

保管されている発話録のデータについては、個人情報を別のデータベースで持っておき、何か対象者とのやり取りが発生するタイミングでリサーチチームが確認できるようにしたりします。

組織を取り巻く状況が変わると、求められる対応水準も変わっていくので、日頃から数歩先の事業フェーズの方と情報交換するようにもしています。

併せて、**組織内で情報の取り扱い方について周知する**必要があります。

例えば、社内のみで閲覧するとユーザーに約束して同意をとった情報について、無断で社外の協力会社に提供するなどはもってのほかです。

知らなかったでは済まされないので、リサーチチームのメンバーだけではなく、リサーチ情報を閲覧する全ての職種の人が、情報の取り扱い方を知っておかねばなりません。

情報の取り扱い方については、ドキュメントを作成し、新入社員が入ってきたタイミングで個別に伝えるなど、折に触れてアナウンスするようにしています。

原則、リサーチ活動を通じて得られたデータを利用する場合は、リサーチチームに声をかけてもらうようにしています。図3-6は、データと向き合う姿勢について記したものです。

リサーチチームが取得する個人情報の取り扱いについて

∨ さらに2件のプロパティ

⚠ 目的
- リサーチチームにおける個人情報の取り扱いの運用方針の構築
- 全社に対して、活用範囲・スタンスを明確にし、個人情報の漏洩などのトラブル防止

▮ MENU
ユーザーにお話を伺うときのグランドルール
アクセス管理の定義
　1. 方針
　2. リサーチチーム管理対象
プライバシーポリシーの同意
　1. 方針
　2. 同意の取得方法

ユーザーにお話を伺うときのグランドルール
目的：安心してインタビューに参加いただくためにインタビューで考慮すべき姿勢や行動について記述

［図3-6］個人情報の取り扱いに関するドキュメント

　特に、インタビューでは、ユーザーの生活背景など細かな情報をたくさん取得します。同席する場合、カフェなどオープンな場で参加しないこと、インタビューで知り得た情報を個人が特定できる形で社外メンバーに伝えないことなどを明記しています。

　ユーザーから安心して情報を提供してもらえるよう整備する、組織の中での情報の取り扱いのルールを明文化する――組織としても、継続的にリサーチ活動を進めていけるよう、守りの部分についても気を配っていきましょう。

第 10 章

チームメンバーの「リサーチ体験」を意識する

　伴走型リサーチの進行時は、**メンバーの「リサーチ体験」**という視点を大事にしています。

　私が思う「リサーチ体験」は以下の要素から成り立っています。

　一緒に関わるメンバーがリサーチプロジェクトに関わる際、関与度の高い／低いにかかわらず……
- リサーチの目的が適切に伝わっているか
  - 目的について合意がとれているか
- リサーチについて不明点がある場合、気軽に担当者（私）に声がかけられそうか
- 今、リサーチがどこまで進んでいるかわかるか

　第8章でも情報の届け方について触れている箇所がありますが、本章ではより現場での実践イメージを持ちやすいようあえて具体的にしておきます。結論から言うと、**調査にまつわるコンテキストを共有しておくのが重要で、自分が考えていること、今起きていることなど環境をリアルタイムで発信していく**ことで、リサーチ体験を高めていけると考えます。特に設計時においては、**共通の目的に納得しているかどうか**を気にかけています。

　具体的には、以下の条件について、目線を揃えられているか確認しています。

- 今の状況を包括的に捉える
  - リサーチに関わる制約条件
    - いつまでにどんな形でリサーチ結果があれば良いか
    - 重要な会議体やプロジェクトのマイルストーンはどこか
  - プロジェクトに関わる状況
    - 事業方針
    - 事業優先度

- 　何が意思決定できているといいか
- リサーチ結果を受け取るメンバーに何を手渡すと良さそうか把握する
  - 　調査手法
  - 　調査結果の記載方法
    - ■　ドキュメントの情報粒度
  - 　チームメンバーの開発工数

　ここで、情報収集フェーズでの行動が効いてくるのですが、**UXリサーチャー自身が、プロジェクトのメンバーと同様の情報量を持てると**、チームメンバーとしてのコミュニケーションが円滑にとれるようになります。全員が集まる場に早めに顔を出すことで、どういう伝え方なら興味を持ってもらえそうか、何を気にしていそうかなどチーム状況が把握できます。

　今チームメンバーがそれぞれどんな仕事をしていて、何に注力しているのかを理解してこそ、メンバーのリサーチ体験の質が高まっていくのです。

> **Tips** 全体像をわかりやすく図解する
>
> 　メンバーのリサーチ体験を良くする方法の一つとして、**全体像（進行の流れ）をわかりやすく伝えること**が挙げられます。
>
> 　特に、関係者が多く、進捗のステータスがよく変わるようなものにおいては、目安の期間と進行フローが図になっていると認識のズレを防ぐことができます。図にする目的は、以下の2つです。
>
> - 全体像をメンバーに伝えてゴールまでの道のりの認識を合わせる
> - 職種間のコミュニケーションを補完する
>
> 　図3-7は、アンケート調査時の全体像とToDoを示したものです（図はスマートバンクのケースを例に職種を書いています）。
>
> 　活用シーンは、マーケターやPMなど、アンケート配信の相談を受ける時です。「一体どれくらいの日数がかかるの？」、「今思い立ったら最短でいつ配信できる？」といった相談を受けた時、この図を見せて具

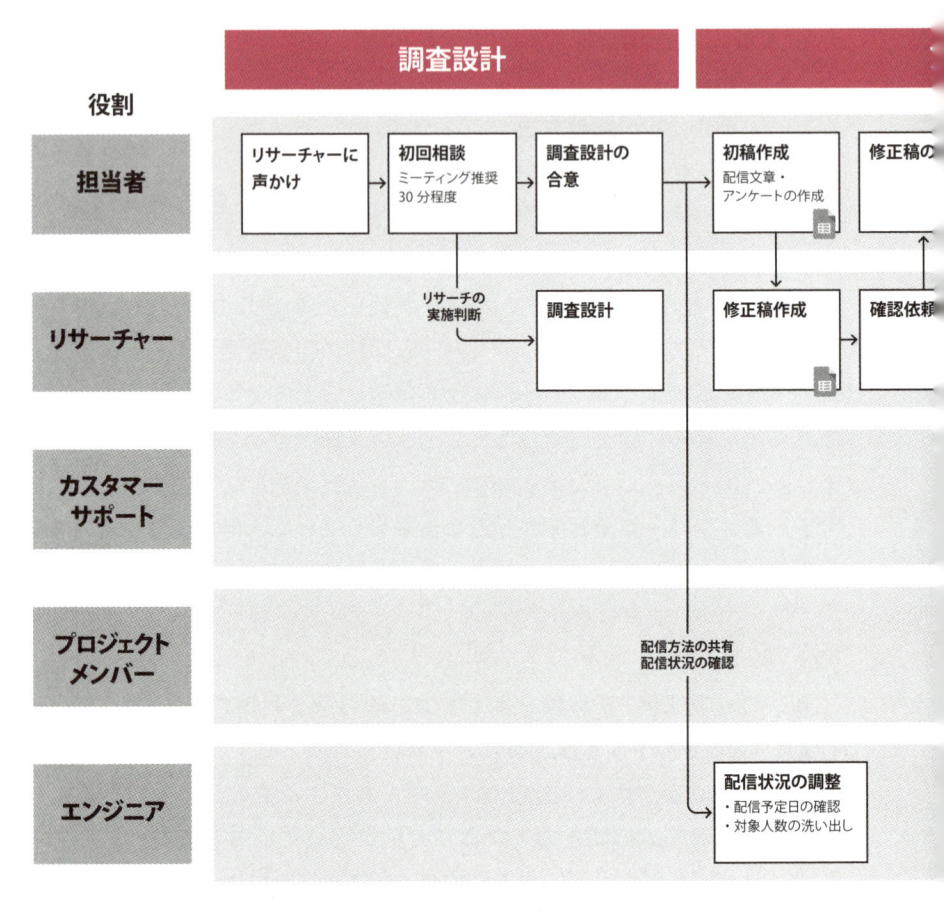

[図3-7] アンケート実施の全体像

体的な日程に落とし込んでいきます。

　アンケート配信後のユーザーからの問い合わせ対応は、カスタマーサポートがカウンターパートになりますし、エンジニアに配信作業を依頼する可能性もあります。また、配信先が全ユーザーの場合など影響範囲が広い場合にも、共有が必要になるでしょう。

　役割をはっきり分けてしまうと、その他のことはやらなくていい、という風に捉える人もいるかもしれません。

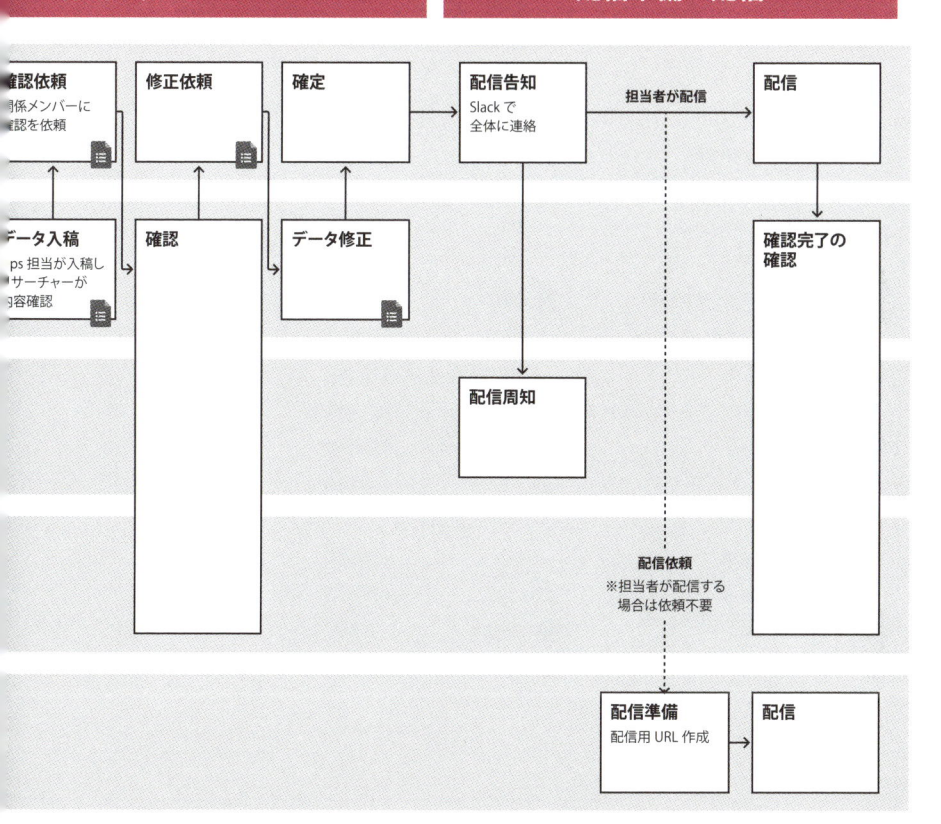

約2週間で配信 ————————————————————————→
程度のアンケートを新規作成する場合

トの作成・修正 ／ 配信準備～配信

確認依頼｜修正依頼｜確定｜配信告知（Slackで全体に連絡）｜担当者が配信｜配信

関係メンバーに認を依頼

データ入稿｜確認｜データ修正｜確認完了の確認

ps担当が入稿しサーチャーが内容確認

配信周知

配信依頼
※担当者が配信する場合は依頼不要

配信準備（配信用URL作成）｜配信

　私が気をつけていることは図を見ながら会話を引き出すことです。UXリサーチャーからの指示書ではなく、**担当者がやりたいことを具体化し、現実に落とし込むには誰の協力を得てどう進めるといいかを一緒に考えるための図**と位置づけています。

　図解する一番の目的は、チームメンバーとの会話が円滑に進むこと、同じ目的を持つことにあります。

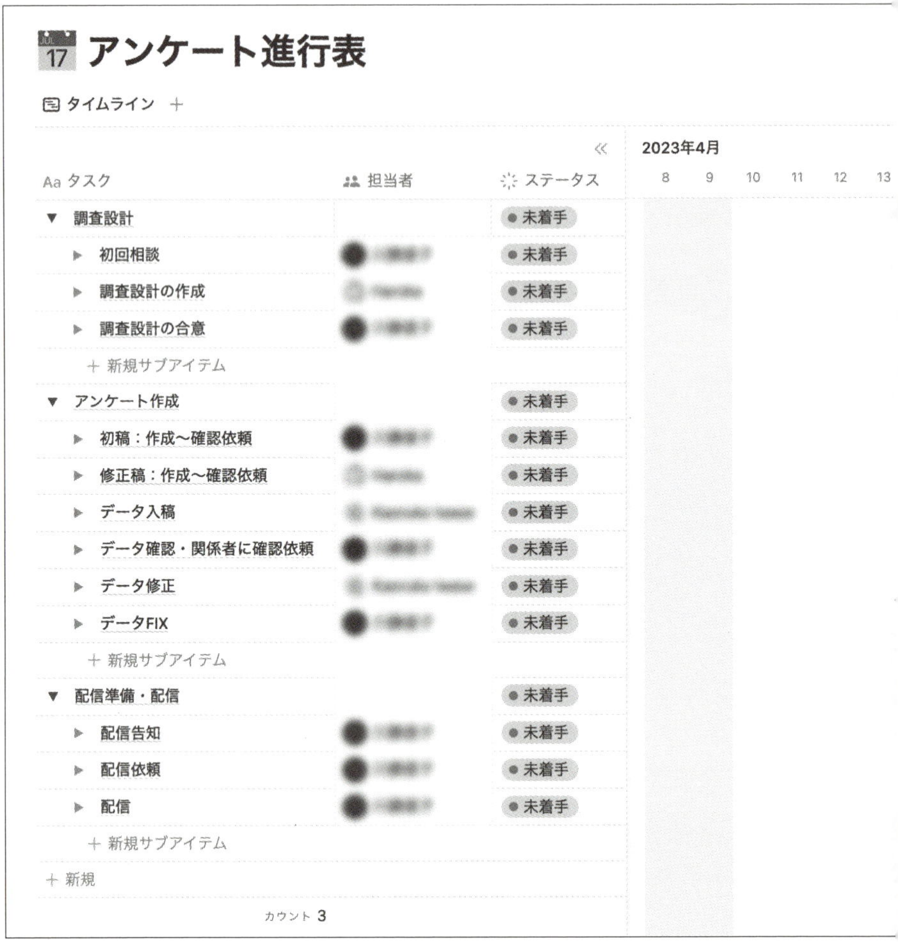

［図3-8］ Notionで管理するアンケート進行

Tips タスクの進行ステータスを明確に

調査進行でステータス変化が頻繁にある場合は、**誰にどのボールがあるのかを見える化して進捗共有する**ようにしています。

先ほどのアンケート進行の図で示したのはおおよそ2週間の例ですが、**数営業日単位で頻繁にステータスが変わっている**様子を確認いただけると思います。

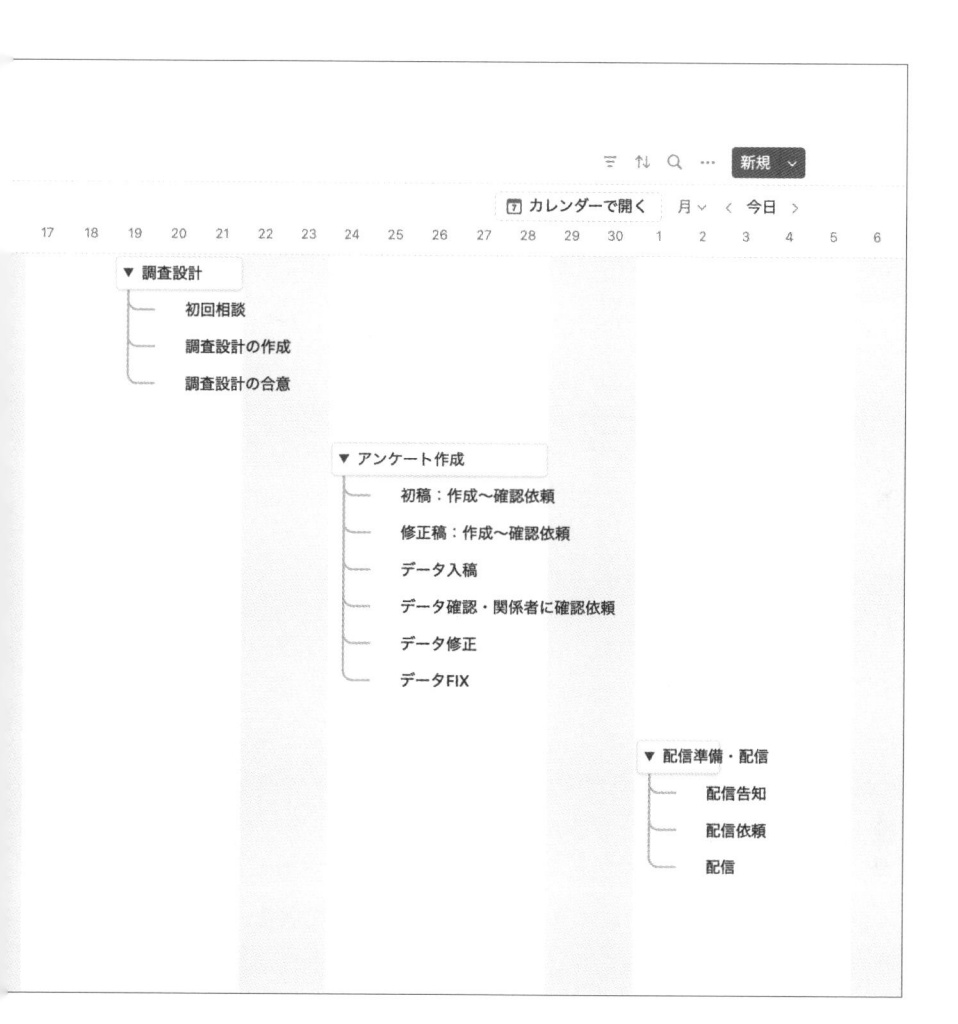

そのため、ボールが誰の手元にあって、どんな状態になっているのか、すぐにブラックボックス化してしまう恐れがあります。場合によっては、配信したい日程をずらす、調査を中止するといった事態を引き起こすこともあるでしょう。

こういった事態に陥らないようにするため、**Notion データベースで進行表を用意し、いつ誰が何に着手しているかを記録しながら進める**ようにしています。

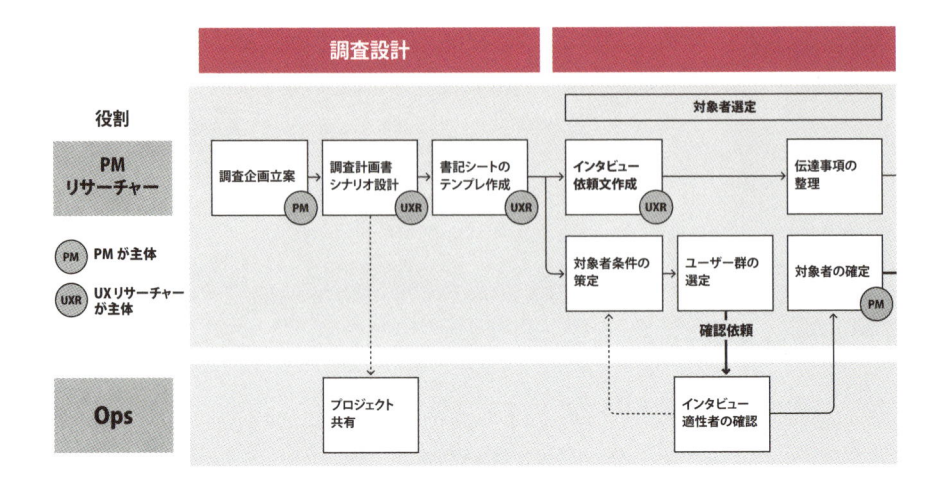

[図3-9]　インタビュー調査の進行フロー

　当社では全職種が普段使いしているのでNotionを利用していますが、いわゆるBacklog、Trello、スプレッドシートやエクセルなど、進捗管理でチームが普段使っているツールを活用すると良いかと思います。

　図3-8は、スクリーニングアンケートを配布し、インタビュー調査を行う流れをタスクに落とし込んだものです。こちらをベースにしながら、調査進行が変わる場合は、進行表と調整して進めます。

　トグルを開くと、そのタイミングで行うToDoと担当者、日にちが入れられるようになっています。この3つの項目があれば、どの職種が見ても進捗状況がわかりやすいように思います。

　このように、**全体像と進行状態がわかると、お互いに助け合うような働きかけが生まれやすく**なります。

　「そろそろ配信についての相談が来そうだけど、今どんな感じかな」、「確認先にカスタマーサポートのメンバーを入れないと」など、関わる**メンバーが自発的に動けるような仕組みとしても活用**しています。

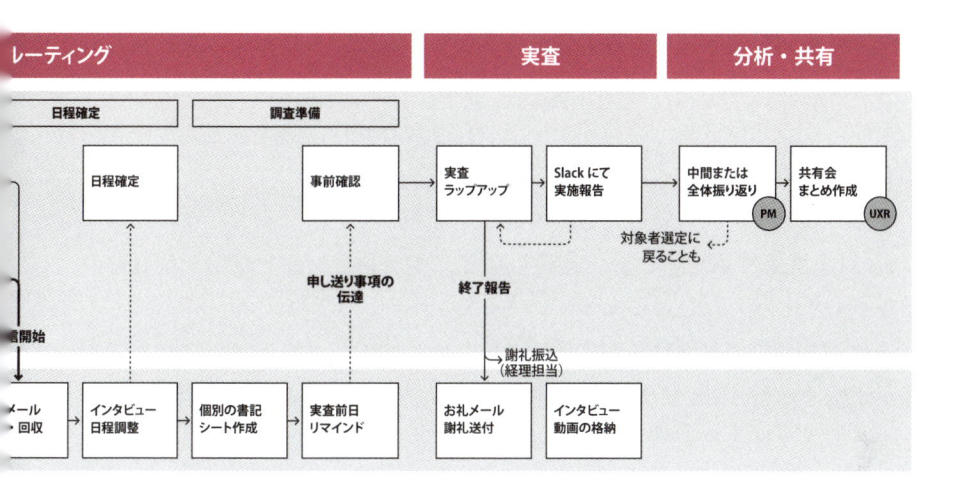

進行中のコミュニケーションがスムーズになるドキュメント作り

　スマートバンクでは、私の他、業務委託メンバー含め3名がリサーチチームに所属しています（2024年6月現在）。業務委託メンバーは、リサーチ専任アシスタントとして主にリサーチ運営のオペレーションにパートタイムで携わってもらっていますが、このように関わり方が異なるリサーチチームのメンバーと組んだ時もうまく動かしていけるように考慮してきました。

　リサーチで出現シーンの多いであろう**インタビュー調査の進行フローとその使い方**を例に、コミュニケーションがスムーズになる仕掛けを考えていきましょう（図3-9）。

　なお、図で示した「役割」は以下の通りです。

- PM・リサーチャー：インタビュー企画、実施の主体者
- Ops：実施運営の主体者（Ops はオペレーションの略）

　また、対象者が個人か法人か、件数、対面かオフラインかなど条件が異なっていても、フロー自体に大きな変更は出ないと考えます。よって、「ユー

ザーに何か話を聞きたい」場合の進め方として捉えてもらっても差し支えありません。

実は、この進行フローの整理が不完全だったために、コミュニケーションがうまく進められなかったという失敗談があります。

進行フローには、もともとOpsの部分が書かれていませんでした。正確には、「対象者条件策定」とか「実査」など、オペレーションが含まれるものをざっくりと示しただけになっていました。

それまで全ての案件は私が主導していたのですが、とあるインタビュー調査が開始する前、私が1週間ほど休暇をとることになりました。そこで、リクルーティングと実査パートはPMとOpsメンバーで進行してもらうようあらかじめ依頼しました。

具体的には、Opsメンバーに、PMと直接やり取りして進めてもらうようお願いして休暇に入ったのですが、帰ってきてみると、PMとOpsメンバーの双方から**「いつのタイミングで何をお願いしたらいいかわからなくて困った」**とフィードバックがありました。

特に、Opsメンバーからは以下2点に困ったと報告を受けました。

「初めて一緒に仕事をしたPMで、今声かけていいのか？こんなこと尋ねていいのか？と気後れして聞けなかった」
「最初に依頼を受ける時点で、PMの人となりを知っているとか、調査背景がわかっていれば、対象者条件を見て私からも何か提案ができたかもしれない」

話を詳しく聞いてみると、これまでは私がPMとOpsメンバーの間を取り持つ形で進めていたのですが、**私自身が行っていたことが暗黙知になり、誰がどう進めるのかお互いわからない状況になってしまっていた**ようです。

それぞれの役割が何か、どこまで依頼していいのか、どのタイミングで報告や共有を行うかを曖昧にしてしまったために起きてしまったことでした。

幸い、リサーチ案件自体への深刻な影響は出なかったのですが、私はこの一件を経て大いに反省し、PMとリサーチチームメンバー全員で振り返りを行いました。役割分担と依頼内容を明文化すべく、対象者条件の確からしさの判断はPMが行う、絞り込んだ対象者一覧のデータチェックはOpsメン

バーが行うなど、判断に迷いそうなタスクを書き出し、一つずつ認識を合わせ、フローに書き込んでいきました。

そうしてでき上がったのが、図3-9の進行フローです。

図解のみならず、進行面でもコミュニケーションをとりやすいような仕組みを一緒に考えました。

まずは、**必ず顔合わせの場を設ける**ことを決めました。私が不在の場合、インタビュー進行が決まったらPMとOpsメンバーで30分ミーティングを開催し、お互いの目線合わせを行う時間を設けることで合意しました。

加えて、Opsメンバー目線で、他チームと連携する時に聞いておくと協業しやすい内容をリストアップし、型に沿って聞き取っていくと抜け漏れなくわかるようなシートを準備しました（図3-10）。

Opsヒアリングシート_

＊リサーチャーを通さず、Opsメンバーと他チームが連携するときに使います

目的：リサーチの精度を上げるためプロジェクトの全体像を把握する。
方法：対象者条件が決定し、召集を始めるタイミングで30分MTGを実施

> 関わる領域は限定的ですが、**ゴールイメージを共有してもらえると、リサーチの質を高めるため**、状況に合わせた提案やコミュニケーションをとる事ができます（適した対象者の選定や調査前に　　　から対象者情報を得るなど）

プロジェクト概要	aaa
全体調査期間	全体の調査期間と中間チェックなどのマイルストーン aaa
調査対象者群	現状想定している対象者群 aaa
インタビューのゴールイメージ	どんな話が聞けていると良いか aaa
プロジェクトのゴールイメージ	どういった状態になっていると良いか aaa

[図3-10] Opsヒアリングシート

ヒアリングシートの上部は、プロジェクトに関する共有事項を伝え、聞き取りながら横にメモできる表にしています。

　次に、進行フローを見ながら、いつまでに何をすべきか具体的な業務について一つずつ当てはめていきます（図3-11）。

　PMが行うToDo、Opsが行うToDoがそれぞれ書かれており、これからの作業をどう進めるか会話できるような資料になっています。

　Opsメンバーが実際に行う業務は、指定された対象者への連絡、同意書の取り交わし、謝礼送付などですが、**ただ指示された業務をするだけではいい仕事ができない**というフィードバックがありました。

　何のプロジェクトに紐づいたもので、リサーチをしたいと考える背景は何か、どういった人からどんな情報を得たいのかなど、リサーチをする目的を共有してもらうことで、目的に対するより良い提案をOpsメンバーからも行えるようになります。

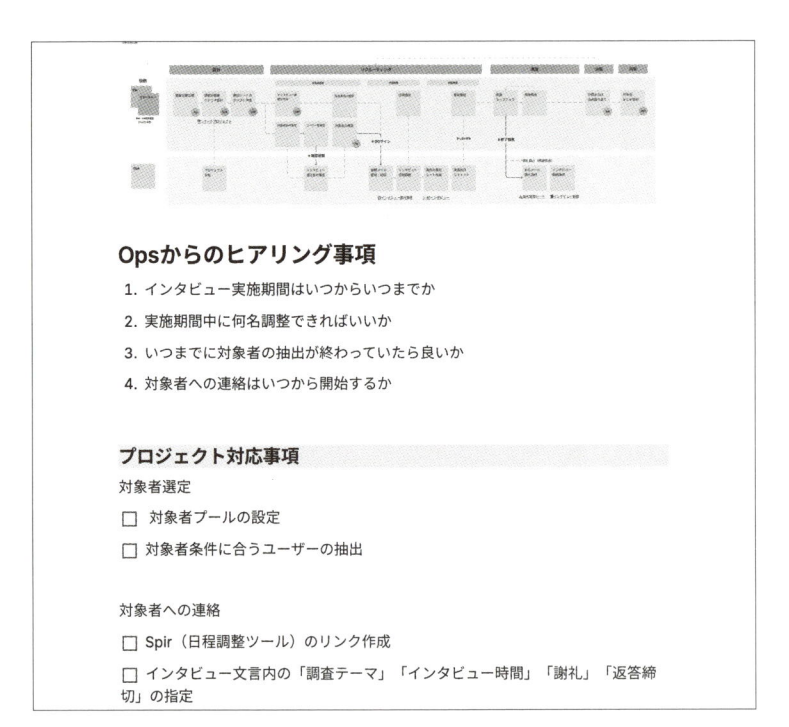

[図3-11]　進行フローとToDo

そのため、ヒアリングシートの冒頭に、**ゴールイメージを必ず書くように**します。

ただの作業と捉えるか、目的のための一つの手段と捉え、その目的にかなう振る舞いかどうか考えながら進めるかでは、天と地ほどの差があります。

コミュニケーションをスムーズにするポイントは、背景と目的を共有することだと痛感した出来事であり、**同じ目的を持つことができると、進行の質を高められる**ことを改めて教えてもらいました。

対話しながら「型」を一緒に作り、育てる

これまでご紹介してきた図は、伴走型リサーチを進める上でコミュニケーションのハブを担うものです。**リサーチ運営やチーム運用で最もうまくいったパターンを言語化し、リサーチ活動の型**としてブラッシュアップしてきました。ちなみに、自分が急に倒れた時でも、誰かにすぐパッと引き継いでもらえるように、**自分の振る舞いを一つずつ言語化し、抽象化するようなイメージ**で図にするとうまくいきました。

リサーチ活動の型は、次のようにいろいろなシーンで作っています。

- リサーチプロジェクトを進行する時、誰が関係者でどの流れでどう進んでいくのか整理したもの
- 調査概要や目的などをひとまとめにしたドキュメント
- チーム内で依頼をする時に入れておくべき要素のテキストデータ

なお、リサーチ進行に限らず、**リサーチチームメンバーとのコミュニケーション**についても型を作っています。

チームメンバーに何かを依頼する時も、抜け漏れがないようなテンプレートを作ってSlackのワークフローに登録するなど、反復作業を効率化する側面も持っています。

ただ、型を作ると、それにはめて進行するだけなのである種の安心感が得られる一方、危うい側面もあります。**本来はもっと良い進め方ができたかもしれないのに、前と同じように一旦進める、といった盲目的な進行になる懸**

念です。

　そんな時、**一緒に型を作っていく、型をもっと良い形にブラッシュアップしていく意識が持てる関わり**ができると良いのではないでしょうか。終わったら、進行面についてどうだったか振り返る時間をとり、そこでの気づきを反映し、小さく、細かくアップデートしていく。

　型を作った時の状況から、組織や事業は変化していくものです。定期的に見直す仕組みとセットで運用していくと、自分たちの組織にフィットする方法を見つけていけるでしょう。

　新しい人が組織に入ったら、その人が持ってきた良いところを取り入れたり、ヒントを得たりすることもあります。

　型は、作ったからそれに従ってください、とコミュニケーションをするのではなく、進み方の一例を示しながら対話を促すものとして使えると良いですね。

　この本の中で、見開きで図が掲載されているものは全て私たちリサーチチームが日頃から案件進行する中で考えてきた型の一部です。

　ベーシックな進行の型を作ることで読み手の認知負荷も抑えられ、書き手も迷わないようになったので、みなさんのリサーチ活動でもお役立ていただければ幸いです。

第 11 章

複数のリサーチ案件を動かす時の優先度づけ

　組織においては、プロジェクトやチームが複数あることがほとんどです。場合によっては、複数のリサーチプロジェクトが同時期に走ることもあるでしょう。その場合、頭を悩ませるのが**案件の優先度**です。

　特に横軸で動くチームの場合、案件が複数来た時、どう対応するかに頭を悩ませるのではないでしょうか。優先度が決まっていないと、来たものから順に対応することになり、結果的に重要な案件に携われなくなる、という事態を招きかねません。

　私も案件が少ない時は、来た順に対応していました。しかし、納期だけで判断していると、後から来た案件を見て「しまった！」というケースに当たる可能性があります。本来、UXリサーチャーが関わるべき案件なのに工数が逼迫していて泣く泣く断るようなケースが出てくるのではないか、と危惧したのです。

　チームの人数が多く、リサーチ工数が潤沢な場合は、スキルセットや案件の難易度によって差配することも可能です。一方、スマートバンクでは、プロジェクトが常時3〜4つ進行しているため、全部同時に来ると私一人では対応が難しい状況です。

　工数確保のために人員増加を検討する、調査会社など支援してくれるパートナーを探す、というアプローチもありますが、すぐに良い方法が見つからないことも多いでしょう。確保できる予算次第でもあります。

　そのため、案件が複数ある場合、**まずは今のチーム体制で全て対応すると仮定したアクションプランを考えておく**と良いのではないでしょうか。

　実際に取り組むのは、**チームとして案件に優先度をつける基準と、具体的にどのように対応するかを明文化しておくこと**です。この整理を行うことで、**必要な工数を見える化でき、新しいメンバーや支援会社さんにどういった関わりをしてもらうと良いかという議論も進みやすく**なります。具体的な依頼内容を明らかにする時にも有効なアプローチだと思います。

　リサーチの優先度づけは、各組織にとって異なると思いますが、スマート

バンクでは「**経営・事業にインパクトを与えるプロジェクトに軸足を置く**」と明文化しています。その核となるのが、「**ビジネス上の意思決定に大きく寄与する**」、「**事業の非連続的な成長を加速させる**」という点です。

ユーザー理解をどう活用すれば最も事業貢献できるか、それはどういったことで達成されるか？という問いをUXリサーチチームで話し合い、CXOとも認識をすり合わせて策定していきました。

具体的な進め方としては、以下の3つを上から順に整理し、主導すべきリサーチを見定め、現行のリサーチ案件を振り分けていく流れをとりました。

1. 事業においてリサーチする目的を踏まえ、ゴールを決める
   - 目指したい状態を明文化する
2. 判断基準を明文化する
   - 重要度・緊急度の2軸で基準を設ける
   - 問いかけとしてチェックしやすい形にする
3. 対応パターンを整理する
   - 基準をもとに各チームとコミュニケーションがとれる状態にする

リサーチ優先度を決める上でまず取り掛かるのが、**事業でリサーチに取り組む目的を捉え、それを言語化すること**です。

目的についてイメージできたら、それを達成できているのが「目指したい状態」になります。優先度を決めることで、「とてもうまくいっている状態ってどんなもの？」という問いを言語化するようなイメージです。

逆に、「全然うまくいかない状態って何？」と考えるアプローチも行いました。優先度を決めなかったことで生じるリスクには、どんなものがあるかについても考えます。

いずれも過去のリサーチプロジェクトを振り返ったり、事業的な優先度の高い案件を行った時の状況をシェアして会話したりする中でまとまっていきました。

- 目指したい状態

- 経営・事業にインパクトを与えるプロジェクトに軸足を置く
  ことで組織やチームに貢献する
- 避けたい状態
  - 依頼が来た順に実施し、本来UXリサーチャーが主導すべき案
    件に着手できず遅れが出る

では、UXリサーチャーが主導すべき案件とは、一体どういうものでしょうか。これは抽象的で、人によって解釈が分かれそうなので、何をもって「主導すべき」と考えているか、チームで話し合いました。

どんな要素があればUXリサーチャーが積極的に関与するかをブレストし、**重要度と緊急度の2軸で考える**とわかりやすそうだと気づきました。

〈重要度〉＝UXリサーチャーが必ず関与すべき、**経営・事業に関係する**
　　　　ものかどうか
- 高い場合はリサーチャーが主担当、低い場合は分担を検討する
- 「実施難易度」「調査関与度」も併せて考慮する

実施難易度（リサーチャーの専門性がどの程度必要か）
- 高い：新規の探索的な調査
- 低い：継続調査

調査関与度（実査の分担ができるか）
- 高い：実査を主導する必要がある
- 低い：実査をUXリサーチャー以外に任せられる

重要度については、**事業インパクトが大きいもの、調査の専門性が高いもの、他職種のメンバーと実査を分担しにくいものが優先される**ようになっています。これらの掛け合わせで、UXリサーチャーが主導すべき案件に該当するか判断する、という考え方です。

とはいえ、その時の組織やチームの状況に応じて別の変数が出てくる可能性もあります。ベースとしてはこの3つを意識しつつ、なるべく実施する方向で検討できるような落としどころを探します。

〈**緊急度**〉＝急いで対応すべきかどうか

- 高い場合は他プロジェクトの調整を検討する、低い場合は日程調整を検討する

〈**柔軟性**〉（日程の後ろ倒しや分散ができるか）

- 高い：後ろ倒しできる、時期を変更して対応できる
- 低い：急ぎで対応が必要

〈**計画性**〉（事業計画にどの程度関与する内容か）

- 高い：事業計画に載っているもの
- 低い：事業計画には載っていない突発的なもの、または相談

　一方で緊急度については、**納期が短いもの、柔軟性が低いもの、計画性が高いものが優先される**ようになっています。

　ただし、単純に日程が近いだけではなく、事業計画に紐づいた内容か否か、何がいつ必要になりそうか、実現するにあたってより具体的な要素も踏まえて検討します。

　これらの情報は、**現実的にリサーチプロジェクトを進める場合の制約を考える頭の動き**とも言えるでしょう。**今実施しないとどんなリスクがあるのか、そのリスクは事業推進上許容できるものか**といった観点をベースにしています。

　事業推進上の理由から、一旦先に機能リリースし、その後に効果検証をすることもあります。マーケティングや広報の観点、競合他社の状況などを鑑みて、先にリリースした方が良いという判断もあるでしょう。

　これらの基準をもとに、今目の前にある案件がどれに該当しそうかの重みづけを行います。その上で、各担当者と調整していきます。

　私個人としては、相談してもらった案件については丁寧に対応したいと考えており、**優先度をつけるものの、事業推進上必要だと考えられるリサーチ案件にはなるべく関与したい**と思っています。

　そのため、**基準をもとに関与度を変えることで、工数の調整**を行います。

　関与度の高い案件は設計から共有までを並走しますが、一部を分担する場合は〈設計〉にメインで関わり、〈実査〉はチームと分担します。

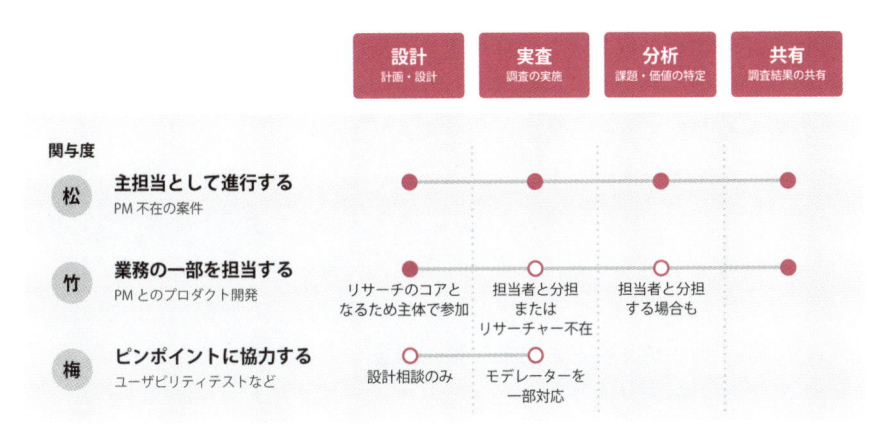

[図3-12] リサーチャーの対応パターン

　図3-12は、スマートバンクにおけるパターンを例にしています。なお、全てのユーザビリティテストが「ピンポイントに協力する」に振り分けられるわけではなく、複数の案件が来た場合に重みづけをしたらこうなることが多いという一例を示したものとご理解ください。

　また、**会話する時にイメージしてもらいやすくするための図でもあり**、例外は認めないといった温度感ではないことをあらかじめ伝えておきます。

　案件優先度の明文化で目指したいのは、組織にとってリサーチをする目的にかなった状態を維持することです。また、日々相談が来る案件を等しく尊重し、必要度合いを見定め、お互い納得感を持って推進できていることです。

リサーチ専任アシスタント、業務委託メンバーを仲間にする

　ここまで、今の体制で全てのリサーチ案件に対応することを前提にお話ししてきました。もし自分一人でリサーチを一手に担っているのであれば、UXリサーチャーをもう1人採用できると、とても心強いと思います。

　UXリサーチャーでなくとも、**専任アシスタントや業務委託メンバーをチームに迎え入れると業務が進めやすく、複数の案件が来た時にも安心して対応できる**ようになります。

私自身、専任アシスタントを採用する以前は、別職種のメンバーの工数を一部借りる形で、対象者への連絡まわりを中心に担ってもらうなど、**組織の中で工数を融通してもらっていた**時期もありました。

　その後、専任アシスタントに、オペレーションまわりを主に対応してもらうようにしました。私の長年の友人で、カスタマーサポート経験が長い方の手がたまたま空くタイミングがあったため、お願いすることとしました。

　余談ですが、リサーチの運営まわりは、職種で言うと秘書など、事務作業が得意で細やかさが必要とされる仕事が得意な方にお願いできると安心です。他の会社では、秘書派遣サービスを利用するケースもあると聞きました。

　チームの中で役割が異なると、依頼する／されるといった関係性に留まり、**単なる作業者になってしまってもったいない**と思ったので、チームに入ってもらう時の説明には気を配りました。

　お願いしたいことをToDoベースで書くのではなく、私が主導しているリサーチ活動を一緒に推進してほしい、質の高いリサーチ活動にするため、一緒に考えて進めていきたいと伝えることから始めました。

　ここまで、スマートバンクで実施しているチーム体制をベースに進め方の具体例をご紹介してきました。みなさんが、ご自身の影響力を出せる範囲でリサーチを実行し、それを継続する環境を整備する際の参考にしていただけると嬉しいです。

「一番のボスは、ユーザーが憑依した作り手」

—— お客様が「感動」するプロダクトを作るために必要なこと——

経営スピードを上げる情報プラットフォーム「スピーダ」などを手がけ、
サービス向上のためユーザーに「憑依」することを掲げるユーザベース。
ユーザー理解において何を目指すべきか、ユーザーとの関係はどう築くか、
ＣＣＯの西川翔陽さんに聞きました。

西川 翔陽　Shoyo Nishikawa

株式会社ユーザベース スピーダ事業執行役員 CCO（Chief Customer Officer）
2017年ユーザベース入社。カスタマーフロント組織全てのプレイヤーまたは管理職を経て現職。以前は、ソニーグループ（株）でHQ経営企画・新規事業開発等を担当。教育NPOの理事、東京大学生産技術研究所 協力研究員。趣味は登山、最高峰はモンブラン（4,809 m）。

瀧本 はろか（以下、「瀧」） ユーザベースさんでは、「顧客起点」でプロダクトやサービスを開発することを掲げていますね。ユーザーを分析して、その課題をどう解決するかという点に徹底的にフォーカスされています。

西川 翔陽（以下、「西」） 自分は現在、6つのSaaSプロダクトのプロダクトマネジメント組織を管轄するのが主な仕事ですが、意識しているのは、何をすればお客様に「感動」してもらえるかです。

感動していただけると、信頼していただける。結果的に、組織として打率が上がる。お客様に「感動しました」と言ってもらったら、それを集めてみんなで喜ぶ、ということをやっています。

今はサポートデスクも管轄していますが、それも一つのプロダクトと位置づけ、「感動を与えるサポートデスク」を目指しています。

お客様のお問い合わせを解決するのはもちろんのこと、その前後に隠されているご要望を類推して、それに応えていく。

そうすると、「もしかして、ここもお困りではないですか？」と提案

できる。そうすることで、プロダクトの利用をもっと習慣化できるわけです。

瀧 プロダクトで感動してもらうために、ユーザー理解が必要というわけですね。

西 そうですね。そのためにユーザーに徹底的にインタビューさせていただきます。日々何をしているのか、悩みや課題は何か、明日は何をするのか、利用していない機能は何かなど、具体的にイメージしていきます。

目指しているのは、「自分がユーザーとなり欲しいモノを作る」こと。自分がユーザーに憑依して、「この人だったら今日はこういう一日を過ごしているかな」というところまで考えられるようになる。

プロジェクトにおける一番のボスは、ユーザーが憑依した作り手です。そうでないと、感動するプロダクトになりません。

瀧 作り手がユーザーに憑依するとは、どんな状態でしょうか？

西 ユーザーが明日、最初に取得す

る情報は何なのか、今月抱えている課題は何なのか、直接聞かずに語れるようになることです。相手の言葉の背景に、どんなjob-to-be-done（解決すべき課題）があるか想像できるようになる。そういう状態になるまで徹底します。

それができて初めて、エンジニアやデザイナーを巻き込んで、どういうプロダクトを届けるのかを記した1枚の文書を作ります。そうなった段階で初めてプロダクトを作るようにしないと、ユーザーが本質的に欲しいものにはならないんです。

瀧 具体的な進め方としては、どのようなタイミングでユーザーにインタビューしていますか？

西 ユーザベースではアジャイル開発をしていて、その中でもスピーダでは「エクストリームプログラミング」のプラクティスを取り入れています。これは、事前に細かな計画を立てるよりも、仕様や要件の途中変更に柔軟に対応することを前提にした手法です。毎週プロダクトリリースをする中で、ニーズの変化を把握してより本質的な課題に近づいてい

きます。

可能な限り、ユーザーに価値のある機能を毎週リリースする。そして、リリースするたびにインタビューします。

インタビューすることより大切なもの

西 自分は、インタビューよりも大事なのは「ユーザーリレーション」だと思っているんです。

もちろん良いプロダクトは作りた

い。でも最終的に重要なのは、ユーザーの問題を解決することであり、必ずしもプロダクトで解決しなくてもいいわけです。

本質的な課題が解決されるまで、ユーザーに向き合う。そういうユーザーリレーションが築けるかどうかがポイントです。

たとえインタビューが下手でも、信頼関係があれば、何回でもインタビューさせていただく。また、SNSでユーザーとつながらせてもらえれば、本人がどこにアテンションを向けているかがわかります。直接聞かなくても困りごとがわかるような関係性が築けます。

「ユーザーは自分が何を欲しいのかわかっていない」という話もありますが、そうではないと思うんです。プロダクト提供者の能力や信頼が足りず、本質的に欲しいことを教えていただききれていないケースが大半だと思います。

単に「スピーダの人」と認識されている場合と、「西川翔陽さんは信頼できて、課題を解決しようと本気で思ってくれる人」と認識されている場合では、同じ質問をしても答えが全然違ってきます。

瀧　では、そのようなユーザーリレーションを築く相手は、どのように特定していますか？

西　ユーザー全員にインタビューするわけにいかないので、優先順位をつけます。そこで、西口一希さんが提唱する「9segs」の分析を段階的に取り入れています。

特に初期段階では、9segsのうち「積極ロイヤル顧客」と言われる、積極的に利用し、来年以降も継続していて、継続期間が一定以上を超えるユーザーにインタビューします。「正直、我々のプロダクトはどうですか？」と聞いて言語化するところから始めています。

あとは事業フェーズごとに、優先度の高いインタビュー相手を変える必要があります。その際に大切にしているのが、当社の社外取締役であり、書籍『THE MODEL』（翔泳社）で著名な福田康隆さんの教えです。

この本で最も重要なメッセージだと思っているのは、「ボトルネックは常に一つ」ということです。ボトルネックの解決に向けて協業しやすいオペレーションモデルを事業に応じて作ることが書かれています。私はプロダクト作りもそのモデルに載

せようと思っています。そう考えると、お客様も事業のボトルネックに基づいて特定されないといけない。

　例えば事業上解約率の高さが課題なのであれば、以前は「積極ロイヤル顧客」だったのに消極利用になってしまったユーザーや、離反したユーザーのことをしっかり深掘りし、そのお客様が感動するプロダクトを届けることの優先度を上げることを考えたりします。

　こうして聞くべきセグメントが特定されたら、**該当するユーザーのうち、少なくとも5名にお会いします。そうするとパターンが見えてくる。**1名だけではやっぱり見えてきません。

「聞けて良かったね」で終わらせないために

瀧　「ユーザーに聞けて良かったね」で終わらず、次のアクションにつなげる設計が大事だと思いますが、どう工夫されていますか？

西　例えば、「ここが問題かもね」となった時、「この裏にある作業って何だろう」といった「観察の質問」を投げかけるようにしますね。

　あるいは、「このユーザーのこの課題に関係する仕事のワークフローを書いてみようか」と作ってもらったり。

瀧　なるほど。ユーザーの職場で1ヶ月間過ごして観察するとか、一緒に働いてみるといったやり方もありますよね。ユーザーさん単体だとわからないような部分を理解しようとするイメージですね。

西　そうですね。さらに意識しているのは、**ヒアリングの結果を録画やメモの形で共有するだけではなく、できればその場にエンジニアもデザイナーも全員同席してもらうことです。**

「感動しました」というお客様の声があれば、それを直接聞いてもらいたい。インタビュー中にプロダクトを褒めてもらったら、その場でエンジニアのチャンネルに呼びかけて、インタビューに来てもらう。そして、ユーザーさんに「先ほどのお褒めの言葉、もう一回言ってもらえますか？」とお願いしたりしています（笑）。

瀧　もしリサーチャーとしてまだ社内的にあまり影響力がなくて、ユー

ザー視点の大切さが社内になかなか伝わらない場合、どんなことから始められるでしょう？

西 その点、ユーザベースではあまり悩まないのですが、前職で自分がやっていたことが参考になるかもしれません。

新規事業開発をしていて、担当していた事業の業績が厳しくて続けられない可能性が出ました。そこで、翌年の計画策定時にその事業のお客様に会議の場に来てもらったんです。「同席してください、『このサービスが欲しいです』と言ってください」と。その場に直接お客さんが来て「これ欲しいです」と言うと、承認する側も「しょうがないな」という流れになる。

つまり、ユーザー視点の大切さが伝わらないことを嘆く前に、お客様を連れてくる方が早い。マネジメントにも会ってもらえばいいと思います。

瀧 ここまでお話を伺って、「型」が洗練されている印象を受けました。西川さんご自身がこだわっていることなどありますか？

西 「Play Business」という自社のパーパスの実現ですね。仕事は楽しくなければならないと。

要は、**お客様の心と、届ける側の心がつながっていないと、仕事が楽しくないんです。**

自分自身、役員になってだんだん声が大きくなり、「この機能がいいんじゃない？」と発言すると実際に取り組んでもらえたりする。「西川さんが言っていたから」と優先されてしまうんです。でも、それでは楽しくない。プロダクト作りに関わる誰もが、具体的な一人のユーザーの理想を目指して仕事に取り組むことが、楽しい仕事だと思うんですよね。

瀧 ユーザーとの関係を築くことで、感動してもらえるほどの機能をリリースする、そうすることで個人個人の仕事が楽しくなる。そんな好循環が描けるわけですね。

リサーチを継続させる

第4部では、リサーチを継続していくためのヒントをご紹介していきたいと思います。なかでも、リサーチデータの組織内流通にフォーカスを当てて解説します。

第3部でも紹介したリサーチデータとの向き合い方をベースとしつつ、普段の業務で活用してもらうための具体的な進め方や、ゼロからデータベースを作る際の方法を記しています。

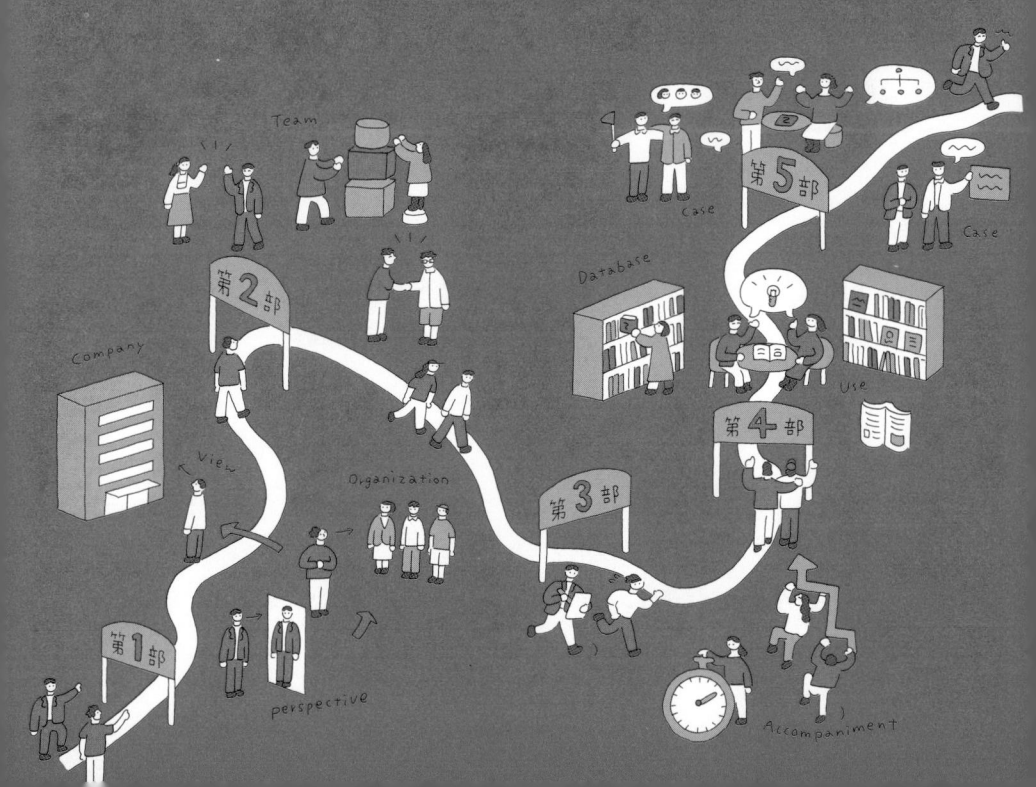

第**12**章

ユーザー理解がチームの関心事に なっている状態へ

ユーザー視点が組織に行き渡ると、あらゆる職種で、ユーザー理解が進んだり、ユーザーについて知りたいポイントが増えてきたりします。

組織にユーザー視点を流通させることで、定性・定量などの形式を問わず、思考や関心がユーザーに向いている状態が組織のあちらこちらで見受けられる……こんな流れを、より大きく作っていけるといいのですが、どのように取り組むのが効果的でしょうか。

この問いは**「ユーザー理解をチームの関心事にするには、どうしたらいいか」**に集約されます。

- ユーザー理解をチームの関心事にするにはどうしたらいいか
- チームの中で、UXリサーチャーがいない場でも、ユーザー情報を見ながら会話が進められるようになるにはどうしたらいいか
- UXリサーチャー（＝リサーチ主体者）以外のメンバーが、日常業務の中でユーザー視点や関連情報が必要になった時、UXリサーチャーが不在でも調べやすくするにはどうしたらいいか

これらは、私が**ユーザー視点をいかに組織に流通させるか**を考えていた時に、試行錯誤していた問いとも言えます。

この問いを解いていくために、**達成状態を定義**し、そのための**達成条件（＝どういったチームメンバーの行動が出れば良いか）に分解**して考えていきます。

良い達成条件は、次のように日常の具体的なシーンとして思い浮かべられます。

- 業務中、AさんとBさんの中で「前のインタビューと共通する行動だね」といった会話が出てくる
- Cさんが困った時に、UXリサーチャーに声をかけてくれる

ユーザー理解がチームの関心事になっている

達成条件
=達成状態を示す行動

- **チームの中で、ユーザー情報を見ながら、**
  UXリサーチャーがいない場でも会話が進められる
  同時多発的に、各所でその行動が確認できる

- **UXリサーチャー（＝リサーチ主体者）以外のメンバーが、**
  日常業務の中でユーザー視点や関連情報が必要になった時、
  自分で調べられる
  どこにあるか認知でき、どんな風に使うと良さそうかがわかる

［図4-1］ 達成状態の定義と達成条件

さて、達成状態を実現するには、どんな働きかけや環境が必要でしょうか。

働きかけの観点では、UXリサーチャーが関与できる領域にも限界があります。私が同期的に会話できる相手はごくわずかですし、全員に同じ話をして回るのは至難の業です。今は従業員数が50人規模の会社ですが、1,000人、1万人となると無理に等しいでしょう。

となると、環境整備に力を入れた方が良さそうです。人間の行動は、置かれた環境やその時のコンテキストに影響を強く受けるので、ある意味、**環境整備することで行動を促すこともできそうです**[1]。**何らかの仕組みを作って、非同期で効果的に会話できたり、情報が取得できたりすると良いのではないか**、と考えました。

その際、今の時間軸だと、現在組織に所属しているメンバーのみが対象となりますが、新卒や中途入社など未来に出会うメンバーはどうでしょうか。もちろん、その人も今所属しているメンバー同様の行動がとれている必要があります。

とすると、達成状態を実現するためのアプローチとして、**「ユーザー情報の保管や運用に関して環境が整備されており、長い時間軸で見た時でも、その状態が保たれていること」** が有効ではないか、と考えました。

---

1 スマートバンクでは、開発プロセスにリサーチが仕組みとして入っているため、プロセス検討は一旦置いておきました。もし、これから仕組み化する場合は開発プロセスへの導入を検討してもいいですね。

つまり、**ユーザー視点を取り入れたいと思うメンバーのマインドを育む**のと併せて、関連データがドキュメント化され、**いつでも見られる、誰でも見られる状態**を作り出せたら、たとえ私が不在でもいい働きをするのではないか、と着想しました。

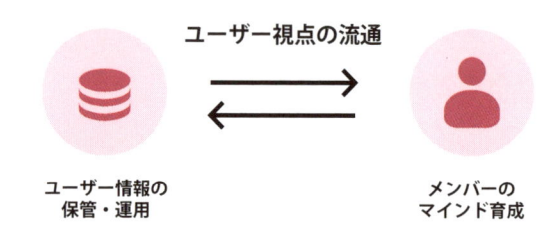

達成状態を実現するアプローチ：
組織に合わせたリサーチのデータベース構築

ユーザー視点の流通

ユーザー情報の
保管・運用

メンバーの
マインド育成

[図4-2] ユーザー視点の流通とマインド育成

ユーザー視点の流通には、**組織に合わせたリサーチのデータベース構築**が欠かせない──この考えは、データベース構築検討の第一歩になりました。

リサーチデータが溜まってくると、データを整理する目的でデータベースを作ることが多いかもしれませんが、**整理したいという目的で箱を作って入れただけでは、とてももったいない**気がするのです。

継続的にユーザー理解を行う中で、この先組織が大きくなったとしても、ユーザー視点を流通し続けられるようにする上でデータベースがいい働きをするように思います。

ユーザー視点を事業の意思決定に組み込んでいくための取り組みの土壌となるのが、これまでのリサーチデータではないでしょうか。

》 リサーチデータを組織の資産に変える

次章では、リサーチデータベースの0→1の作り方をご紹介します。

第9章でお伝えしたデータ取り扱いの運用方針をベースに置きつつ、スマートバンクでの実践事例を次のような観点からご紹介していきます。

- リサーチデータをどのように保守・運用しているか
- どんなリファレンスをして組織に流通させているか
- その仕掛けをどのように作っていったか

リサーチデータが適切に管理されていれば、「リサーチデータが分散していて、何がどこにあるかわからない」、「前にも同じようなアンケートを送った気がするけど、どうだったっけ？」といった"現場の困った"は起きにくくなります。

UXリサーチャーがいるなら聞けばいいじゃないか、と思うかもしれません。確かにUXリサーチャーは、組織にとってユーザー視点の生き字引のような存在で、ユーザーについて事細かに教えてくれるでしょう。

しかしながら、**情報をUXリサーチャーだけが持っていて、聞かなければわからない状態というのは組織にとってベストではありません。**UXリサーチャーが退職したことで、その組織がこれまで蓄積してきたリサーチデータも一緒に失われたケースを見聞きしたこともあります。

アクセスできる権限を絞る、個人情報は抜いて保管するなど個人情報保護の観点からクリアすべき要件はあるものの、**届けたい相手にリサーチデータが行き渡っていなかったら存在しないのと一緒**です。

組織に所属するメンバーがリサーチデータにアクセスしやすく、そのデータをもとに共通認識を持ったり、議論をしたり……。**UXリサーチャーがその場に居合わせなくとも開発現場でユーザーについて考える時間を持てるようにデータを整備しておく**ことは、組織に良い影響をもたらします。

過去のリサーチデータを組織にとっての"資産"と捉えることが可能になるのです。

リサーチ結果がひとり歩きして誤った認識を生まないよう注意する必要はありますが、リサーチャー以外がデータを閲覧・活用できると、リサーチデータをもとにチーム全員でアイデアを出し合うことができます。

では、データベースの具体的な作り方を次章で見ていきましょう。

第 13 章

データベースを構築する5つのステップ

　本章では、**リサーチで得たデータをどのように保管し、組織の資産にしていくか**について、私がスマートバンクで取り組んできた流れをご紹介します。具体的には、次の5つのステップがあります。

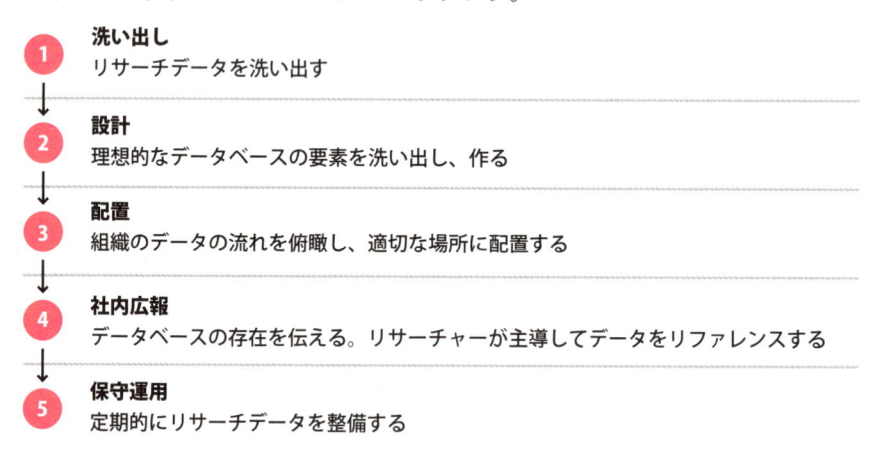

1. **洗い出し**
　リサーチデータを洗い出す

2. **設計**
　理想的なデータベースの要素を洗い出し、作る

3. **配置**
　組織のデータの流れを俯瞰し、適切な場所に配置する

4. **社内広報**
　データベースの存在を伝える。リサーチャーが主導してデータをリファレンスする

5. **保守運用**
　定期的にリサーチデータを整備する

[図4-3] リサーチデータを資産化する流れ

　それぞれのステップで、どんなことに取り組むと良いか、行動ベースで紹介していきます。

Step 01 ≫ 洗い出し:リサーチデータを洗い出す

　資産化の第一歩は、何のリサーチデータがあるか、全体像を把握することです。

　まずは、そもそもどんなリサーチデータを日々取得しているか確認しましょう。リサーチデータと一口に言っても、いろいろありそうです。

　いくつか例を挙げてみましょう。

- リサーチ計画

- ○ 調査概要、入稿依頼書、調査の進行表など
- リサーチ実査
  - ○ 発話録、動画データ、対象者データなど
- リサーチ結果
  - ○ 分析用資料、調査まとめなど
- リサーチ運営
  - ○ 謝礼管理、対象者管理、同意書など

このように、**リサーチを実施して得られるデータ**もあれば、**リサーチを実施運営する時に必要な情報を溜めているドキュメント**もありますね。

さらに、**日々のリサーチ活動のマニュアルやツールの使い方など、リサーチを安定的に運営する上でのドキュメント**などもあります。

また、社内外問わず勉強会やイベントの記録をとっておくと、チームの知見として溜めることができます。「このリサーチを明日から誰かにバトンタッチするなら何があると安心して進められそうか？」という問いを自分に投げかけ、一挙手一投足をドキュメント化するつもりで動いておくと役立つことが多いものです。

同じ種類のドキュメントだったとしても、書き手によって内容が異なったり、形式が違ったりするケースもあるでしょう。

この場合、情報流通の観点からも、**誰が作っても必要な要素が揃っているように、リサーチデータの形式を定めておくことをおすすめ**します。テンプレートを作っておき、複製する形でドキュメントを作ると、読み解く側も負担が少なく、データ整理が楽になります。

同一の形式でデータが格納されていると、横並びでデータを参照したり比較したりしやすくなります。また、横並びで参照できることで、検索性を高められます。

このタイミングで、データベースをどのツールで構築するか考えておくと良いでしょう。セキュリティやコストなど複数の要素がありますが、**普段業務で使うツールであること**も大事な要素です。

リサーチデータを保管しやすく、特定の職種にとって使いやすいツールも、他職種のメンバーにとって使いやすいとは限りません。新しいツールの学習

コストがかかると、そもそも使われなくなってしまう可能性があります。

データベースそのもののアクセス性についても心に留めておきましょう。

■ スマートバンクの事例：リサーチ関連データの洗い出し

私がスマートバンクに参画した2021年冬、インタビュー発話録と動画データはすでに100件を超えていました。Notionのページに発話録と動画データが貼り付けられ、1インタビューにつき1ページずつデータがある状態です。管理方法は定まっておらず、議事録と同等の扱いで保管されていました。

また、書き手によって形式が異なり、インタビューの日付や、何のプロジェクトかなど、情報が不足しているものもありました。

当時は社員数も少なく、どんなリサーチが走っているか、誰にインタビューしたかについては、ある程度共通認識があったと思います。

ただ今後、組織が大きくなるにつれて、「過去にこんな人いたっけ？」と闇雲に探したり、同じ人に2回インタビューしてしまうなどの事態が発生したりするのではないかと懸念しました。

そのため、発話録や動画データの他、**リサーチデータを振り返る際に必要になるであろうドキュメントを新規作成し、整備しよう**と考えました。

今後アンケートデータやマニュアルなども洗い出しを行う必要がありそうですが、最優先で着手したのは、インタビュー関連データです。すでに存在しており、今後も継続的にデータが発生する予定があったためです。**現在も実施されていて、取得頻度が高いものを優先**しました。

新規作成したドキュメントは以下です。

- リサーチプロジェクトの調査概要
- インタビューの進行管理表・対象者情報一覧
  - インタビューの進行管理
  - 誰にいつインタビューを依頼したか
    - ➡ 人ごとに進捗を追えるようにしたもの
- 謝礼管理ドキュメント
  - ➡ 誰にいつ謝礼を渡したかの記録

新規作成したものは、テンプレートを作り、これまでのデータを当てはめて内容に問題はなさそうか確認しました。

Step 02 》 設計：理想的なデータベースの要素を洗い出し、作る

　データベースはただ「情報を溜める入れ物」としてではなく、**「何が入っているかわかりやすく、探しやすい入れ物」を作る**と良いでしょう。

　チームにとって使いやすいものであればあるほど、活用されるデータベースになります。

　「何が入っているかわかりやすい」を叶える考え方として、**同じカテゴリのデータを1つのデータベースにする**（例：インタビューの発話録は発話録だけのデータベースを作って入れる）と良いと感じます。

　単一カテゴリだとデータベースの目的もわかりやすく、複数人での運用や管理がしやすくなります。複数のカテゴリがある場合は、カテゴリの数だけデータベースを作るようなイメージです。

　まずは**早めに形にして、日常業務で実際使ってみる**ことをおすすめします。使ってみると、思いもよらなかった発見があるものです。想定だけで完璧に仕上げるのは難しく、実際の使用の目線でデータベースを見ることで、不足点や不要な要素が浮かび上がってきます。

　関連するデータベースが存在する場合、データが参照し合えるとより背景理解も進めやすくなるため、複数のデータベースを参照できるようにすると良いでしょう。

　活用されるデータベースの要素として、わかりやすさと網羅性は大事なキーワードです。

わかりやすさ
- データベースに何が入っているかが端的にわかること
- 関連情報も含めてストーリーとしてつかみやすいこと
  - 例）インタビュー発話録データを見た時、どのプロジェクトチームで／どんな経緯で／何を明らかにするために／何のリサーチプロジェクト内で／いつ／誰に／どんな内容を聞いた

か直感的につかみやすいこと

網羅性
- 同プロジェクトの発話録や動画にアクセスしやすいこと
  - ➡ 1人の発話録を読んだら、他の人はどう話しているんだろう？どんな人に聞いたんだろう？という疑問が湧くので辿りやすいように
- 複数のデータベースが存在する場合、データベースの関連性がつかみやすいこと

わかりやすさと網羅性が担保されると、作業やデータの抜け漏れに気づきやすく、また過去のデータの検索性が高まります。データベースを見たメンバーの理解度も揃い、同じものを見て会話することも可能になります。

活用されるデータベースは、チームの会話を生み、ユーザー視点を流通させるきっかけを作るものです。より良い影響を与えられるよう、定期的に見直し、アップデートしていけると良いですね。

■ スマートバンクの事例：どんなデータベースにするか

ここで、私が実際にスマートバンクで実践してきた流れをご紹介します。

当時、1つのデータベースに集約したものも作ってみましたが、探し当てるまでに何クリックか必要だったこと、データベースそのものが重たくなってしまう恐れがあることを踏まえ、複数のデータベースを作る方法で進めてみました。

まず、**データベースを分け、連携させる方針**に決め、それぞれのデータベースの役割を定義しました。例えば、インタビュー実施時に生成されるデータを以下3つに分けました。

1. インタビュー発話録
2. インタビュー動画
3. 調査概要

さらに、インタビューを運営するにあたって、インタビュー対象者の情報をまとめたデータベースも別に作りました。

4. インタビュー対象者

　これらのデータベースの対象データや用途、主な利用者は図4-4の通りです。

	1 インタビュー発話録データベース	2 インタビュー動画データベース	3 リサーチプロジェクト調査概要データベース	4 インタビュー対象者データベース
対象データ	対象者情報・発話録	インタビュー動画のみ	リサーチプロジェクト概要一覧	対象者情報
用途	対象者データやインタビュー内容を確認する	発話の細かいニュアンスを振り返る	調査背景を確認しプロジェクト切り口で振り返る	インタビュー運用に伴う対象者ステータスを共有する
利用者	全社員			リサーチチーム

[図4-4] データベースの4つの分類

　1〜3はプロジェクトに関わるメンバー、4はUXリサーチャーとOpsメンバー(リサーチ専任アシスタント) が主な利用者となります。そのため、データベースに必要な要素も利用者によって考えていきました。

　4の「インタビュー対象者データベース」を例に説明します。

　これは、主にリサーチチームが日常的に開き、データを追加したり、追加したデータを編集したりするような特性を持つものです。

　インタビュー実施中に、対象者の情報を閲覧するシーンで開くため、業務の進行状況も一緒にわかると便利だと感じました。よって、対象者ごとのタスクの進捗管理ができるようにしています (図4-5)。

［図4-5］ 対象者管理のデータベースイメージ

　スマートバンクでは、既存ユーザーにインタビュー謝礼をお渡しする際、普段使っているB/43カードの残高にチャージしています。そのため、受け取り口座を開設していただく必要があるのですが、口座の開設がお済みでない方もいるため、日程調整ができたらOpsメンバーが状況を確認します。まだ開設していない場合は依頼連絡し、前日にはリマインドもします。これらのタスクの進捗具合をデータベースでパッと見えるようにしておきました。

　こうすることで、業務状況の見える化と作業の指差し確認ができるため、タスクの抜け漏れをチームで防げます。

　こんな形で、日常業務で自分たちがやっていることに即してデータベースの要素を洗い出していきました。

> **Tips** よく使うメンバーにヒアリングしてアップデートしていこう
>
> 　データベースの要素を洗い出す際に、インタビューを活用する職種メンバーを中心にヒアリングしてみても良いでしょう。
>
> 　私がデータベースを構築した時は、マーケター、PM、デザイナー、広

報メンバーに聞いてみました。

　例えば、マーケターだと、広告出稿の参考にするため、属性情報（夫婦？　同棲カップル？　年代は？）などがパッとわかるといい。一方、PMはプロジェクトの過去経緯や当時の開発状況が把握しやすいこと、多数のインタビューを確認しやすいことを重視していました。

　全員の考えを一旦ヒアリングし、わかりやすさを損なわないように追加したり、見た目を調整したりしました。

　このように、定期的にデータベースに対するフィードバックを得る機会を作りながら進めると、より組織やチームに合ったものに進化させられます。

Tips **データベースの名前には誰もがわかる言葉を使おう**

　データベースやフォルダに名前をつけたり、説明を加えたりする際には、**誰もがわかる言葉を使うと認識の齟齬が起きにくい**かと思います[2]。

　データベース名は、何が格納されているかがパッとわかるようにします。Google ドライブの場合、「インタビュー動画」などフォルダの名前で端的に示したり、「インタビュー動画フォルダの説明」といったメモファイルを一緒に入れたりするのも良いですね。

　このフォルダは何か、何の目的で集められたデータかが直感的にわかると、**自分以外のメンバーが新しくデータを格納する時にも間違いが起きにくく**なります。

　例えば、フォルダ名に「グルイン動画」と書いてあると、みなさんは何が入っていると思い浮かべますか？　リサーチ経験者以外は、何のことかわからない方も多いのではないでしょうか。正解は、「グループインタビュー動画」です。

　私たちは、データベースやフォルダにつけられた名前を見て、**自分たちに必要な情報か、そうでないか**を見分けています。

---

2 組織の中でユビキタス言語など、共通言語やルールがある場合はそれに則ると良いでしょう。

名前が少しでもわかりづらいと、自分には関係ない、またはわからない情報が入っているのではないかと思って、フォルダを開くことをやめてしまうかもしれません。

特定の職種やチームだけに通じる言葉ではなく、一般的に誰が見てもわかる命名を心がけると良いでしょう。

Step 03 》 配置：組織のデータの流れを俯瞰し、適切な場所に配置する

リサーチデータをどのデータベースに入れるか決めたら、そのデータベースをどこに置くかを検討します。

ここで大事にしたい軸は、**組織で取得しているあらゆるデータのどこに配置すると参照され、活用される頻度が高まりそうか？**と考えることです。

その要件としては、**アクセス性の高さ**が欠かせません。

アクセス性が高いとは、閲覧するメンバーが**業務をする際に普段使うドキュメントの中など、行動導線の中でデータが発見しやすいようになっている状態**だと私は考えます。リサーチデータに限った話ではありませんが、以下2点を俯瞰して捉えましょう。

- どんなデータがどのように保管されているか
- そのデータをチームのメンバーが日常業務の中でどんなシーンで見ているか

併せて、**リサーチデータを参照する頻度が高い職種のメンバーにヒアリング**するのもおすすめです。ヒアリングを通じてリサーチデータベースの存在を伝えることもできるので、一石二鳥になります。

「主に誰が閲覧するか」を思い浮かべてデータの置き場所を考えることで、必要なデータに出会いやすいように工夫するのです。

◼ スマートバンクの事例：どこにどんなデータベースを置くか

当社で最も閲覧者数の多いページは、事業・プロダクトページです。事業

活動に必要なデータの目次の役割を持ち、各部署や社内議事録など閲覧頻度の高いページにアクセスできるようになっています。

　この事業・プロダクトページに、「リサーチポータル」へのリンクを貼ることにしました。リサーチポータルとは、リサーチに関連するデータを一元管理するページで、直下にあらゆるデータベースを配置しています。

　リサーチポータルでは、当初リサーチデータ、マニュアル、といったようにデータの特性で分けていました。その後、使われる様子を観察する中で**リサーチポータルに訪れたメンバーが「自分にとって関連性のあるデータか」を判別できる方がわかりやすいと考え、「全社員向け」、「Ops向け」、「リサーチチーム向け」の3つに分ける**ようにしました。

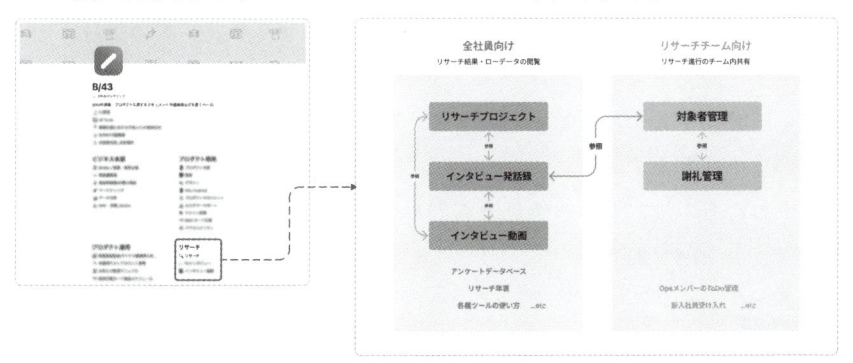

[**図4-6**] **事業・プロダクトページからリサーチポータルにリンクする**

1. 全社員向け
   a. 調査概要、インタビュー発話録、動画
   b. アンケート一覧、リサーチツールの使い方など
2. リサーチOps向け
   a. インタビュー進行管理表、運用マニュアルなど
3. リサーチチーム向け
   a. 定例議事録、チームメンバーとの1on1記録、勉強会記録、その他どこにも所属しないドキュメントなど

アクセス性を高めるにあたって、**リサーチデータの活用頻度で分類**し、データベースの構造を検討しました。

　全社メンバーが参照するような活用頻度が高いものは上部に配置し、リサーチチームだけのものは下部に配置するよう構造化したのです。

　スマートバンクでは、多い時にはインタビューが月に20件弱あります。定期的に行っているため、インタビューデータは取得する頻度が高いです。

　また、様々な職種の人が参照するため、参照される頻度も人数も多いです。そのため、事業・プロダクトページに「N1インタビュー」というインタビュー発話録のデータベースのリンクを直接貼りました。

　リサーチポータルと並ぶには非対称な感じも否めませんが、閲覧のニーズも高く、活用機会も多いという理由で置いています。

　他方、活用頻度が低いものとしては、例えばリサーチチームの毎月の振り返りをまとめたドキュメントがあります。月1回ペースのため取得する頻度は低く、参照する頻度も数ヶ月に1回、参照するのもリサーチチームのメンバーが主になります。

　こうしたものは、リサーチチーム向けのデータベースに格納しておきます。

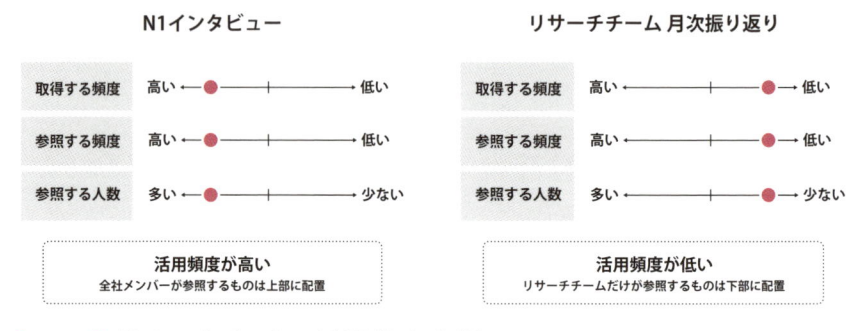

[図4-7] リサーチデータの活用頻度分類

　組織によっては、データをフォルダで管理していて、チームのフォルダ、プロジェクトやサービスのフォルダ……という分け方になっているところがあるかもしれません。

　その場合は、どのフォルダに何が格納されているかを記載したメモを入れたり、関連するドキュメントにリンクを記載したり、つながりを持たせるようにするといいかもしれません。

Step 04 》 社内広報：データベースの存在を伝える、リファレンスする

リサーチデータをメンバーの目に留まるところに配置したら、もうひと工夫。**データベースを作っただけでは、活用されることはほぼないと考えて行動**します。

1. リサーチデータに関連のあるドキュメントと導線をつなぐ
2. 継続的な社内広報を行う

この2つについて、具体的な取り組みをご紹介します。

■ 1. リサーチデータに関連のあるドキュメントと導線をつなぐ

データベースの存在を伝えるには、**それぞれのデータベースを相互参照させたり、プロジェクト業務でよく見られるページに導線を置いたりする**のが効果的です。関連性のあるデータが近くにあると、インプット量が増え、結果的に業務効率も高まることを期待しています。

例えば、プロジェクトに新しく入ったエンジニアが仕様検討する際に、特定の機能について理解を深めようとしたとします。「なぜこのUIになったのか？」、「どういったユースケースを想定しているか？」を理解したい場合、経緯が書かれたドキュメントを探すはずです。

デザイナーやPMが議論したドキュメントや、プロジェクト定例の議事録を見る際、近くにユーザーに関連するデータ（インタビューの発話録や結果まとめ）があれば、ユーザーがどんなシーンで使いそうか詳細にイメージできます。

このように、仕様検討という目的に沿って思考を深める中でリサーチデータに出会うケースなど、**初めから「リサーチデータを探そう」と思って業務に取り掛からないケースの方が、日常的には多い**のではないでしょうか。

リサーチが活用される状態として望ましいのは、日常業務と地続きになっていることです。リサーチドキュメントがあることで、経緯が把握しやすくなったり、チームメンバーと一緒に議論がしやすくなったりします。

だからこそ、そういった機会をより多く提供できるように、**普段メンバーが業務をする流れで自然と目に留まるような導線を意識**します。

　ただ闇雲に導線をつないだだけでは、目には留まるがどういう時に見たらいいかわからないデータになってしまいます。

　迷った時は、「普段メンバーが業務をする流れの中に位置づけられているか」、「閲覧するタイミングがあるか」という視点で考えてみると良いでしょう。

　なお、Notion を使っている場合は、同期ブロック機能を使うと便利です。同期ブロックは、データを更新したら参照先のデータも即時で更新されるため、最新状態が保ちやすく、管理が簡単です。

■ 2．継続的な社内広報を行う

　データベースが継続的に活用されるには、**そもそも存在を知られている必要があります。存在が周知され、活用イメージが具体的に想像できる状態になれば、必要なタイミングで手にとってもらえる**のです。社内広報に力を入れ、次の2つの観点から**データベースの存在と使い方**を伝えていきましょう。

データベースそのものの認知を高める
- データベースの新規追加・更新を社内にアナウンスする
- 新入社員が入ってきたタイミングで、データベースの置き場所と活用方法をレクチャーする

データベースを適切なタイミングでリファレンスする
- メンバーからリサーチの相談を受けた時に紹介する
  ➡ 使い方や活用方法なども併せて伝える

データベースそのものの認知を高める

　できる限り多い人数が集まる場で知らせる、発信力のあるメンバーに代わりに伝えてもらうなど、**より多くの人に認知してもらうチャネルを探して共有**します。

　可能であれば、データベースの構築に着手した段階から、進捗を共有する

ようなイメージで繰り返し伝えられると良いでしょう。何回か報告すること
によって、記憶にも残りやすいし、「そういえばリサーチデータが整備され
ているんだったな」と頭の片隅に置いてもらいやすくなります。

　かつて私は、全社集会で伝えてはいたものの、「一度伝えたから大丈夫」
と思って繰り返し伝えていませんでした。

　しかし、しばらく経ってから「過去のアンケートの回答率を一覧で見たい
んだけど、記録とっていたりしますか？」とか「インタビューを依頼したが
返信がなかった人のデータはどこにありますか？」といった質問を受けるこ
とがありました。自分はデータベースの存在を伝えたつもりになっていまし
たが、伝わっていなかったことがよくわかりました。

　この経験から、データベースを更新したタイミングで改めて存在を伝えた
り、「こんなシーンで活用できますよ」と紹介したりしています。

　もう一点、新入社員の入社時にもデータベースとの接点を持ってもらうよ
うにしています。入社してすぐは、まだ業務との関連性をイメージしにくい
と思うので、リサーチのデータベースがあると知ってもらうだけで十分です。

　その際にもし可能なら、同じ職種のメンバーがこんな風に活用してくれて
いる、別の職種だとこんな風にこのデータを見ている、など業務の中で閲覧
しているシーンを紹介します。リサーチを新入社員のオンボーディングに活
用する方法については、第14章で解説しています。

　こうした継続的な紹介をベースにしつつ、2つ目の観点の「適切なタイミ
ングでリファレンスする」ことで、より活用されやすくなります。

データベースを適切なタイミングでリファレンスする

「あのデータ、どこにありますか？」と聞かれる時こそ、データベース紹介
に適したタイミングです。

　**リサーチデータをリファレンスし、活用方法と併せて紹介することで、よ
り具体的にリサーチデータが活用される**ようになります。

　例えるなら、図書館の司書のような振る舞いです。図書館に来られた方が
本を探している状況を思い浮かべてください。

「読書感想文に適した本をいくつか知りたいのですが、どこにありますか？」
──こう尋ねられた際、みなさんが司書だったらどう対応されますか？

私が小学生の頃、同じようなシーンで司書の方に尋ねた時、まず丁寧にヒアリングをしてくれました。

　読書感想文を書く際は、何年生なのか、普段はどんな本を読むのが好きかを聞かれ、学校図書推薦の本のラインナップを見せてくれ、書棚のところまで連れて行ってくれました。本を一緒に選び、パラパラとめくって、これなら感想文が書けそうかな？どうかな？と優しく尋ねてくれました。

　仕事の一環かもしれませんが、私の目には「これからも安心して図書館に来てほしいという想いで対応してくれた」ように映りました。

　UXリサーチャーがメンバーにリサーチデータを伝える時も、同様でありたいものです。「あのデータ、どこにありますか？」と尋ねられた時に、データベースのURL1行だけを送るのではなく、その質問をきっかけに、「今後も同じように安心して尋ねられそうだ」とか「ちょっとした疑問が学びにつながったな」と思ってもらえるようにしたいと思っています。

> 　　　　　　　　　　12:35
> 突然ですが、マイカードのユーザーインタビューのログ的なものって残っていたりしますか？👀
> どんな人が利用しているのか解像度上げたいなとふと思いましてmm

［図4-8］ アプリエンジニアからの質問

　こちら図4-8は、アプリエンジニアから実際にあった質問です。

　特定サービスのインタビューログを探したい、というものだったので、どういった背景でそのように思われたのかを丁寧にヒアリングし、いくつか適切なデータをご紹介しました（ヒアリングの時、「15分だけお時間いいですか？ちょっと詳しく聞かせてください」と会話するのも効果的です）。

　この質問の後、該当サービスのユーザーインタビューを行う際には同席してもらえるように手配しました。こうした対応についてどうだったか聞いてみたところ、こんな答えが返ってきました。

　　　アプリエンジニアとして、家計簿アプリB/43の機能についていろいろと意見を述べる機会が多いのですが、その際にどうしても自分の視点のみからでは想像の難しいユースケースなどが存在し、考えをうまくまとめられないケースがありました。そんな時に自分はよくリサーチ結果データベースを探しに行ったり、上記のようにHarokaさんへ

Slackで直接ユースケースを聞いたりしています。

リサーチから得られたユーザー視点を通して機能を見ることで、より高解像度の納得感ある意見に落とすことができます。アプリエンジニアとしてより良いUXのアプリを開発する上で大いに活用させてもらっています。

興味を持ってもらったタイミングをいかに活かすか——私が行ったのはその一例ではありますが、同じような考えで行動してみると、リサーチデータを活用できるメンバーの輪を増やしていくことができるでしょう。

Tips 普段のテキストコミュニケーションの中で紹介する

スマートバンクでは、リサーチ活動について会話するSlackチャンネルがあります。みなさんの組織の中でも普段メンバーが業務中にコミュニケーションをとるプラットフォームに、リサーチのチャンネルを1つ用意するといいでしょう。

そこでデータベースの追加や更新のお知らせを流せば、社内広報に役立てることができます。

当社ではオンラインインタビュー実施時、Slackのハドル機能で同席する仕組みがあります。インタビュー中は、そのチャンネルで同席者がわいわい会話し、気づいたことをチャンネルに書き込みます。

そのやり取りの流れで、インタビュー発話録や動画を共有し、振り返りに役立てられる導線を作る、というのも効果的な社内広報です。

私は、インタビューが終わったら、必ずその日のうちに「インタビュー速報」をSlackに流すようにしています。

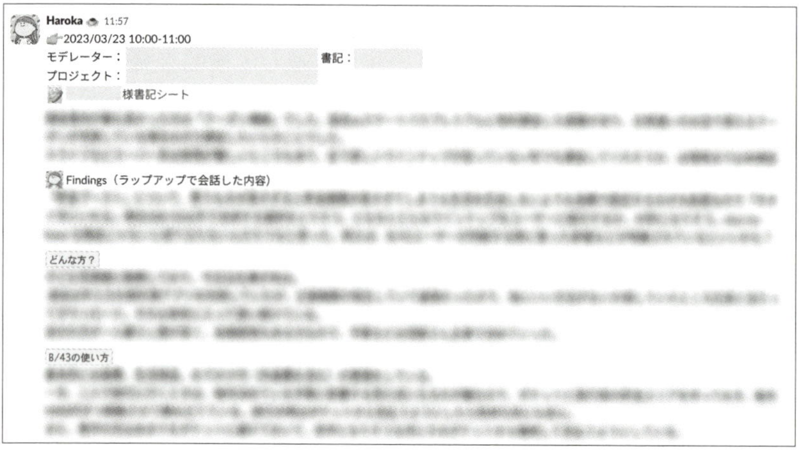

[図4-9] インタビュー速報

インタビュー速報は、全社員向けに投稿します。

普段の業務でインタビューに触れる機会は、同席参加しない限りあまりありません。また、自分が所属しているプロジェクト以外は参加のハードルが少し高い気もします。

でも、定期的にインタビュー情報は気にかけたい。社内でリサーチしている気配は感じるけど、データベースを自分から見に行くほどでもない……という人がいるのでは？という仮説から、それならこちらからお知らせしよう！と考えました。

インタビュー速報は、Slackにテキストでサマリが書かれたもので、**データベースやドキュメントにアクセスしなくてもインタビューの全体像がつかめるもの**です。普段のやり取りを追う流れの中で自然に目に留まるのが狙いです。

もちろん、速報の中に調査計画書、プロジェクトページなどのURLはつけていますが、ほぼSlackの投稿だけで完結するように書いています。

この形式にすることで、インタビューデータがリアルタイム性を発揮しながら組織にうまく流れます。

嬉しいことに、「このチャンネルだけは通知を切らずにすぐに確認するようにしている」と話してくれるメンバーもいました。

しっかり読みたい時はデータベースまで見に行くが、そうでなくて

も手軽にキャッチアップできる良さがある————当初の狙い通り、チームに良い影響を与えているようなので、継続運用しています。

Tips ブログを書いてみる

社内広報する手段の一つとして、**ブログを書く**ことも効果的です。

ちょっと意外に思われた方もいらっしゃるのではないでしょうか。普通、社内メンバーにアナウンスする目的でブログを書いたりしないかもしれませんが、結果的に社内広報につながるケースが多いと思います。

自分が社外向けにナレッジシェアとして書いたブログは、社外だけではなく、社内のメンバーも読んでくれます。社内では、ブログがリリースされたことをいち早く共有できたり、下書きの時点からメンバーにフィードバックをもらったりもできます。

どういった意図でデータベースを設計したかなど背景にある考え方は、意外と社内メンバーに伝える機会がないものです。

自分が社内共有する際も、完成したよ！というトピックを目立たせてしまい、なぜ作ったか、どうやって作ったかに時間を割いていませんでした。しかしながら、「年100回超えのインタビューを支えるデータベース構築と運用[3]」というブログ記事を公開したことで、社内メンバーにも背景情報が伝わり、より良いフィードバックが得られるようになりました。

ブログでは、なぜこのデータベースを作ったのか、狙いやこだわりはどこにあるのかなど、ご自身の考えをぜひ書いてみてください。社内報という形式でも問題ありません。**大事なのは、背景にある考え方を紹介すること**です。

ここまで、リサーチデータの流通について、取り組みをご紹介してきまし

---

3 「年100回超えのインタビューを支えるデータベース構築と運用」inSmartBank
　https://blog.smartbank.co.jp/entry/2023/08/28/090000

たが、組織体制が変わった時、リサーチチームのメンバーが増えた時など、変化に応じてアップデートさせていくことが重要です。

データベースや導線の設計、社内広報のやり方、個人情報の管理体制など、定期的に見直していけると良いですね。リサーチデータの資産化は、組織の成長と共に歩むものなので、定期的にメンテナンスしていきましょう。

最後に、データベースの保守運用方法についてご紹介します。

Step 05 》保守運用：定期的にリサーチデータを整備する

リサーチデータは業務を進めるごとに増えていきます。それらが**適切な場所に適切な状態で格納されているか、定期的に確認**しましょう。私は、これら一連の作業を「**棚卸し**」と呼び、四半期に1回実施しています。

棚卸しの目的

- リサーチをやりっぱなしのまま放っておかない
- 後から振り返った時にも気づきが生まれるよう、データを資産化する
- チームメンバーが常に最新のリサーチ状況をキャッチアップできる環境を整備する

現場で複数のリサーチを同時進行していると、リサーチ実施に体力を持っていかれて、ドキュメントをケアするところまで気が回らないことが往々にしてあります。

そのため、一定のタイミングで定期的に実施するよう、先にスケジュールを組んでしまいます。

さて、ここからは、実際の棚卸しの進め方をご紹介します。一例にすぎないので、順番や対象、役割分担などはご自身のチームに合わせて柔軟に変更していただいて構いません。

■ 棚卸し前の準備

1. どれくらいのスパンで実施するか決める
2. どのデータを定期的に見直すか洗い出す
3. 作業担当者とレビュアーを設定する
4. 1〜3までが決まったら、手順と確認先をまとめたドキュメントを作る
5. 対応者全員のスケジュールに予定を入れる
   a. スケジュールに手順とドキュメントを書いておく
   b. プロダクト年表を作る

　棚卸しの進行については、1〜3についてチームで話し合ってドキュメントに残しておくと良いでしょう。

〈棚卸し前の準備〉の段階でのおすすめは、5.b. **プロダクト年表を整備しておくこと**です。

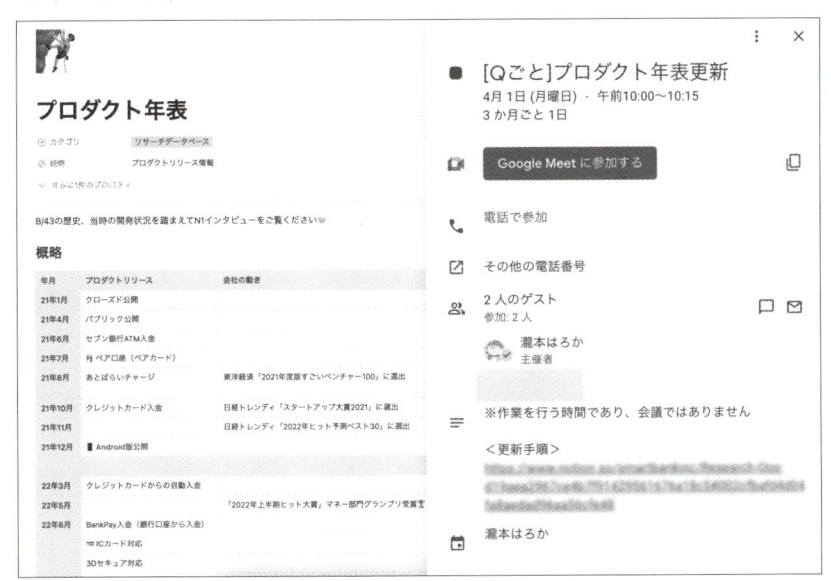

[図4-10] 左：プロダクト年表、右：対応者全員のスケジュールに予定を入れる

詳細（年ごと）

更新作業は随時リサーチチームにて行います📝
リリース情報 📱 iOS / Android

🔢 2024 🔢 2023 🔢 2022 🔢 2021 +

📅 日付	🏷 タグ	Aa プロダクトリリース	↗ Releases
2021年	まとめ	月間まとめの予算設定機能	📄 iOS v1.0.0 Release
2021年	まとめ	月間まとめレポート機能	📄 iOS v1.1.0 Release
2021年	ポケット	ポケット機能	📄 iOS v2.0.0 Release
2021年	全般	本人確認 / カードの初回発行 / 利用開始手続き前にホーム画面などを閲覧可能にする	📄 iOS v3.0.0 Release
2021年	全般	ユーザー画面の作成（その他画面リニューアル）	📄 iOS v3.1.0 Release
2021年	全般	カードの設定画面をタブに移動	📄 iOS v3.1.0 Release
2021年	新規登録	会員登録完了画面の招待コードの入力画面への導線を復活させる	📄 iOS v3.3.0 Release
2021年	入金	セブン銀行ATM入金	📄 iOS v3.5.0 Release
2021年	全般	カードの再発行理由に「暗証番号が不明」を追加	📄 iOS v3.5.0 Release
2021年	全般	利用規約などへの導線を持つその他画面を追加	📄 iOS v3.5.0 Release
2021年	ペアカード	ペア口座	📄 iOS v4.0.0 Release
2021年	全般	アイコン画像の設定機能	📄 iOS v4.0.0 Release

［図4-11］ 細かなアップデートを記載した詳細ページ

　プロダクト年表は、プロダクトがローンチしてからどんな変遷を辿ってきたか、リリースの軌跡やサービスに関わる大きな出来事をまとめて表にしたものです。これまで作ったことがない場合は、ちょっと時間がかかるかもしれませんが新しく作っておくと役立ちます。

　過去のインタビューデータは、そのリサーチを実施した当時の社会情勢やプロダクトの開発状況をベースに語られている内容です。そのため、インタビューを読んでいる現在の状況を思い浮かべながら読んでしまうと、正確な理解が得られません。**当時のコンテキストを辿れるようにしておくことが、リサーチを読み解く助け**になります。

　過去のアプリのリリースノートなど**プロダクトリリースと会社の動きの2軸で整理**しておくと良いでしょう。

　プロダクト年表に載せるべきかどうかは、**そのアップデートがあったことでユーザー行動が変化しそうか？**を基準に考えます。ユーザー行動が変化しそう、あるいは実際のリサーチで変化した様子がうかがえた、という事象は載せておくようにします。

　スマートバンクで印象的だったのは、2022年7月のICチップ付きカードのリリースです。それまでは磁気カードのみを提供していました。

　ICチップ付きカードをリリースする前のインタビューでは、ユーザーが

感じる不便さの大部分が、磁気カードに起因するものでした。

「支払う時、決済端末にどちらの向きからスライドするかわからない」、「磁気カードで支払えないお店があったので、オンラインの支払いのみで使っている」などの発話が多く確認されました。

ICチップ付きカードのリリース後、磁気カードに関する発話は、ほぼ聞かれなくなりました。

このように、ユーザーの発話は、当時のアプリやサービス状態に強く影響を受けます。**インタビューデータを読み解く前に、プロダクト年表を見てもらうようメンバーに案内しておくと、ミスリードを防ぎやすくなります。**

また、「会社の動き」は広報・マーケティング関連の動きと強く関連します。プロダクトの認知経路について、サービス黎明期は経営陣のXでのポストで知ったという声がよく聞かれましたが、途中から『日経トレンディ』といった雑誌、弊社の資金調達のプレスリリースやWebCMなど多岐にわたるようになりました。

プロダクト年表で、コミュニケーション施策についてもピックアップしておくと、ユーザーの認知経路とセットで把握しやすくなります。

ちなみに、オフトピックですが、プロダクト年表を整理しておくと、メンバーがブログを書く時や、全社でのキックオフや振り返りで重宝されることがあります。

実施方針が決まり、プロダクト年表の下地ができたら、実際に作業を進めていきます。

◼️ 棚卸しで行うこと

1. リサーチ関連データが抜け漏れなく、適切な場所に配置され、参照して活用できる状態になっているか見直す
2. 各種マニュアルが古くなっていないか確認し、アップデートをかける
3. リサーチデータを読み解くにあたってプロダクト機能や事業状況が影響するため、プロダクト年表を更新する

※1～3の作業は進捗がわかるように管理する
※初回は、作業にかかった時間を計測すると良い

〈棚卸しで行うこと〉の段階で重要なのは、**作業の完了状態（主なチェックポイント）を書いておくこと**です。実際私が使っている進行表を図4-12に掲載しているので、チェックポイント項目の参考にしてみてください。

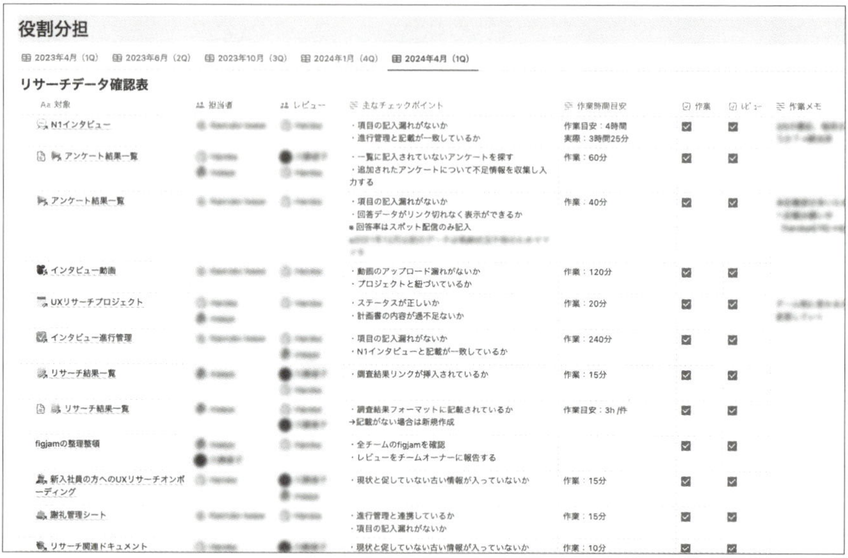

役割分担

2023年4月（1Q） 2023年6月（2Q） 2023年10月（3Q） 2024年1月（4Q） 2024年4月（1Q）

リサーチデータ確認表

対象	担当者	レビュー	主なチェックポイント	作業時間目安	作業	レビュー	作業メモ
N1インタビュー			・項目の記入漏れがないか ・進行管理と記載が一致しているか	作業目安：4時間 実際：3時間25分	☑	☑	
アンケート結果一覧			・一覧に記入されていないアンケートを探す ・追加されたアンケートについて不足情報を収集し入力する	作業：60分	☑	☑	
アンケート結果一覧			・項目の記入漏れがないか ・回答データがリンク切れなく表示ができるか ■回答率はスポット配信のみ記入	作業：40分	☑	☑	
インタビュー動画			・動画のアップロード漏れがないか ・プロジェクトと紐づいているか	作業：120分	☑	☑	
UXリサーチプロジェクト			・ステータスが正しいか ・計画書の内容が過不足ないか	作業：20分	☑	☑	
インタビュー進行管理			・項目の記入漏れがないか ・N1インタビューと記載が一致しているか	作業：240分	☑	☑	
リサーチ結果一覧			・調査結果リンクが挿入されているか	作業：15分	☑	☑	
リサーチ結果一覧			・調査結果フォーマットに記載されているか →記載がない場合は新規作成	作業目安：3h /件	☑	☑	
figjamの整理整頓			・全チームのfigjamを確認 ・レビューをチームオーナーに報告する		☑	☑	
新入社員の方へのUXリサーチオンボーディング			・現状と促していない古い情報が入っていないか	作業：15分	☑	☑	
謝礼管理シート			・進行管理と連携しているか ・項目の記入漏れがないか	作業：15分	☑	☑	
リサーチ関連ドキュメント			・現状と促していない古い情報が入っていないか	作業：10分	☑	☑	

［図4-12］ 実際の進行表（抜粋）

初回は、この**完了状態をチームミーティングで定義する時間をとると良い**でしょう。大原則である「リサーチデータを資産化している状態はどんなもの？」という議論そのものがチームにとって糧になり、棚卸しに対する目線も揃いやすくなります。

「資産化している状態かどうか」は、**第三者から見た時に伝わりやすくわかりやすい内容になっているか、といった観点**を入れると良いでしょう。

新入社員の入社や、プロジェクトに新しくアサインされる場合に参照するシーンをイメージし、**初めて読んだ時にわかりやすさが担保されているか？**を確認します。

自分で調査概要を書いた場合、自分ではわかりにくさに気づきにくいため、書き手とは異なるチームメンバーに確認してもらうようにします。

さらに、**意思決定や経緯を辿る上で必要な情報のリファレンスがあるか**も大切にしています。

これらが欠けていたら資産化している状態とは言えないでしょう。スマー

トバンクのリサーチデータは、相互参照できるようにしているので、参照先にデータがなかった！ということがないかも確認しています。

更新作業は、基本的には作業担当者とレビュアーの2人で行います。

正確性を担保するため、作業者とレビュアーは別人物であることが望ましいです。一人で行う場合は、作業日とレビュー日の間隔を空けるなど、抜け漏れを発見しやすいように工夫すると良いでしょう。

なお、棚卸しには**リサーチチームのマニュアルやドキュメント見直し**も含まれています。

例えば、これまでは無料のアンケートツールを使っていたが、ある時期から予算をとって有料のアンケートツールを契約したなどの変化があれば、チーム内の作業手順が変わります。

新しくマニュアルが作られることもあるので、四半期ごとの変化が適切に反映されているか、というのを主なチェックポイントにしています。

私は棚卸しに着手する時、「今からインタビュー書記シートとアンケート一覧を進めます！」と宣言して行うようにしています。**作業進捗を随時報告しながら進める**ことで、レビュアーは速やかにレビュー作業に入れます。

なお、**棚卸しの全作業は、おおよそ着手月の月末までには終える目安で進めると良いでしょう。**

初回は、大体で構わないので**時間を計測しながら進めると、次回以降の時間を見積もることができます。**

あらかじめ決めていた着手時期が繁忙期と重なった場合、前後にずらす、分散させるなど柔軟な対応に切り替えやすくなります。忙しかったからできなかったというのをなくし、仕組み化する上では時間の計測が効果的です。

Tips **作業手順や取り組みを改善したものがあれば振り返る**

チームの運用として改善したことがあれば、チーム内で会話する機会を持つことをおすすめします。

私のリサーチチームでは、毎月自分たちの行動を振り返り、Keep（良かったこと、継続したいこと）、Problem（課題と感じたこと）、Try（行動に移して改善すべきこと）を洗い出しています。

過去にあったProblemの一つに、「1日にインタビュー予約が4件入っ

てしまったこと」がありました。日程調整ツール上で予定数の上限を設定できず、私も別のインタビューを実施中で、すぐに気づかなかったのが原因でした。

　インタビュー件数が多くなるのは大変喜ばしいことなのですが、多くなりすぎるとリサーチの質を落としかねません。その日はモデレーターを交代して乗り切ったのですが、できる限りインタビューを分散させるよう予定を調整するには？とリサーチチームで対策を練りました。

　検討の結果、インタビューが入ったタイミングで、後ろの空き時間にインタビューが入らないようにするという運用を落としどころに、まずは手運用でやってみることにしました。

　これらはリサーチチームのインタビュー運用マニュアルに追記し、運用していますが、こういった取り組みも四半期に1回「効果があったか？」、「問題を解決できているか？」とチェックすると良さそうです。

　振り返りをする時、できなかったところに目が向きがちですが、「XXさんのこの行動がすごく助かった」といった**素敵なポイントを場に出しておくことも効果的**です。良い行動がたくさん生まれるにはどうしたらいいかといった観点での議論も進みます。

■ 棚卸しが終わったら行うこと

1. 作業途中での気づき、次回への申し送りがあれば記録に残す
2. （1年に1回など）「リサーチデータが資産化されているのはどんな状態？」という問いを対応者全員で会話する

棚卸しが終わったら、次の棚卸しに備えて**気づきを記録**しておきましょう。初回は、**棚卸し活動自体の振り返り**をリサーチチームで行っても良いですね。

- チーム間の情報伝達が十分だったか
- チェックポイントとして追加できる点はなかったか

など、見直して申し送りを記載します。

　議論内容も同じドキュメントに残しておくと、チームメンバーが増えた時に作業内容への理解を深めるきっかけにもなります。

　定期的に保守運用する仕組みを作るのも大事ですが、この**棚卸しを何のために行っているのか？という点を見失わないの**も、同じくらい大切です。「リサーチが資産化できているとはどんな状態？」という問いに繰り返し向き合い、適切な行動だったか、改善できるポイントはないか、とリサーチチーム内で会話する時間を持てると、棚卸しの機会を最大限活用できます。

第 **14** 章

新入社員のオンボーディングにリサーチの力を使う

　第13章で、リサーチデータベースの存在を周知する方法の一つとして、新入社員へのレクチャーが有効だとお伝えしました。本章では、新入社員のオンボーディング時にリサーチについて伝える具体的な方法を解説します。

　スマートバンクは2024年現在、中途入社メンバーのみ受け入れているため、全員、他社での勤務経験があります。異なるカルチャーをバックグラウンドに持ち、スマートバンクに参画して共にサービスを作っていく。まさにその時に、**ユーザー理解のコンテキストを合わせるプロセスを通じて会社理解と事業理解のきっかけを作る**ことができます。

　UXリサーチチームでは、**入社した初日に40分の研修を入れて**、「誰のためのサービスか」、「どんな価値を提供しているか」を知ってもらうようにしています。この取り組みによって、**誰の課題を解くために入社したのかについて目線を揃え、既存メンバーが得ているユーザー理解に少しでも近づけるような土台**を作っています。

　新入社員のオンボーディングとして、ユーザー理解をベースに進めていくと、社内のドキュメントの理解度が上がったり、プロジェクトの位置づけがわかりやすくなったりします。

　また、オンボーディングをする裏の目的としては、**UXリサーチャーと新入社員との接点を作ること**にあります。職種関係なく、不安なことがあれば何か気軽に聞けそうな人に入社後すぐ出会えたら、きっと安心するだろうと思います。仕事の中で、「このサービスを手にとる人は、または手にとらなかった人はどんな風なんだろう？」と思うシーンが出てきた時に、「はろかさんに聞いたらわかるかも？」と第一想起してもらい、**気軽に聞ける状態を作れるといいな**と思ったのです。

　「UXリサーチャー」ではなく、個人名を思い出してもらいたかったのにも理由があります。

　職種名のイメージから、インタビュー屋さん、調査屋さん、といった印象を持たれると、活躍の幅が狭まってしまいます。インタビューが必要になっ

た時に呼ぶ、調査したい時に呼ぶ、となると本来立ち会いたい場にいること
ができないのではないか。そう思って、「**とりあえずユーザーについて何か
知りたかったら、何でも良いので声をかけてください**」とまずコミュニケー
ションをとるようにしました。

　新入社員向けのリサーチオンボーディングは、入社月とその翌月の2回に
分けて行っています。

リサーチオンボーディングの流れ

入社時期	狙い	実施内容		
1ヶ月目	スマートバンクのリサーチを知り、共感する	● オリエンテーション 入社当日に実施		🕐 40分
		● インタビュー体験		🕐 60分
		● インタビュー同席・書記 当月インタビュー全てに任意招待		🕐 60〜90分/回
2ヶ月目	自分の職種とユーザー視点の交わるところを見つけ、実務に活かす	● フォローアップ研修		🕐 30分

[**図4-13**] リサーチオンボーディングの流れ

　入社月の狙いは、「**スマートバンクのリサーチ文化について理解し、共感
してもらうこと**」、「**リサーチそのものを体験してもらい、ユーザー理解、プ
ロダクト理解を進めること**」。

　2ヶ月目の狙いは、「**リサーチ体験を通じて、自分の職種との接点や使いど
ころを感じてもらうこと**」、「**リサーチャーの動きを理解してもらうこと**」で
す。

1ヶ月目:スマートバンクのリサーチ文化について理解してもらう

　1ヶ月目は、会社のValue(バリュー)「Think N1」について深めることを最
も大きな狙いにしています。会社のValueは、望ましいとされる行動を定め
たり、開発プロセスに組み込まれたりと、あらゆるところに影響しているか

らです。

　採用情報や登壇資料で、ユーザー理解を徹底している会社であることが公開され発信されていますが、実際の職場環境としてどのような雰囲気なのか、なぜそこまで大事にしているのか、ということを例示しながら伝えます。

　一通り話し終えた後、必ずする質問があります。

　「これまで、ユーザーインタビューに同席したり、ご自身で実施したりした経験はありますか？　また、アンケートや応募フォームを作るなど、何かユーザーさんについて知るための動きをされたことはありますか？」

　この質問は、**UXリサーチャーの実際の動き方と、新入社員の方のイメージとをすり合わせる目的**で聞いています。

　スマートバンクの場合、ユーザー調査を自分で実施していたり、間接的に関わっていたりする人もいますが、中には「本当は知りたかったのに、困っていた」という話をしてくださる場合もあります。

　どちらの方にも、等しくどういうシーンだったかを丁寧に聞き出します。そのシーンが今後の業務でもありそうな場合、**UXリサーチャーとして例えばこんな風にお力になれますよ、と具体的なアクションベースで伝えます。**

　例えば、何かユーザーさんに聞きたいことがあってアンケートを作ったことがある、という話を聞いた時は、こんなことを話しました。

- 私がアンケートを作る時、「そうそう！　これ！」と思ってもらえる選択肢を作るのが一人だと難しいことが多い。壁打ち相手がいたり、過去のインタビューなどを参考にしたりしたら、うまくいくことがあった。同じことがある場合、私を壁打ち相手として呼んでもらえると嬉しい
  - これを見たらうまくいくんじゃないか？という資料を共有することもできると思う
  - 過去のアンケートは私の方で一元管理していて（データベースの画面を共有しながら話す）似たようなものがあればリファレンスできる
- 何かフォーム作らないとな〜と思った時、実際に送る前にダブルチェックがあると安心。チェックポイントをまとめたドキュメントもあるから、チェックだけ必要、という場合でも遠慮なく声をかけてほしい
- ユーザーについて何か知りたい、聞きたい、となったら基本的には喜ん

でお引き受けしたい。思いついた時に雑談するようなイメージで良くて、忙しいかもなどと思わなくてOK、いつでも話しかけてほしい

　ここで大事なのは、**UXリサーチャーに声をかけるタイミングを具体的に示す**ことです。業務ベースでイメージしやすいようなシーンを設定し、「まず話しかけてほしい」と強調します。**ユーザーに何か働きかけたい、情報を知りたいと思った時に声をかけてもらってもいいし、何か手伝ってくれるんだな、自分の業務を助けてくれる人かも？というイメージを持ってもらうのが目的**です。

　一方、一切経験がない、ユーザーとの接点が何一つ思いつかない、という方もいらっしゃいます。

　すでに同じ職種で活動しているメンバーがいる場合は、先に入ったメンバーの実際の活用イメージを詳しく伝えて参考にしてもらいます。同じ職種の事例なので共感が得やすく、伝わりやすいように感じます。

　スマートバンクは、エンジニアを中心としたメンバーから始まり、組織としての機能強化に伴い、バックヤード部門の採用を行ってきました。経理や財務などユーザーと直接コンタクトをとることが少ない職種の人だと、ユーザーとの接点なんてこれまで考えたこともなかった、という場合もありました。

　その場合は、たとえ私がいろいろ伝えても、実感が湧きにくいでしょう。

　そのため、**会社の理解、事業理解を深める手助けの一つとして、リサーチ活動に同席してほしい**、と伝えます。後にご紹介する、インタビューを受ける体験や、同席体験に参加して体感してほしいと率直に伝えます。

　事業の数字の向こうにいるユーザーを知ることを、私たちスマートバンクは大事にしています、いろんなユーザーの生活があることをご自身の目で確かめて感じてください、と。

　オンボーディング研修という形をとることで、一見リサーチと業務とが直接関係ないメンバーでも巻き込めるのが良いところです。なお、この研修は経営層にも実施しており、CFOが入社した時にも全く同じことをしました。

　話を戻して、オンボーディング研修を経験された経理職のNさんの例を見てみましょう。彼は、「これまでプロダクト開発の現場を見たこともな

かったし、新鮮。オンボーディング研修の一環だから参加してみます」とインタビューに同席してくれました。

実際にユーザーさんが目の前で話している様子を見て、自分が関わっているサービスがこんな人に使われているんだ！と思ってくれたようです。

何回も同席していると、「昨日のインタビューの人と、今日の人は、共通しているところもあるけど、違うことを話している。どうやって最後、施策に落とすんですか？　どこが決め手なんですか？」と質問を投げかけてくれたりしました。

ある時、Nさんから「社内勉強会の資料を作る時に、具体例が必要だったんですが、先日出たインタビューで聞いた話がすごく参考になって、事例として取り上げました」と報告を受けました。さらに、「銀行の担当者さんと話す時、先方からどんなユーザーが御社のサービスを使っているんですか、と聞かれることがあって、インタビューに出ていたり、発話録を読んだりしていたからスムーズに答えられました」という証言もありました。

UXリサーチャーと経理は、同じプロジェクトで活動することはほぼありません。しかし、**オンボーディング研修を通じてユーザー視点に気づいてもらったことで、業務の助けになる経験をしてもらえました。**

■ インタビューを受ける体験を提供する

入社月のオンボーディングの中でユニークなのは、**インタビュー体験**です。参加したみなさんが一様に「経験できて良かった」とフィードバックをくれる人気の内容です。

ご自身がモデレーター（聞き役）となってインタビューした経験がある人はいますが、**インタビューを受ける側の経験をした人はあまりいません。**それこそアンケートサイトなどに登録していたら別ですが、普段インタビューを受け慣れている人はそう多くないのです。

インタビューを通じて事業にフィードバックを得る行動をこれからも続けていくだろうという考えのもと、**インタビューを受ける立場を実際に経験していただき、「インタビューを受ける人の視点」を獲得**してもらいます。特定の視点を獲得するには、その立場に立ってみる、実際にやってみる、というのが一番手っ取り早く、学びも多いと感じるからです。

60分の時間をとり、実際に新入社員にインタビューし、書記は、直近の入社メンバーに担当してもらいます。インタビュー時間は40分弱で、その後に振り返りを行います。「ユーザー視点になってみてどうだったか？」と、書記メンバーも含めてお互いにシェアし合う流れです。

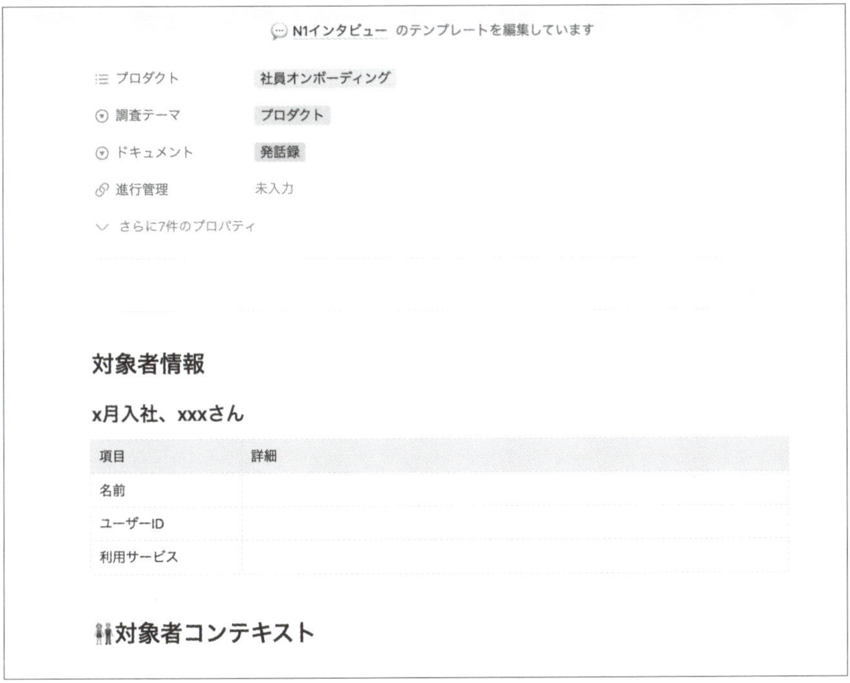

N1インタビュー のテンプレートを編集しています

≡ プロダクト	社員オンボーディング
⊙ 調査テーマ	プロダクト
⊙ ドキュメント	発話録
⊘ 進行管理	未入力
∨ さらに7件のプロパティ	

対象者情報

x月入社、xxxさん

項目	詳細
名前	
ユーザーID	
利用サービス	

対象者コンテキスト

[図4-14]　実際に使用している書記シート

　スマートバンクは金融系のサービスなので、お金に関連するあれこれをお聞きします。金融系ドメインは難しそう、たくさんインプットしないと……と思う方も多いのですが、自分自身も日々支出活動をしています。自分も、一人のユーザーになり得る領域です。

　まずは、**自分のお金に関する行動を口に出してもらうことで、どんな考えを持っているのか、どんな生活背景があるのか**を話してもらいます。

　インタビューを受ける側になることで、「ユーザーは無意識のうちに嘘をつく」だったり「モデレーターのちょっとした表情を気にかけて発話する」など、ユーザー側から見た景色を体感してもらいます。

　普段の支出把握や家計管理などについて話してもらいますが、立場が変わ

るといろいろなことに気づきます。

「お金についてここまで人に話すことはない。どこまで話せばいいんだろう」
「これまで意識してなかったけど、パートナーの方が家計管理してるんだな」
「この話、社内だからいいけど、他のユーザーだったら、話したデータが何に使われるんだろうって思うかも？」

など、人によって様々な感想を持ちます。

ユーザーに投げかける質問一つでも、ユーザーがどう受け取るかを考え、話しにくいところはないか、投げかけられること自体が嫌な体験にならないかなど、**ユーザーに敬意と誠実さを持って質問できるかをUXリサーチャーとして日々考えていますが、そういう目線を知ってもらうのも狙い**です。

事業活動の中では、ユーザーにこんなことを尋ねたい、という視点からいろいろ考えていくと思います。その時、**実際に尋ねられたらどう思うか？と視点をずらして立ち止まる**ことが可能になります。

この本をお読みになって、自社でも取り組んでみたいと思った方は、**普段ユーザーに聞いている内容をベースに質問項目を考えてみるといい**と思います。認知経路や情報収集の進め方などにフォーカスするのもいいですね。

場合によっては、その時に動いているプロジェクトに関連するインタビューの社内対象者として協力してもらうこともあります。新規事業検討の際に、特定のテーマについて質問し、オンボーディングインタビューの内容をプロジェクトにフィードバックすることもあります。

このタイミングで、**リサーチで得た情報の取り扱い方**を案内します（第9章で詳説しています）。

自分で身をもって感じてもらったように、私たちがリサーチを通じてお聞きしている内容はユーザーにとって大事な情報です。お預かりしたデータについて、事業開発やマーケティングなど、事業のためだけに用いるよう、リサーチチームではデータの保守や運用を行っていることや、知り得た情報の扱い方についてもこの場でお伝えします。

■ インタビューに同席する

オンボーディング研修の最後は、**インタビュー同席**です。当月に**実施される全てのインタビューに任意招待し、できる限り参加できるようにして**もらいます（スマートバンクではオンラインインタビューがメインです）。

例えば、アサインされるチームやプロジェクトがはっきりしている職種の場合は、アサイン先のインタビューに多く参加してもらえるよう調整します。

基本的には何かしらのチームやプロジェクトに紐づいたインタビューなので、関係するメンバーが同席していますが、そこに新入社員も居合わせるような形をとります。同席してすることは、以下の2つです。

- カメラオフ、ミュートオンでインタビュー全体を通して聞く
- インタビュー終了後の振り返りに参加する

振り返りまで参加することで、他の人がどう受け取ったかも併せてインプットできるような流れを意識しています。

初めのうちは、プロジェクトメンバーのような感想や気づきをシェアすることを目的にしなくても良いと伝えています。事業理解やユーザー情報の量が既存社員とは異なるため、「なるほどそう理解したんだ」と合点してもらえれば十分ですよ、と伝えています。

いろいろなユーザーがいることを理解するのが、まずは大事だと感じます。特定のユーザーだけが"正しい"使い方をしていると捉えてしまうと、事業のチャンスを逃してしまうこともあります。むしろ、想定外の使われ方を理解することが、事業にとって大きなヒントを与えてくれることになるとも思います。

私はリサーチャーとしてお話をお聞きする上で、**仮説は持ちつつ、自分のスタンスとして、「何もわからない」という心持ちで話しかけること**を大事にしていますし、オンボーディングの時期だと、自然と「何もわからない」状態になれるようにも思います。

■ インタビューで書記を担当する

　同席を複数回繰り返したら、書記も体験してもらいます。**書記として関わることで、また違った角度からインタビューを体験してもらうのが狙いです。**

　かつて参加してくれたエンジニアさんが、「インタビューで相手が話している内容を深く理解しようと思うと、自分にとっては、モデレーターは難しく書記が一番良い。同席していたら力を抜いて聞ける時もあるけど、書記だったら一言一句逃さず聞かないといけない、と別の緊張感も出てくる。書くことで理解が深まったり、これってどういう意味なんだろう、と質問内容が浮かんできたりする」と話してくれました。

　同席のみの参加に比べて、**書記はモデレーターのサポートをするような場面もあり、運営する側の目線も感じてもらえる**ようになっています。

　書記がインタビューにどう関わるか、図4-15にまとめてみました。

当日までに	〈事前準備〉 1. Zoom の起動チェック 2. インタビューの書記シートチェック
インタビュー 開始30分前までに	〈待機〉 1. Zoom 立ち上げで待機 2. 待機室に入室した社内メンバーの入室を許可 3. インタビュー進行時に必要なツールを確認
インタビュー 開始直前	〈入室許可〉 1. 対象者が入室したら許可 2. 対象者が入室した旨を Slack にて同席メンバーに連絡

インタビュー開始

[図4-15]　書記担当視点でのインタビューの流れ

　〈事前準備〉はモデレーターと書記がお互い済ませておきます。〈待機〉と〈入室許可〉は基本的にはモデレーターが実施しますが、万が一モデレーターに緊急事態が発生した時、他にインタビュー進行をサポートできるメン

バーがいると安心です。

〈事前準備〉のインタビューの書記シートチェックについては、リサーチチームで書記シートを用意し、そこに当日の発話を記録する形にしています。

書記をする時にお願いしていることはたった一点だけで、**「事実と推察は分けて書く」**ことです。

対象者の発言はできる限りそのまま書く、「私はこう思った」などはその場には書かずにおいてください、もし書きたい場合は、「（名前）XXX……」などと分けて書いてください、と伝えています。

本来は発話をそのまま書き記すのがベストですが、インタビュー中の発話スピードが速いため、書き慣れていないと難しい場合も多いです。うまくできなかったという残念な気持ちで終えてもらうより、参加するハードルを極力下げ、興味を持って参加してもらう方を優先しています。

そのため、書記の形式は議事録のようなマークダウンでもOKと伝えています。動画も撮影しており、細かなニュアンスを振り返れるようにもしています。

書記のフォーマットを揃えることで、見返した時に情報がパッと入ってくる、書きやすい、情報の粒度が揃いやすいこともあると思います。他社の事例では、エクセルの表に質問を書いて、そこに対応する形で埋めるようなものもありました。

インタビューをどういった場にしたいかをイメージしながら、組織やチームに合ったやり方にカスタマイズしていただけると良いと感じます。

書記体験一つとっても、ユーザー理解の扉を開くきっかけになるので、より組織に合ったオンボーディング体験になるといいですね。

2ヶ月目：自分の職種との接点や使いどころを感じてもらう

2ヶ月目は、30分間のフォローアップ研修を実施します。リサーチオンボーディングを通した気づきや学び、UXリサーチャーという職種の理解が進んだかなど、一緒に思考を整理する時間にしています。

UXリサーチャーの職種理解は、あくまでスマートバンクにおいて何をする人たちなのか、どういった時に話しかけると良さそうかを話してもらいます。

なお、毎回のインタビューに私も参加し、新入社員の振り返り時の発言を気にかけています。フォローアップ研修までに、疑問を感じていそう、困っていそうと思ったら、個別に時間をとって話すなど、フォローを入れるようにしています。

　研修の時間では、あの時はこういう気づきもありましたね、こういうところに着目したんですね、と私からも気づきをシェアするようにします。並走しているからこそ見える小さな変化を見逃さず、ポジティブなフィードバックを心がけています。

　UXリサーチチームとしては、以下の確認ポイントを気にかけ、次回以降のリサーチオンボーディング施策に活かしていきます。

- UXリサーチャーの役割や仕事の理解が深まったか
    - 声かけしやすいと感じるか
    - ユーザーについて知りたいと思ったらどんな行動をとるか
- ユーザー理解を起点に事業を作り上げる流れを体感できたか
    - 体感してみてどうだったか
    - 自分の職種だとどう活かせそうだと感じたか
- ユーザー理解をする際、聞く姿勢で意識したことはあるか

　改善点が出た場合は、環境整備やコンテンツ内容などのブラッシュアップポイントになるので、次回以降の研修でその気づきを反映できるよう、チームに持ち帰って対応します。

　フォローアップ研修を行う時期は、新入社員にとっても実務がある程度進んでくる頃になります。特定のプロジェクトにアサインされたり、メインとなる業務を定めたり。場合によっては、上長と目標設定面談が終わっているタイミングだったりもします。

　自分の役割をより具体的にイメージしやすくなるこのタイミングで、自分の職種にとってユーザー理解が役立ちそうなポイントはどこだろう？と一緒に探していきます。

　プロダクト開発に関わるメンバーだけではなく、あらゆる職種で「ユーザー視点」を取り入れながら業務を進められそうだ、という感覚を持っても

らうのがゴールです。

自分の職種との接点とリサーチの使いどころ

単純にユーザーの声を聞けば良いだけではないんだなと知れた
より深いスペシャリティがある方だなと思った。経理も仕分けをしているだけではないし。
今回知ったユーザーについて銀行の担当者と話す時にも活かせそう。

経理

Haroka さんと話すことで、自分の仮説に自信が持てる
メディアさんにユーザーの課題や声を聞かれた時に、自分が答える内容に自信が持てないことがあった。
そんな曖昧な部分を Haroka さんに壁打ちできることで、自信を持ってユーザーのことを話せるようになった。

広報

自分とは違ういろんなユーザーがいるんだなと視野が広がった
デザインをする際、自分の使い方が基準になってそちらに思考が寄らないか心配だったが
いろんな使い方をするユーザーが見られたので固まらずに済んだ。

デザイン

[図4-16] フォローアップ研修で聞かれた気づき

　リサーチは、工数がある程度かかります。実務担当でない場合、ある意味「自分には関係のない、優先度の低い業務」として捉えられても仕方ないのかなと私は考えます。

　それでも、リサーチ活動に興味を持ち、関わってもらうことが、結果的にその職種の業務をやりやすくしたり、良質なインプットにつながったりするケースが多いと信じています。

　また、お役立ちポイントを紹介することで、新入社員の会社理解、そして組織への定着を推し進めることにつながるのではないかと考えます。

　最後に、私が気に入っているスマートバンクでのひとコマをご紹介します。

［図4-17］Slackで展開されたスマートバンクのひとコマ

　これはPMが社内に向けて、Slackで簡易的にインタビューの依頼をした時のことです。クイックに聞いてみたい場合、社内に向けてインタビュー募集をかけることがあります。その際、スタンプでは好意的な反応が複数あり、実際に手を挙げてくれるメンバーが複数いるという状況です。

　ユーザー理解が事業につながっている、そう体感してもらうことでユーザーの方を向いて、もっと大きな価値を届けられるサービスを作っていく──そんな意識を醸成する一助となれたら、これほど嬉しいことはありません。

第 15 章

他職種の視点でユーザー理解の活かし方を捉える

　私はこれまで、「調査した知見が使われない」、「意思決定で参照されない」という悩み相談を受けてきました。その多くは、リサーチを届けたい相手が「読みたくない」のではなく、「読んでも活かし方がわからない」ことが根っこにあるように見受けられました。

　とすると、**「相手が活用したくなる」ような仕掛けを作り、コミュニケーションをデザインすることで、リサーチがグッと活きてくる**のではないかと考えました。

　相手が活用したくなる仕掛けとして、私は以下の2つに注力しています。

- リサーチデータを身近に感じてもらい、自分の業務と接点を見出しやすくする
- 「リサーチを頼りにすると良さそう」と感じる人を増やす

　「組織の中にどんなリサーチデータがあるのかわからない」、「どういった意思決定の経緯があったのかわからない」といったお困りごとについては、データベースを構築し、データを整理することである程度は解決します。

　一方、そもそも**「データベースから探そう」とか、「リサーチデータが役に立ちそう」と思いつかない限り、リサーチが活用されるシーンは訪れません。**

　置いておいたから自由に見てくれるだろう、というのはあまりに楽観的です。**みんな自分の仕事に関連性があるから見ようと思うのであって、関連性が全くない、自分にとっては知らなくても良いデータだと思った瞬間に、読むモチベーションが一気に下がる**のではないでしょうか。

　ゆえに、**「自分の仕事に関連性がある」と実感してもらうこと、そう感じる瞬間を増やすこと**がキーになってきます。そのように実感してもらえる仕組みや仕掛けを考えていけると良さそうです。

　UXリサーチャー自身が、各職種の視点でユーザー理解の使いどころを語

ることができたら、仕組みや仕掛けの選択肢が増えていきます。

　各職種に敬意を払い、仕事内容を知った上で、UXリサーチャー視点で眺めた時に、ユーザー理解があればより相手の目的を達成しやすかったり、仕事に納得感を持ちやすかったりするポイントを探るのです。

　接点を探る際、Pull型（相手から教えてもらう）とPush型（相手に提案する）のコミュニケーションを織り交ぜると、より具体的な活用イメージを持ってもらいやすくなります。

　ここでは、Push型のコミュニケーションがもっと上手にできるような視点をお届けします。

　メンバーの役に立つには、**人となりや普段の業務、所属するチームや部署の目標を頭に入れておく**とコミュニケーションがとりやすいと感じます。「最近どんな仕事していますか？」といった質問から、目標やミッションなども併せて徐々に聞いていくと良いかもしれません。**職種を理解することで、どういった情報があると役立つかがより具体的にわかります。**

　ここからは、私がスマートバンクで取り組んでいる仕組みと、各職種視点での使いどころについてそれぞれ紹介します。

　組織によって役割や職種名が異なると思うので、あくまでスマートバンクの一例と思ってお読みいただきたいのですが、各職種がどのようにリサーチを捉え、活用できそうと考えているかを聞いてみました[4]。

　もし、みなさんの組織に近い役割の方がいらっしゃったら、リサーチを伝える時の表現方法のヒントにしてもらえたら嬉しいです。

》 BizDev（事業開発）のケース：数字の向こうにいるユーザーを想像する

　BizDevは、事業・サービスの企画立案から実行推進を一貫して担っています。事業検討や事業企画、事業推進と幅広い領域をカバーしています。

　スマートバンクでは、「この市場に踏み出してもいいか、マーケットはどれくらい大きいか」、「ニーズがあるか」といった新規事業領域の検討を担うことが多く、PMやUXリサーチャーと協力しながら企画検討を進めていま

---

4 本書の事例で紹介するメンバーの役割は取材当時のものです。

す。

　ユーザーインタビューなどから得られる「N1」のインサイトをもとに事業価値と顧客価値の双方の観点から事業企画を立案し、プロダクトへ落とし込む、この「N1」を起点とした事業開発は、スマートバンクならではの特徴です。

　BizDevのtakeshiさんは、リサーチプロジェクトの企画から一緒に入り込み、ご自身でユーザーインタビューするなど積極的にユーザー理解を行ってきました。そんなtakeshiさんに、UXリサーチャーと一緒に活動した感想を聞いてみました。

　　新規事業を検討するフェーズで、顧客課題調査をUXリサーチャーと一緒に進めています。チームを組成する良さは、何より**「早く」「正確に」意思決定できること**に尽きます。

　　事業観点で言うと、スピードを意識してMVP的な検証をしていく前提ではあるものの、その**精度を高めることでより早く事業グロースまで持っていけること**が挙げられると思います。成功確度を上げられると言い換えられるかもしれません。

　　例えば、前提情報が誤っていたり、不確かなまま立ち上げたりすると、検証する期間が長引いたり何回もピボットしたりすることになります。

　　こういった状況に陥らず、競合などにスピード負けしたり、**会社として継続判断できずに事業グロースさせきれなかったり、といった残念な結果を避けられている**と思います。

　　また、検証を始める際にある程度あたりをつけて取り組めているのも手戻りが少ない理由かもしれません。この"あたり"は、**日頃からユーザーに向き合っているリサーチャーと協議しながら進める**ことで精度を高められているように思います。

　　ある時、デスクリサーチやBizDevの定量的な整理では勝ち筋があったものの、調べてみるとそうでもないことがわかり、着手しないという判断を下せたことがありました。

　　やはり、**定性情報を事前にキャッチアップできたことが大きく、わからないまま進めていたらユーザーの課題を解決する新しい価値を生**

み出せなかったと思います。また、リサーチを進める中で、当初想定していたものとは全く違う観点での事業スキームや事業モデルになっていくこともあり得るとも思っています。

　事業の立ち上げ成功確度を引き上げていく体制が作れていることで、事業的な強さを生み出すことにつながっていると感じています。

(takeshiさん)

■ BizDevにユーザー視点を届ける時のTips

　意思決定の際に、**定量的なデータと定性的なデータ、どちらもあれば施策が進めやすい**ように思います。市場調査のような大規模調査、デスクリサーチなど、マクロな視点でユーザーを捉える活動をサポートするのも良いでしょう。

　特に、事業計画を立てる時に定量的な推量を立てつつも、その数字の差分をどのようにして埋めていくのか、埋めていくストーリーをクリアにする必要があります。その際、ユーザーインタビューを使って情報をインプットしていくと、より多角的に状況が捉えやすくなります。

　ユーザーから直接話を聞く機会があると、もともと想定していた差分の埋め方について新たな発見が得られたり、もともと立てていた仮説の根底を覆すような発見を渡せたりするかもしれません。

》》 マーケターのケース:マーケティング活動における成功確率を高める

　スマートバンクにおいて、マーケターはサービスをまだ使っていない人に対して、どういった状況でどのような訴求をするとサービスに興味を持ってくれるか考え、適切なチャネルでコミュニケーションを設計していく役割を担っています。主な業務は、広告運用や新規獲得の施策立案などです。

　マーケターにユーザー視点を提供する一番のメリットは、**既存ユーザーの理解を深め、マーケティング戦略や施策の立案に活かせる**こと。

　協業するシーンも多い職種であるため、オフィスで顔を合わせる際に、最近あったインタビューの話を雑談するなど、ユーザーのバリエーションを増やせるようにしています。多くのユーザーの生活背景を知ることで、マーケ

ティングの可能性の幅を広げられるのではないか、と感じています。

スマートバンクでマーケターとして働くTsuchiyaさんとMurataさんに、マーケターとしてリサーチを活用するメリットを聞いてみました。

マーケターとしては、**マーケティング施策の全体戦略を考える際に**リサーチを活用しています。主に、新規または既存ユーザーへの調査や外部アンケートサービスを利用した調査などで、「初めてサービスを知って興味を持った方に正しく情報が届けられているのか」について、リサーチで確認しています。

その際、マーケターが単独で動くのではなく、特に**インタビューをインプットしながら進めることで、一般的な調査票だと見えない重要なことに気づける**と思います。

アンケートの設問は、ユーザーのことを知っていくほど精度が上がります。単なる情報を羅列して、それっぽい回答を表面的に得るのではなく、「インタビューをもとに発見した行動事例が、本当に世間一般的な行動なのか？」を確かめるような設問を追加することもあります。

以前は、家計管理に課題を感じていないor感じている→サービスを認知しているor認知していない……といった一般的なファネルを作って、その通りに調査票を設計していました。

しかし、実際にインタビューで話を聞くと、そこまで家計管理に課題を感じていない人でもサービスを使いたいという方が一定数いることがわかったので、フォーマットのような調査ではなく、自社に合った調査設計に変えました。

サービスを使っている人、まだ使っていないけれども気になっている人などの具体的なユーザー像や行動例などを把握し、そういった方に対して、どのチャネルでどんなコミュニケーションをとれば利用意向が高まるか正しく把握できていれば、施策の成功確率は非常に高くなります。

しっかり顧客を理解することで、"なんとなくうまくいった"という施策がなくなり、再現性の高い取り組みを継続できることにつながるので、そういった状態を常とすべきだと思っています。

　Web サイトや広告などクリエイティブの企画・制作に携わる際に、**メッセージを届けたいユーザー像の解像度を上げる時にリサーチを活用**しています。

　例えば、当社のサービスには、旅行や引っ越し準備金など目的別にお金を分けて管理できる「ポケット」機能があります。一部のユーザーはポケット機能を積極的に使っているものの、インタビューでは「ポケット機能が存在することは知っているが、具体的にどのように使うのか想像できない」という声が散見されました。そこで、サービスサイトでポケット機能の活用シーンを紹介することで普及促進するという施策が実施されました。

　マーケティング活動では、効率的にリソースを活用し、時間の無駄を省いて最大限の成果を上げることが重要だと考えています。先にTsuchiya さんが触れた「成功確率」で言うと、限られたリソースで競争するスタートアップでは、筋の悪い施策を候補から外すことが大切です。そのためには、チーム内で情報共有と連携が円滑に進み、全員が同じユーザー視点を持って業務に取り組むことが必要です。

　理想的な状況に近づくためには、マーケターも施策から得た仮説やデータをリサーチャーや他の職種のメンバーに還元し、共同で取り組んでいくことが重要だと考えています。

（マーケター　Murata さん）

■ マーケターにユーザー視点を届ける時のTips

　マーケターに対しては、これまで何度も言及してきたことですが、**「いつでもお互い話しかけやすい状態にしておく」**のが良いように思います。「仕事雑談」から得られたヒントが広告クリエイティブの訴求に活かせたり、次回のインタビューやアンケートの質問設計のアイデアが出てきたりするでしょう。

　マーケターの中には、ご自身でアンケート設計を進め、主導できる方も多くいらっしゃいます。しかし、**ユーザーについてのインプットが多ければ多**

いほど、**アンケートの設問が磨かれていきます**。企画段階から、良き壁打ち相手になり、サポートできるように行動すると良いでしょう。

私は、インタビューで認知経路について話が出た時には、その時にどんな印象だったか、わかりにくいところはなかったかなど、マーケティング観点の話も合わせて聞き、終了後は積極的にマーケターに共有します。

また、これまでとは少し違うユーザーのインタビューが予定されていたら、同席の打診をするようにしています。

共にユーザーを理解し、良い施策につなげるために、普段から情報を行き来させるルートを確保しておくことをおすすめします。

》エンジニアのケース:「なぜ作るか」がわかると最善を尽くせる

エンジニアは、検討した仕様を実装に落とし込む役割です。そのため、「どうやって」実現するかを考えるのが得意な職種とも言えます。

エンジニアがユーザー視点を得る一番のメリットは、「なぜ作るか」を明確にして開発に着手できることです。仕様検討した経緯や意思決定のドキュメントがあれば、その背景情報をもとに、より良い実現方法を提案できます。

サーバーサイドエンジニアとして働くchobishibaさんは、かつてお客様のサービス開発を請け負ったり支援したりする、いわゆるクライアントワーク型の働き方をしていました。多種多様な業界のサービスと関われたり、開発知見もたまったり、やりがいもある一方で、やはり「中の人」ではないので、関われる領域に制限があったりしたようです。

> これまでクライアントワークの現場で開発していましたが、制限の一つに「なぜ作るか」がありました。
>
> クライアントワークの場合、「●●を作ってほしい」というある程度具体的な要望から始まります。しかし、その要望が課題の最適な解決手段とは限りません。
>
> もちろん、作る前に「なぜ作りたいか」を聞いて「真のニーズ」を探り、●●を作るのが適切かを考えるわけですが、必ずしもお客様が全てを把握し、正確に状況を共有できるわけでもないのです。

お客様と一口に言っても様々な立場の方がいらっしゃって、「こうしてほしい」という要望が、「窓口となっている方が想像したこと」なのか「実際に使う人の観点からの意見」なのか明確にわからないことも。

そのため、要件定義工程での確からしさが仮定のまま、検証しきれずに進んでしまったり、開発が進んでから新事実が発覚したりすることもあります。そうした場合も、ある程度の手戻りはできますが、限度があります。

「真のニーズ」がわかったのならそれを作りたい。でも、開発が進んでしまった段階だと予算や時間も有限です。大掛かりな作り直しはできず、残されたリソースでなんとか形にするしかない。そうやってでき上がったものが実際に使われる様子を見ると、やっぱり「本当にこれで良かったのだろうか」とどこか不完全燃焼感がありました。

こうした現場では、リサーチャーやデザイナーがエンジニアから見える範囲にいなかったり、なぜその意思決定がなされて今に至っているのかを辿る手がかりがほとんどなかったりしました。

作ってほしい人が「真のニーズ」を認知できているとは限らないとわかっているからこそ、その認知から支えたい。 わざわざ伝えるのも大変です。なのでこちらから情報をとりに行きたい。

でも知る術がないのです。正直なところ、「最初から知っていたらもっと違う作りにできたのに……」と悔しい思いをしたこともありました。

エンジニアは「どうやって」を考えるのが役割の一つだと思いますが、「なぜ」を知っているかどうかで「どうやって」の手数が変わると考えます。「なぜ」を知ることで、以下のような振る舞いが可能になります。

- 今のシステム状態をよく知っているので、別の解決方法の提案ができる
- 目指すゴールがわかるので、見落としている検討事項に気づける
- 全体との整合性や影響を考慮した上で作れる

スマートバンクでは、インタビューに同席することで「なぜ」にア

プローチできていると感じます。「なぜ」がわかっていると、都度「なぜ」とつき合わせて自分の頭で考えて進んでいけるし、手探り感もなくなり安心して取り組めます。

　リサーチの場に居合わせられることで、仕様検討をする際も、どうしてこの仕様になったんだろう？とか、この機能はそもそもどう使われる想定なんだろう？と、実際にユーザーが手にとる様子を思い浮かべながら考えることができます。

（chobishiba さん）

■ エンジニアにユーザー視点を届ける時のTips

エンジニアに対しては、以下の点に注意すると良いでしょう。

- 仕様検討するに至った思考や意思決定の経緯をドキュメントで残す
- インタビューに招待する
- インタビュー振り返りや分析の場に任意参加で招待する

　思考の過程を辿りつつ、結論に着地した流れをわかりやすく整理しておくと、エンジニアと協業しやすくなるように感じます。スマートバンクの場合は、エンジニアはアサインされたプロジェクトページを日々見るため、そのドキュメントから調査概要やインタビューにアクセスできるようにしています。

　エンジニアを巻き込む際は、開発工数とのトレードオフになるため、インタビュー同席になかなか声をかけにくいと思うかもしれません。「なぜ作るか」の理解を深め、より良いものを一緒に作っていきたい、という説明をすると、理解が得られやすいかもしれません。

　チームビルディングの一環として全員に声をかけるなど、チーム全体の取り組みとしてお誘いするアプローチも検討できそうです。

》広報のケース：ユーザーの解像度を高めてコンテンツに活かす

　広報部門は、調査リリースの設計サポート、取材協力者の紹介、協力会

社さんへのユーザー情報提供などで関わっています。**UXリサーチャーはユーザーに会う頻度が高いので、そこで得た気づきを広報部門にも循環させる**ことを日頃から心がけています。

スマートバンクでは、「インタビュー共有会」を月1回ペースで実施し、当月に実施したインタビューのダイジェストを紹介して共有しています。

広報のchikaさんは、毎回インタビュー共有会に出席し、その場で今どんな話題が時流に合っているか、どういう切り口で紹介するともっとスマートバンクを知ってもらえそうかの意見交換をしています。

> 広報では、ユーザーの解像度を高めて企画することと、実際にユーザーと関係値を築くことを大事にしています。
>
> 広報の仕事はメディアの時流や関心をつかむことと同じくらい、ユーザーの解像度を高めることが大事です。
>
> 新サービスのプレスリリースや調査レポートを書いたり、イベントを企画したりする時、優れたコンテンツにするにはユーザーのインサイトをつかむことが欠かせません。その時、UXリサーチャーにサポートしてもらっています。
>
> 例えば、夫婦向けのイベントを企画する際、外部の企画会社にユーザーの生の声をインプットしてもらったり、結婚式や夫婦の関係性にまつわるユーザーのコメントを集める方法を相談したりしました。
>
> 結果として、「すでに結婚している夫婦の誓い直し」というインサイトに刺さる企画を作れたことで、ユーザー含めて600人からの応募が集まりました。
>
> このように、**何かを企画する時にはいつも相談して、ユーザーの声をもとに企画をブラッシュアップする**ことを心がけています。
>
> 次に、ユーザーとの関係値作りについても、リサーチャーのつながりに助けてもらっています。広報活動としてただ単にプロダクトの紹介をするだけでは自社の広告になってしまい、メディアで取り上げてもらえることはありません。実際にユーザーを取材対象者として紹介して、世の中の誰のどんな課題を解決しているかを伝えることで、良い記事につながります。

ユーザーの声に最も詳しく、ユーザーとの距離が近いUXリサーチャーと共に働くことで、メディアとユーザーをつなぐ広報活動がより良いものになっていると実感しています。

（chikaさん）

■ 広報にユーザー視点を届ける時のTips

　メディアに取り上げてもらう時は、事前に先読みがしづらいことも多いものです。突発的な取材に対して、リアルな声をタイムリーに伝えられる環境を整えておけると、より多くの方に広報できる機会が得られます。

　いつでも話を聞ける相手がいるかどうかが勝負の鍵を握りますが、その母集団形成の一端をUXリサーチチームが担っているようにも思います。インタビューで出会って、ぜひ取材も申し込んでみたいと感じた人がいたら紹介するなど、トピックとして興味を引くものがあれば伝えておくようにします。

　また、広報メンバー自身がユーザーの生の声に耳を傾ける機会を積極的に設けることで、よりユーザーとのリレーションが作れたり、話している内容を実感を伴って深く理解することができたりします。

ユーザー理解を社内マーケティング課題として捉える

　ご紹介してきたどの職種でも、

- 相手の職種を理解すること
- 今どんな業務をしているのか興味を持つこと

を起点にしながら、常に「今どう思っているか」をキャッチアップするようにしていくと、自ずとユーザー視点との接点が見えてきます。

　ユーザー理解を社内マーケティング課題として捉えるならば、**ユーザー視点の流通を目的として、メンバーがどういった状態か、どんな言葉を使うと興味を持ちそうかにフォーカスして、いろいろな施策でアプローチする。**

　メンバーのことに関心を持ち、深く理解することを通じて、地道ではありますが着実にユーザー視点を届けていきましょう。

　各職種との接点を見出し、業務で協業するポイントをお伝えしてきましたが、各職種の抱える業務上の悩みに寄り添いながら、実務に落とし込む形で進めていくこともできます。

　株式会社MonotaROのデザイナー、澤井美緒さんは、職種ごとにリサーチ勉強会の内容を変え、実施しています。勉強会を通じたリサーチとの接点の持たせ方について、澤井さんに聞いてみました。

　株式会社MonotaROでは、**意思決定にあたって「どのような根拠があるか」が重要視**されています。

　顧客行動データをはじめとした大規模な定量データ分析を行い、顧客の購買の背景にある状況について理解を深めることで、仮説の精度を上げながら検証を繰り返し、サービスの改善に取り組んでいます。

　リサーチを通じて組織と顧客を近づけ、組織全体の顧客理解を深めることで、顧客視点に立った取り組みを増やし、サービス価値を向上させることを目指しています。

　現在リサーチを担当している人員は私含め2名ですが、顧客理解に取り組んでいるのはリサーチャーだけではありません。データを通じて顧客理解に取り組むデータサイエンスとアナリティクスのメンバー、顧客から直接お話を伺う営業とカスタマーサポートのメンバー、商品開発のためにリサーチをする商品開発のメンバーもいます。

　組織全体の顧客理解を深めていくために、社内でリサーチ結果の共有会やリサーチ勉強会、ワークショップなどを開催し、様々な手法や観点で顧客理解を進めるメンバー同士の接点を増やすことで、お互いの情報を持ち寄りやすくしています。

　取り組みの一つであるリサーチ勉強会では、**勉強会に参加する方に事前にどんなアウトカムを求めているのか、リサーチによって得たい視点や現状で考えていることなどをまずヒアリング**します。

　その際、**今どんな状況下でリサーチに取り組もうとしているかも**

併せてお聞きし、勉強会の内容に取り入れています。

　私自身、前職で新規事業開発領域にいて、期限のある中で得たい情報を得るためにどう調査を進めたら良いのか悩み、手探りでリサーチに取り組み始めた経験がありました。そのため、**リサーチを実践しようとする人が、置かれた状況でまず一歩が踏み出せる内容になるよう提案**しています。

　例えば、リサーチに充てられる時間も人も少ないという場合には、できるだけ小さく始められることを内容に含めます。

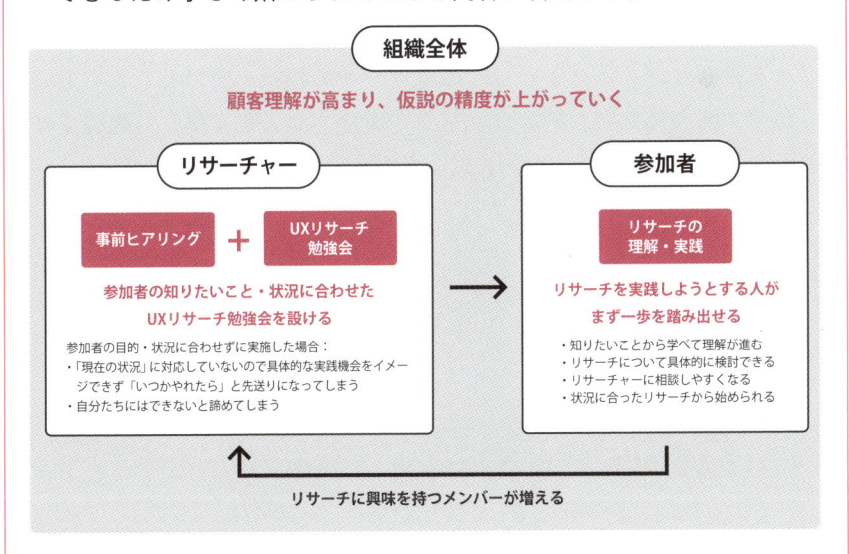

[図4-18] **リサーチの流れ**

　例えば、初めてリサーチに取り組むというメンバーには、リサーチをワークショップ形式で学び、初めての実践にもリサーチャーが伴走しリサーチをまず体験することから始めていただくこともあります。他にも体系的に理解してから取り入れたいというメンバーには、業務の中で参加しやすいように短い時間に回数を分けて開催することもありますし、リサーチに充てられる時間も人も少ないというメンバーには、まず小さく試せるリサーチを提案したりとメンバーの状況に合わせた内容にしています。

　また、サービス開発に携わる職種の方には企画やプロダクトのフェー

ズや目的に合わせた内容にするのに加え、企画職の方にはユーザーストーリーやアイディエーションのワークショップをしたり、営業職の方にはお客様にヒアリングする際に取り入れられるインタビュー手法を内容に含めたりするなど、勉強会に参加するメンバーが業務でまず取り組みたいことに合わせた内容にしています。

　勉強会といってもリサーチについて教えるというより、リサーチを始めたいメンバーが実際に取り組めるようお手伝いをさせていただいているという感じです。

　勉強会をきっかけにリサーチを実践し、求めていたアウトカムや気づきを得られたメンバーから次のリサーチの相談を受けるととても嬉しいです。今後も引き続きリサーチを実践する人を支援し、組織全体の顧客理解を高めていきたいと思います。

第 **16** 章

Research Culture Bookで、
リサーチ活動を伝えやすくする

第4部の最後に、作るのに労力はかかりますが、リサーチオンボーディング活動を強固に支えてくれるドキュメントを紹介します。

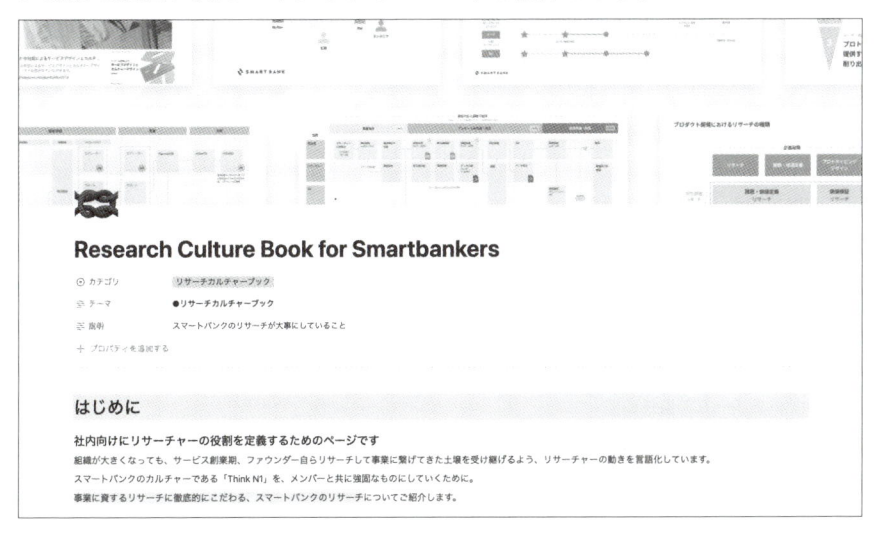

[図4-19] 社内向けドキュメントResearch Culture Book

このドキュメントは、**スマートバンクのリサーチ活動について、「なぜユーザー理解を大事にしているのか」、「どんなことをしているのか」を記し**たもので、**Research Culture Book**と名づけました。

スマートバンクは、創業者がユーザーと対話しながら事業を作り上げてきました。どれだけ組織が大きくなっても、創業初期と変わらない価値観を新しいメンバーにも知ってもらい、大切にしてほしいと感じていました。

この価値観をベースに、情報の社内流通の仕組みや、伴走型リサーチを体系化し、定期的にブログやPodcastなどで発信してきました。一方、それぞれパーツとしては充実してきたものの、全体像をつかめる状態になっていませんでした。

要素は揃ってきていたので、**全体を通してストーリーとして伝えられるような資料**があれば、今後組織が大きくなってもリサーチ活動の拠り所とする

ことができ、メンバーの目線が揃いやすくなるのではないかと考え、ドキュメントとして整備することを決めました。

ドキュメントの構成として、社内メンバーに向けて、**UXリサーチャーが組織の中でどのように活動し、何を大事にしているか、手にとるようにわかる状態を目指す**ことを目標にしました。

読んでもらうことで、**協業のポイントが探れたり、コミュニケーションしやすくなったりすること**が狙いです。

実際の構成は図4-20の通りです。

スマートバンクがリサーチで大事にしていること

- 伴走型リサーチ
- 組織でリサーチをする理由
- 経営者がリサーチャーに期待すること
- 伴走型リサーチの環境づくり

リサーチチームのミッション

- ミッション
- リサーチチームの責任範囲
- 行動指針
- チームメンバー

リサーチャーの働き方

- プロダクト開発の初期工程から入る
- 主な業務範囲と分担
- リサーチャーと協業したいと思ったら？

調査プロセス

- 設計思想
- 調査プロセス一覧

調査手法

- アンケート調査
- インタビュー調査
- ユーザビリティテスト

リサーチ活動を広める

[図4-20] **Research Culture Bookに含めた要素**

なぜユーザー理解に取り組むのか、取り組むチームで大事にしていることは何か、実際に取り組んでいることは何か、という3つのテーマについて、全体から部分、抽象から具体、という流れで整理しています。

研修の場では時間的に取り扱えない、UXリサーチチームのミッションや今期のOKRといった組織構造に関するもの、実際のリサーチデータベースへのリンク集など、この**ドキュメントを起点にスマートバンクにおけるリサーチ活動全てにアクセスできる**ように工夫しました。

文字ばかりだとなかなか読むモチベーションが高まらないかもしれないので、**できる限り読みやすく、わかりやすいドキュメントを心がけ、図にでき**

るところは徹底して図にし、**文字量は抑える**ようにしました。

ドキュメントにまとめる際に注意したのは、**現状行っていることを丁寧に言語化すること**です。

他社事例を寄せ集めた、別組織の借り物の言葉で書かれていると、チームや組織に対するきれいごとが書かれているように見えてしまい、あまり効力は発揮しないように思います。

こうありたいという理想形について書いても、組織のメンバーの実務とかけ離れてしまい、あまり共感を得られなくなってしまいます。そうすると、せっかくドキュメントを作っても読まれないでしょう。

もし、今は特に何も思い浮かばない場合は、ドキュメントとして整理する前に、**組織や事業を強く動かすリサーチ案件に一心不乱に取り組み、自分の組織にとって血の通った言葉を見つける**方が良いでしょう。

そして、日々の業務を誠実に行っていく中で、うまくいっているチームやリサーチ案件について、「なぜそれはうまくいっているんだろう？」、「その要素って何だろう？」、「何を大事にしたら次からも同じようにうまくできるかな？」といった問いから紐解いていくのです。

「うちの組織にとって、リサーチ推進で大事にしているのはこれだ！」と確証を得たら言語化し、覚えやすいワードに整えて読み手の頭に残りやすいようにします。

自分たちのリサーチ活動のキャッチコピーを作り、それを中心に据えるのです。スマートバンクの場合は、この2つです。

- リサーチは、リサーチャーだけのものではない
- 伴走型リサーチ

Research Culture Bookは構想から約1年かけて完成させ、今ではリサーチオンボーディング研修で活用しています（リサーチオンボーディング研修の詳細については、第14章で解説した通りです）。

全容は、社内向けドキュメントを再構成して社外向けに公開している

「SmartBank Research Culture Book[5]」でぜひご覧ください。

　社外公開の際には、あらゆる職種において**スマートバンクのリサーチ活動に強く共感するメンバーに出会いやすくすること**も念頭に置いて、他職種とどのように協業しているか、将来のリサーチチームで取り組みたいことは何かなど、新しいコンテンツも作りました。

 ## 構成・コンテンツ制作の工夫ポイント

　ぜひ当社でも作ってみたい！とお考えの方に向けて、**作る上で押さえておくと良さそうなポイントを具体的に紹介**していきます。

　前提として、同職種だけではなく**あらゆるメンバーが読み手になり得る**ものと認識しましょう。

　新入社員の立場に立つと、オンボーディングの機会だからこそ出会う領域で、これまで全く興味を持っていなかったこともあり得ます。そういった方が見た時も**「何だか面白そう」と思ってもらえるような構成**にしました。

　また、先ほどのリサーチ活動のキャッチコピーをファーストビューで見える位置に置いたり、チームで取り組むことを象徴するよう、メンバーと話している様子の写真を配置したりしました。

　「このキャッチコピーの意味は何だろう？」、「メンバーが多く写っているけどどういうシーン？」などフックを作ることを大切にし、**章のタイトルだけ拾い読みしても必要なエッセンスが伝わるように、深く知りたい時のために導線が必ず仕込まれているように**……と考慮しながら書くようにしました。

　また、**早めに形にしてみて、対象者となるユーザーに見てもらい、フィードバックを取り入れる進め方**がおすすめです。私は、オンボーディング研修で活用したいと考えていたため、まだあまり形になっていない時期から新入社員に見せてフィードバックを得るようにしました。

　その際に受け取ったフィードバックと対応内容は、以下の通りです。

---

5 「SmartBank Research Culture Book」スマートバンク
　https://smartbank.co.jp/recruit/research-culture-book

> 実際にUXリサーチャーと協業する際、自分がどのフェーズでどう関わるのか知りたい

➡[対応内容] 主な協業パターンを網羅、流れを図解し、提示する

> UXリサーチャーが複数のプロジェクトを持っている時、相談してもいいのか、ちょっと迷う。どんな風に複数の案件を対応しているのか知りたい

➡[対応内容] 優先度の考え方を共有し、現状どうなっているかわかるドキュメントを参照してもらう

「実際にUXリサーチャーと協業する際、自分がどう関わるのか知りたい」という疑問に答える形で作ったのが、リサーチャーの働き方のセクションです。

この問いが生まれる背景としては、開発プロセスについて採用選考時に説明は受けても、リサーチなど細かなプロセスについて、どのタイミングで何を実施しているのかイメージがつかないことがあります。

そのため、全体像からイメージしてもらいやすいように、開発プロセスの図を用意しました（図4-21）。どんな風に進んでいくか、リサーチパートにおいては、誰のどんな課題を解決するか、Think N1シートの形で整理していく流れを一例として紹介しています。

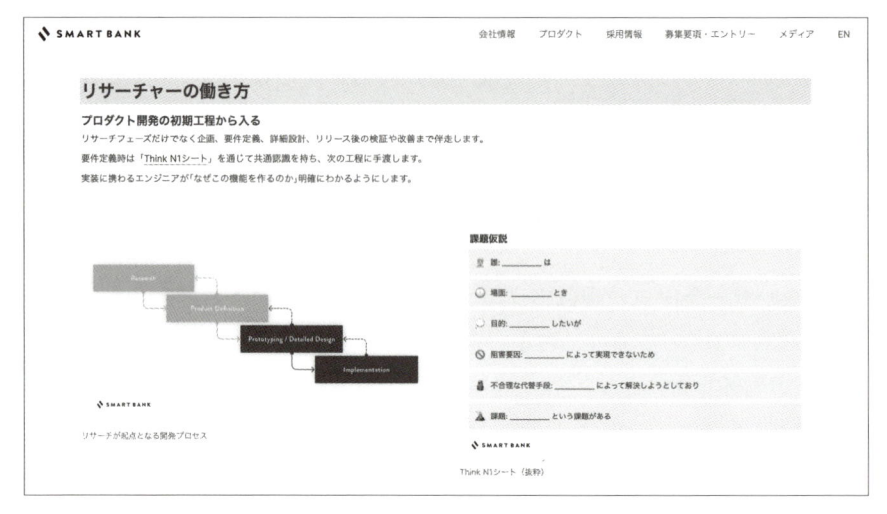

[図4-21] 開発プロセスの図

「複数のプロジェクトを持っている時、相談してもいいのか？」については、横断組織の動き方が実際にどうなっているのか、人数が限られた中でどんな風に普段の業務をしているかを気にかけての質問ではないかと思います。

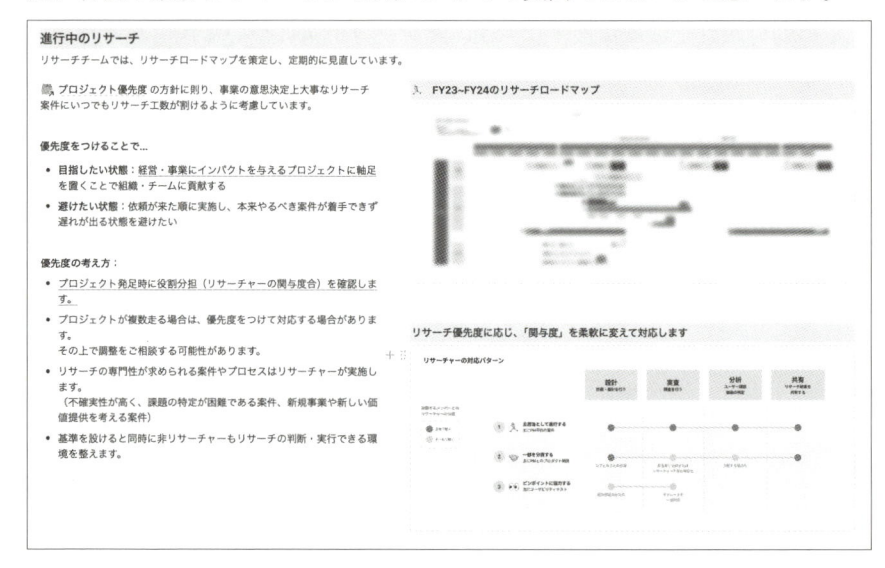

[図4-22] 社内向けにリサーチロードマップを示したドキュメント

そこで、中長期的なリサーチロードマップ（図4-22）を載せ、今期取り組

んでいるリサーチ案件を具体的に提示しました。実際にチームに配属されたら、この時期に一緒に取り組むかもしれませんね、といった風に関わり方をイメージしてもらっています。

なお、当社の場合はResearch Culture Bookの社外公開を検討し始めてから、社外の人からもフィードバックを得るようにしました。当時、リサーチ組織のあり方を示すドキュメントとして参考にできるものがなかったので、役に立つ内容になっているかは、やはり実際に見てもらわないとわからないと考えたからです。

また、友人のPMやUXリサーチャー複数名にヒアリングして新設したのは、**「組織でリサーチをする理由」**と**「経営者がリサーチャーに期待すること」**の2セクションです。

「組織や事業の中で、ユーザー理解がどう位置づけられているか示す時に、経営者がどう捉えているか、それをはっきり書いておくと伝わりやすいのではないか」とフィードバックをいただいたからです。

一部門の取り組みではなく、会社全体の取り組みであることを示すには、経営陣の言葉として紹介したらいいのでは?という提案でした。

「経営者がリサーチャーに期待すること」は、CEOの翔太さん、CXOのtakejuneさんに語ってもらいました。「リサーチャーや経営者だけではなく、メンバー全員がリサーチするマインドを強く持って欲しい」と読み手に対する想いも伝えてくれています。

作成の過程で、読み手となる社内メンバーや他社の方々の視点を入れたことで、よりヒントになりそうなことを掲載できたのではないかと考えています。

ただ、私としてはまだまだ不足が多いと感じているのも事実です。組織や事業と共にアップデートしていく必要があります。

組織が大きくなるにつれ、これまでは明文化しなくとも共通認識がとれていたものを言語化し、運用していくことが求められるでしょう。

私自身の課題として、たくさんトライしながら得た学びをこれからも言葉にしていきたいと思います。

第4部では、みなさんがリサーチ活動に取り組み、その活動が組織に根を

張って文化として浸透していく、それぞれのリサーチカルチャーを育むアプローチを考えてきました。

　データベース、オンボーディング研修、Research Culture Bookという形でご紹介を試みましたが、**大事なのは、仕組みを作った先にどんな景色を描きたいか**です。

　形としてわかりやすいものだからこそ、作ること自体が目的にならないように気をつけなければなりません。**作った後、どう使われるか。どんな状態になっていると、組織や事業にとって良いインパクトがあるかにこだわってほしい**と感じます。

　仕組みは、使われて初めてその真価を発揮します。必要なところから仕組み化するアプローチでも良いですし、全部一気に取り組もうとしすぎず、昨日よりも今日のリサーチ環境の方が少しでも良くなることを目指すのが良いかと思います。

　ユーザー視点を組織に浸透させるアプローチの一例として、みなさんの進め方のヒントになることを祈っています。

「重要なことは『まとめ』には書かれていない」

── CEOが自らユーザーへ出向き、一次情報をとってくる──

ビジネス課題をデザインの力で解決することを掲げるグッドパッチ。
ユーザー理解のため、一次情報をとりに行き、
「肌感」を得ることの大切さについて、
CEOの土屋尚史さんに聞きました。

土屋 尚史　Naofumi Tsuchiya

株式会社グッドパッチ 代表取締役兼CEO
起業を志し、2011年3月に渡米しサンフランシスコのデザイン会社でスタートアップ支援に携わる。2011年9月に株式会社グッドパッチを設立。2020年東証マザーズ（現：グロース）上場。2023年6月、株式会社丸井グループの執行役員CDXOに就任。

瀧本 はろか（以下、「瀧」）「デザインの力を証明する」ことを掲げるグッドパッチさんですが、土屋さんはCEOとして、自らクライアントのところへインタビューしに行くという取り組みを続けているそうですね。

土屋 尚史（以下、「土」）　そうですね。それが僕にとってのユーザーリサーチです。ユーザーの声を現場から吸い上げるのではなく、自分で聞きに行くというのが重要だなと実感しています。

報告として上がってくるものは、「報告しやすい、理解しやすい形」にまとめられています。ダラダラ書くわけにいかないので、「これはいらないかな」などと取捨選択され、シャープな形になっている。

ただ、重要なことは「シャープ」なところだけにあるわけではなく、それ以外のところにも散らばっていて、実はそこがクリティカルだったりする。そういった情報を「肌感」として知っておきたい。だからこそ、ダイレクトにユーザーの声を聞くようにしています。

瀧　弊社スマートバンクCEOの

堀井翔太がいつも言っているのは、「手触り感のある情報が欲しい」ということです。土屋さんの場合は、自分自身がその一次情報をとりに行っているわけですね。どういうきっかけでクライアントインタビューを始めたのでしょうか？

土　グッドパッチでは、クライアントが対象とするユーザーを理解するために、意思決定者や代表者を、ユーザーインタビューの現場にお連れすることもあります。

ある時、銀行の方々が300人くらい集まったイベントでUXデザインの重要性について話す機会があったんですが、「この中で、直近2、3ヶ月でユーザーに話を聞きに行ったことがある人？」と聞いたら、誰も手を挙げなかったんです。それで、「みなさん、ちゃんとユーザーのところへ話を聞きに行かないといけないですよ」と伝えたんです。

でも、イベントが終わってふと考えた時に、「あれ？」と思って。「俺、行っていないな」と（笑）。当時すでに現場から離れていたので、自分がプロジェクトに直接入ることがなかったんです。

でも、あのように言った手前、自

分も行かないといけないなと。グッドパッチにとってのユーザーはクライアントなので、それでクライアントインタビューを始めたんです。

瀧　これは、経営の仕事と並行してやっていることですよね？

土　そうです。クライアントワークの会社でこれをやっている経営者はあまりいないと思います。会社を始めて13年経ちますが、創業前はWebデザインの会社でWebディレクターをやっていたんです。当時、問題だと感じていたのは、クライアントのデザインへの認識です。

　クライアントは、デザインを「明日までにお願いします」とか、すでに金曜なのに「週明けまでにお願いします」などと依頼してきて、アウトプットを納品してくれればいい、見た目がきれいであればいい、と考えている。

　でもデザインは本来、調べる、考えるというフェーズが一番重要であり、実際に手を動かしてアウトプットするのはプロセスの一部でしかない。それなのに、調べる、考えると

いう部分に対してお金が支払われないというのが日本の状況でした。

　なのでグッドパッチでは、UIの仕事をする上では、必ず上流から入らせてくださいとお願いしてきました。「そうでないと、いいUIは作れないからです」、「上流から入れないなら仕事は受けません」と。これがグッドパッチでやってきたことです。

リサーチに対する時代の認識が変わってきた

土　UIデザインの上流工程には、「UXデザイン」というフェーズが

あって、そこで何をするのかについて昔はそんなに解像度が高くなかった。でも、その本質にあるのはユーザー理解だよね、という認識が定まり、UXリサーチがちゃんと注目され、そこに価値があるという認識ができてきたので、本当に時代が変わったなと思いますね。

瀧　リサーチャーという職種が浸透しつつあるし、「ユーザー理解をちゃんとやろう」という流れが来ていると思いますね。クライアントインタビューは、具体的にはどのように進めていますか？

土　プロジェクト終了後、広報や担当者から、「社長が話を聞きたいと言っています」と問い合わせ、1時間ほどお話しさせていただいています。

　グッドパッチへの依頼背景などを伺う他、モチベーショングラフを書いてもらっています。プロジェクト期間中のモチベーションの浮き沈みをグラフにしてもらうんです。それを見て、モチベーションが上がったポイントと下がったポイントをヒアリングします。

　さらに、総合評価を100点満点

でつけてもらいます。そして、足りない点を埋めるためには何をすればいいのかヒアリングします。

　インタビューの音声は録音して、全て書き起こして、全社に発信しています。2019年の7月に始めたことですが、5年で50回近くのインタビューを行っています。

設計した価値と、相手が感じる価値は違う

瀧　クライアントへのインタビューでは、どういったことを聞き取ろうとしていますか？

土　インタビューでは、そもそもどういうところに課題感があったのか、それを外部に依頼して解決したいとなった時、どういう会社にコンタクトをとったのか、なぜグッドパッチを選んでくれたのか、というところから聞き始めます。

　あとインタビューを通して探るのは、クライアント側のニーズの変化です。例えばグッドパッチに依頼していただいた当時と今では、市場環境が違います。また、当時は社内にデザイナーがいなかったけれど今はいる、といったクライアント自身の変化もあります。

それに、実際に仕事をした時に、我々が意図して設計していることと、クライアントの感じている価値に差があったりします。こちらが意図していないことにクライアントが価値を感じている、といった差分が出たりするので、それを拾っていく。それが新しいサービスの種になったりします。

瀧　その内容を全社に展開して、どんな効果がありましたか？

土　クライアントインタビューは全て履歴を残しているんですが、一番の効果は、オンボーディングに表れていると思います。入社してくる人たちに、グッドパッチのことを伝えるのに適しているんです。どういう価値を提供してきたのか、どういう仕事の仕方をしてきたのか。それを追体験することができる。

　これが残っているのと残っていないのでは、情報の解像度が全然違います。さらに深く知りたい場合は当時のプロジェクトメンバーに話を聞きに行ってもいい。たとえメンバーが退職したとしても、クライアントに価値を提供した痕跡がそこにあるというわけです。

要するにこれは、ナレッジマネジメントとしても重要なんです。

瀧　リサーチャーが退職すると、組織のリサーチ資産が失われてしまうことが往々にしてありますね。私も、自分が持っている知識は組織に渡さないといけない、と意識しています。

カルチャーの異なる組織とユーザー理解に取り組む

瀧　グッドパッチさんは、丸井グループと協業し、合弁会社のMutureを立ち上げていますね。会社のカルチャーが異なる時、ユーザー理解の大切さを浸透させることに難しさはありませんでしたか？

土　丸井グループは、「顧客第一思考」なんですね。顧客の声を聞くことをすごく大事にしているので、考えていることは同じなんです。ただ、Howがちょっと違う。

　商業施設を運営しているからこそ、顧客が「こういうものが欲しい」と言っているのをそのまま受け入れてしまうところがある。

　ただ、顧客は表層的に「欲しい」と言ってしまっているだけかもしれない。それを企画側が鵜呑みにする

と、開発の現場が混乱してしまう。顧客の課題感の奥底にあるニーズを深掘りする必要があるんです。

顧客志向や顧客満足度を大事にしている会社でも、Howがずれていると、本質と違うものを生み出してしまう可能性があるんです。

瀧　もともとお客様に対して強い関心のある相手であれば、Howの部分を伴走することで、良い方向に進むのでしょうね。

そもそもユーザー理解に取り組んでいない組織というのは、ユーザーを理解するとどうなるのかという景色が見えていなくて、なかなかそこに時間もお金も投資できない、という面があると思います。

土　ユーザー理解の大切さを定量で示すのは極めて難しいんですよね。数字をこねくり回して確からしいものをクライアントに持っていっても、結局は無駄になることが多い。

となると、意思決定者に信頼してもらうための行動をとるしかないです。数字やロジックで説き伏せるのではなく、彼らの中の「合理の壁」を超え、非合理的な意思決定をも引き出さないといけない。それを引き

出せる信頼関係を築く必要があると思いますね。

まだ信頼貯金もない中で、最初から自分たちの正義を振りかざしても通用しない。相手の土俵みたいなものがきっとあるはずなので、一旦彼らのやり方を理解して、やってみる。そうすると、メリットとリスクが出てくる。それから「このリスクを排除するために、例えばこういうやり方もありますよ」と問題を切り分けていく。そういう丁寧なコミュニケーションと、あとは古いやり方かもしれませんが、飲みニケーションでしょうか（笑）。

瀧　結局は相手の話を聞くことに尽きますね。

土　ロジックと論理だけでは動かないのがビジネスの世界です。いかに「この人に預けてみるか」と思わせられるかですね。

事例集:組織に合わせて ユーザー視点を届ける

第5部は、事例集をお届けします。リサーチ活動でよく出会うシーンについて、様々な組織で活躍されている方にお聞きしてみました。

「組織に合った型を作る」第一歩を踏み出す上で、アプローチの引き出しを持っていると、きっとみなさんの現場で実践できるヒントが見えてきます。

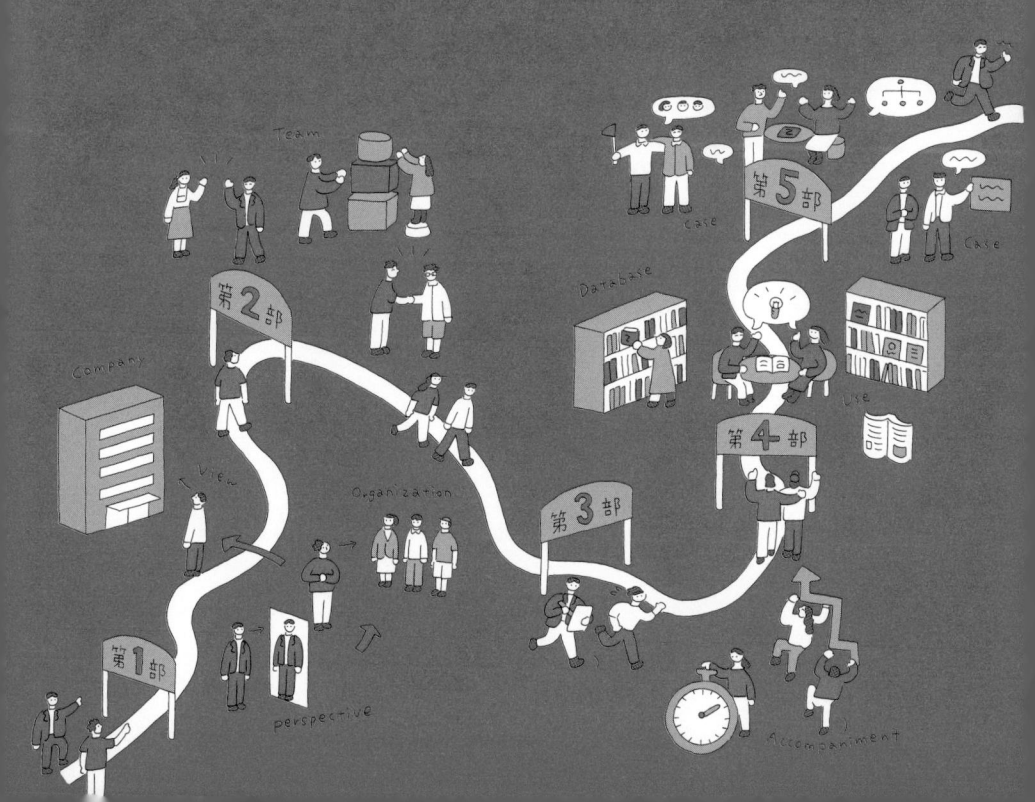

第 17 章

シーン別「リサーチの伝え方」

　本書では、**事業を理解すること、組織を理解すること**を出発点とし、その組織に合った形、そして組織の言葉で**ユーザー理解を深めていくこと**について、お伝えしてきました。

　大事なのは、**組織に合った状態を見極める**ことだと思います。

　ユーザー理解の組織実践の例を考える時、私は動物の体重測定を思い浮かべます。

　突然ですが、みなさんは動物園にいる動物たちの体重をどうやって量っているかご存知ですか。動物にとって、体重は健康のバロメータなので、定期的に確認する必要があります。でも、人間のように、体重計に自分で乗って量る、ということはあまりないようです。

　例えばコアラなら体重計の上に板に固定された木の枝を据え、その枝に座っている間に計測します[1]。

　一方、フクロウはどうでしょうか。枝を用意しても、じっとしていてくれるとは限りません。飛んでいってしまうと探すのが大変ですね。フクロウの場合、柔らかいおくるみを用意して包み、勝手に飛んでいかないようにして寝かせて量るようです。ちなみにゾウの場合は、地面に大型動物用の体重計を仕込んでおき、エサで誘導してその場に来てもらうことで体重を量るようです。

　このように、**「体重を量る」**と一口に言っても、**それぞれ動物の特性に応じたアプローチがとられている**ことがわかると思います。

　また、体重計に乗せるという手段にこだわらず、体重を量るため、あの手この手でアプローチしている点に着目いただければと思います。

　何だか、**ユーザー理解を組織に根づかせようとする時と似ている**ような気がしませんか。

---

1 "41 Tricks Animal Care Workers Use For Weighing Different Animals," boredpanda
　https://www.boredpanda.com/animals-being-weighed/

コアラはコアラに、フクロウはフクロウに見合ったアプローチがあります。人間は体重計に乗るのだから、他の動物も同じように乗って量れるだろう、と考える前に、その動物のことを観察して理解する必要があるのです。

　ユーザー視点を流通させたい、ユーザー理解を文化にしたい、という目的を掲げても、各組織のアプローチ方法や時間軸、チーム体制などが違います。

　UX成熟度が高まるステップは、階段状に一つずつ上がっていくものだと思います。チームとしてユーザー理解を深める、効果を実感する体験を複数回経験することを経て、ゆっくりと上がっていくのではないでしょうか。

　うちにはリサーチのカルチャーがまだないし、どう進めたら良いかわからないという場合もあるでしょう。その場合は、「リサーチを進める上で自分が大切にしたことって何だろう？」、「それを次のリサーチで再現する場合はどんな行動をしたらできるかな？」など、うまくいったリサーチ案件をヒントにすると、階段を少しずつのぼっていけるような気がします。「チームの関わり方で今後も続けたいことは何か？」、「どう説明したら伝わりやすかったか？」、「テキストより動画を一緒に見た方が興味を持ってもらえそうだったな……」など、トライを続けながら進んでいくことで、きっと自分なりの型が見つかってくると信じています。

　型を作るために効果的なのは**他の型を知ること**だと思います。

　第5部は他の組織の型を知れるよう、事例集にしました。シーン別に構成しており、「初めてリサーチに取り組むシーン」、「チームにリサーチ結果を伝えるシーン」、「経営にリサーチ結果を伝えるシーン」、「組織にユーザー視点の活用方法を伝えるシーン」の4つを取り上げました。

　みなさんの組織においてユーザー理解について伝える時、こうしたケーススタディを知っておくと、役に立つように感じます。

　現場での実践事例を知ることで、組織に合ったユーザー理解の形を探り、型を作る一助となるでしょう。

初めてリサーチに取り組むシーン

プロフィール

倉光 美和

[領域] デジタルサービス（主にtoC領域）

[事業内容] 事業会社で、不確実性の中でもデザイナーが軽やかに新しい価値を創造していくための文化作り

[役割] デザインマネジメントに関する仕組みの構築や支援

[主な依頼内容] UXリサーチの組織導入、デザイナーの育成支援

1 支援した組織でのリサーチの位置づけ

理想の体験のために製品をデザインする上で、ユーザーの課題や欲求と正しく向き合うことが大切である、ということはおそらく開発者の誰もがわかっていると思います。ですが「UXリサーチって、何から始めればいいの？」、「どうやって現状の工程に組み込めばいいの？」、「誰もやったことがない中で、どうすればマネージャーを説得できる？」といった理由で、初めの一歩を踏み出せずにいる組織は少なくはありません。

2 私の役割

私はそういった課題感を持つ組織に伴走する形で、半年から1年かけて、組織にUXリサーチの文化を根づかせる支援をしています。**UXリサーチは、企業活動の様々な場面で活用が可能**です。

過去には、人事部と共に新入社員のオンボーディングを改善するためのリサーチや、プロダクトのブランディング領域でのリサーチを実施することもありました。

私自身、初めてUXリサーチを業務で実施したのは約10年前。とあるプロジェクトのユーザビリティテストでした。樽本徹也さんの『アジャイル・ユーザビリティ』（オーム社）を読み込んで、見よう見まねでやってみたことを覚えています。プロジェクトの性質上、被験者として実際のユーザーを連

れてくることが難しかったため、社内テスターの方々にご協力いただきました。

最初はできることからでいいので、まずは一歩目を歩み始めましょう。

3 支援先での具体的な取り組み

リサーチに取り組みたいと思ったら、まずは手軽に取り入れられる手法として、**「ユーザーストーリーシート」**を試してみましょう（図5-1）。これは、**担当している施策について、ユーザーがその機能を使う瞬間を切り取ったショートストーリーを5行の文章で書いてみる**、というものです。一緒に取り組むチームメンバーと進めるのもおすすめです。

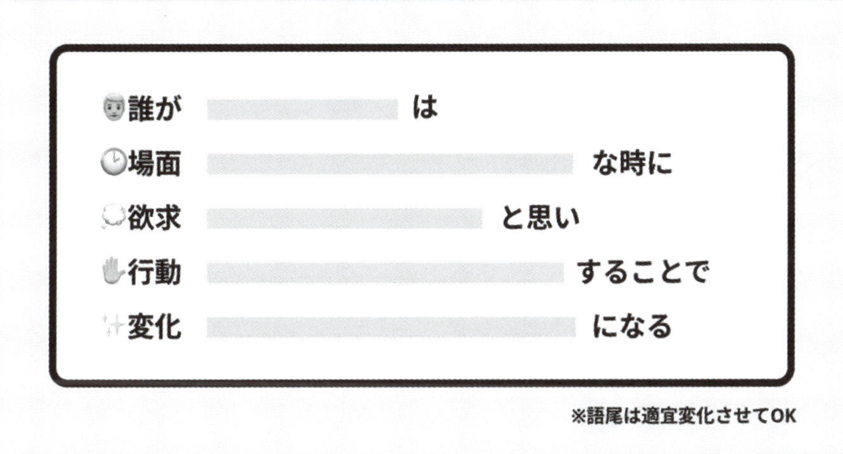

誰が　　　は
場面　　　な時に
欲求　　　と思い
行動　　　することで
変化　　　になる
※語尾は適宜変化させてOK

[図5-1] ユーザーストーリーシート

デジタルサービスの開発に携わるデザイナーは、ユーザーの期待通りに正しく動く仕組みを設計し、「このプロダクトを利用した時に、ユーザーの生活はどう変化していくのだろうか？」と問いを立てながらアウトプットを評価していくことが求められます。

自らの考える理想像をデザインしながら、一方でそれに触れるユーザーの様子を想像する……主観と客観を、電気のスイッチのように瞬時に切り替えることに長けた人が多いイメージを持っています。

このシートでは、デザイナーが脳内で行っている思考プロセスを、シートを埋める形で体験できます。

好きなところから
穴埋め

声を出して
読み上げる

違和感があれば
調整していく

[図5-2] ユーザーストーリーシートの記入方法

　記入方法は、図5-2の流れの通りです。詳細はnoteで紹介しているので、ぜひやってみてください[2]。

　この過程で、「売上やCVRといった事業目標はあるけど、ユーザーの生活がどう変化していくかはあまり考えられていなかったね」とか「ユーザーの行動から考えると、私たちのプロダクトじゃなくても解決策はいろいろあるよね。それでも利用してくれるってなぜなんだろう？」という気づきが出てくれば、それは新しい視点を習得し始めているサインです。

　まずは、自分自身が事業者の視点から、ユーザーの視点になってみる。初めてリサーチに取り組むシーンの第一歩は、リサーチの手法を身につけることでも、調査を遂行することでもなく、ユーザーの世界から事業を見てみることなのです。

　自分だけではなく、チームメンバーと一緒に考えてみるのも良いかもしれません。

　最後に、UXリサーチを実施する際に大切なのは、明確な問いを持つことです。ユーザーとの対話から得られる情報は豊富ですが、**取捨選択の基準**を持たないと、「ユーザーの要望を満たすためにあれもこれもやらなくては」と迷ってしまい、何から手をつけていいかわからなくなってしまいます。

　リサーチを通じて導き出したい問いを明確にした上で取り組んでみてください。あなたの一歩が大きな成果につながるでしょう。

---

2 「主観と客観を切り替える鍛錬」note
　https://note.com/hebereke/n/n56f6fe99740e

チームにリサーチ結果を伝えるシーン

プロフィール

加藤 けんじ

[所属] 株式会社alma
[企業規模] スタートアップ、社員10名程度
[領域] デザイン
[事業内容] インサイトマネジメントツール「Centou」の開発・運営
[役割] 事業責任者兼リサーチャー
[その他] プロダクト作りが好きなメンバーが多い（印象です）

1 組織でのリサーチの位置づけ

当社は10名ほどのスタートアップで、2つの事業を運営しています。

私たちにとってのリサーチは、ユーザー起点で非連続的な成長を起こすためのものです。日々のリサーチから、ユーザーや顧客が抱える課題を深く理解し、大きな価値をチームで作ることをゴールに、リサーチを行っています。

2 私の役割

事業責任者をしながら、自身もリサーチャーとして、ユーザーや顧客と日々関わっています。

3 具体的な取り組み

組織規模が小さく、メンバーの顔と名前も一致し、お互いにコミュニケーションをとる機会も多い組織ですが、**ユーザー情報の流通**に課題を感じていました。

相当数のインタビューを自ら主導してきたものの、3ヶ月後には忘れ去られ、Notionに蓄積しているのに誰も見ていない状況が多発し、**データから意思決定につなげる効率が悪かった**ように思います。

そのため、**データの受け取り方とデータの扱い方の2つを見直す**ことに。

今回は、データの受け取り方についてご紹介します。

まずは、リサーチをした後、アクションにつなげるまでの間で起きやすい失敗について、認識を揃えるところから始めました。

ユーザー理解において、「声を聞いている＝理解している」ではありません。インタビューしたことそのものに満足して振り返りがなかったり、直近のインタビューだけが印象に残ってそれだけを確認したり、売上の高いお客さんの発言をそのまま実装した結果、プロダクトが負債を抱えたり……数々の失敗をしてきました。

その中で、**ユーザーリサーチのゴールは、ユーザー目線を踏まえた意思決定ができること**だと考えるようになりました。

今作るべきなのか、どこまで作り込むのかなど、**ユーザーを主語にしたフィードバックをチームに届けるために、ユーザー視点の流通にこだわる**ようになりました。

また、**リサーチした情報を適切に受け取るためには、「今までどんな経緯で、プロダクトや事業が成長してきたのか？」、「今どんな価値を提供しているのか」といった、背景や現状の理解も必須**です。

そのため、これまでのプロダクトの実験過程をまとめたドキュメントや、価値の仮説をまとめた資料を社内に共有しています（図5-3）。

ここまでで、データを受け取る準備ができました。次に取り組んだことが「ファクトやインサイトを、しっかりと可視化すること」でした。

例えば、開発チームでは、機能単位で誰に向けて作るのか、どんなシーンを解決するのかをまとめることもあります（図5-4）。

インタビューや、これまでのご要望などからファクトを抽出し、「つまり、何がしたいのか？」というインサイトにまとめ、可視化しました。

重要なことは、**ターゲット像やニーズ、ペインなどが、実際のファクトに基づいて可視化されていること**です。これによって、「誰に届けるか」、「どんなシーンを解決するか」など、深い議論が可能になります。

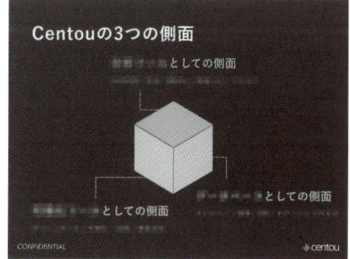

[図5-3] 左：事業の設計書、右：プロダクト価値の分解

リサーチの一環でペルソナを作ることがあると思いますが、ペルソナにおける逆説として、属性情報など"あるある"なペルソナは意味がないと思います。ペルソナにおける最も重要な点は、「仮説にフィードバックできるファクトであること」なのです。

メンバーそれぞれの頭の中で、ぼんやりと想像しているだけだと、「勘の良い人」しか結果を出すことができず、チームで大きな成果を生み出すことはできません。

チームに対して、高い解像度でリサーチ情報が共有されると、それぞれの職種が自主的に意思決定をしていけるようになります。エンジニア、デザイナー、プロダクトマネージャーなど、それぞれの専門性を活かしながらも、チームとして1つのプロダクトや事業を作り上げることができます。

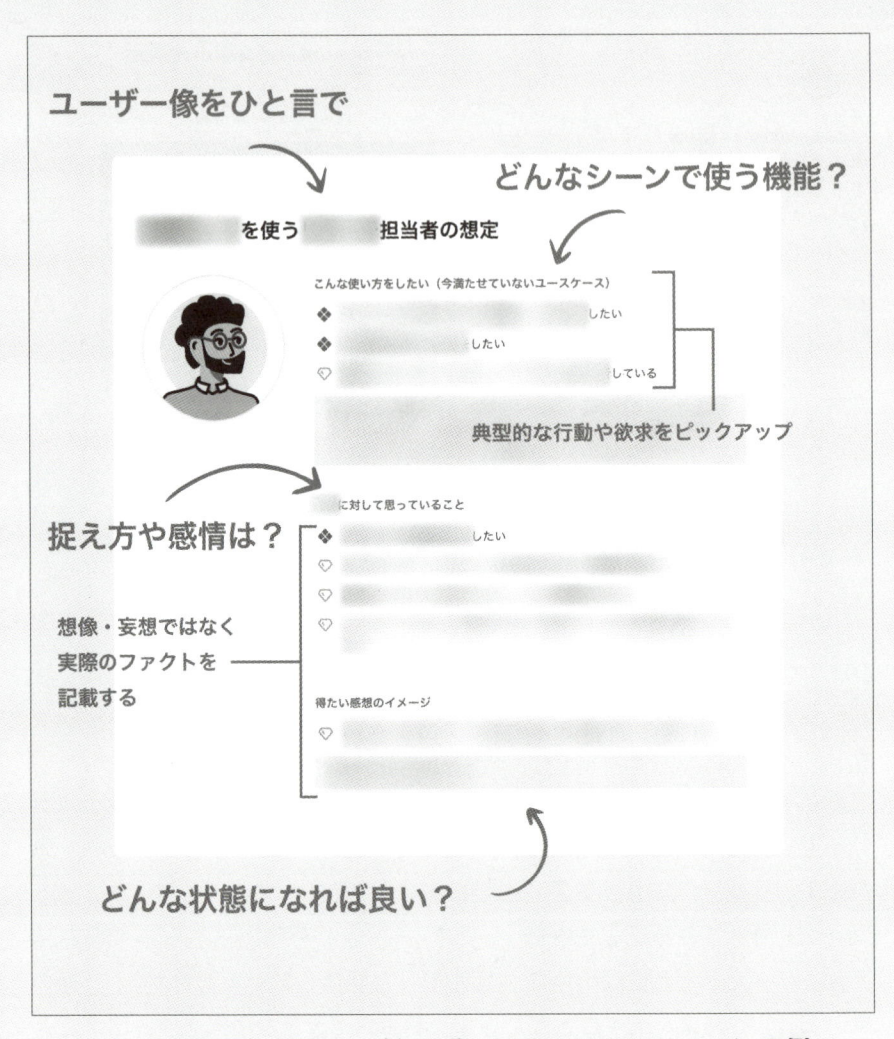

ユーザー像をひと言で

どんなシーンで使う機能？

捉え方や感情は？

想像・妄想ではなく
実際のファクトを
記載する

どんな状態になれば良い？

[図5-4] ファクトベースのターゲット像（本来の意味のペルソナ）の例

経営にリサーチ結果を伝えるシーン

プロフィール

菅原 大介

[企業規模] 業界大手のECサイト運営会社

[領域] 総合ECモール

[事業内容] ECサイト・アプリの運営

[役割] UX戦略、リサーチ全般

1 組織でのリサーチの位置づけ

　総合ECサイト・アプリの企画・運営を行っている会社に勤務しています。リサーチの対象となる領域は、サービス（CX）とプロダクト（UX）で、ウォーターフォール型の開発進行を主としています。

2 私の役割

　ブランディングやカテゴリ戦略、新規事業、大型施策など組織全体に関わるプロジェクトに入り、リサーチを通じた構想決定・課題解決の役割責任を担っています。この流れで0→1のディスカバリーフェーズを受け持つことが多いです。

　組織全体としては、業務成果を検証する目的で、評価型の定量調査を行うことが多いのですが、私個人が関わるプロジェクトでは、デプスインタビューやユーザーテスト、サーベイ、専門家調査などを組み合わせた生成的な調査を行っています。

　リサーチのステークホルダーは、必然的に経営ボードや複数部門のマネジメントクラスになります。調査対象テーマの不確実性が高い上に、必ずしもレポートラインにプロダクトデザインの言語や慣習が通じるわけではないという障壁があります。

　経営層に対し、ディスカバリーリサーチの結果を報告したり、それに基づく提案を行ったりする際、ビジネスとデザイン双方の文法に通じている必要があります。そのため、リサーチ成果物のドキュメンテーション品質が非常に重要です。これは、見た目の美しさや情報量の話だけではありません。

　リサーチの成果物は、ひと目で情報が理解できるもの、分析成果物について単独で議論ができるものを用意するよう心がけています。自身のスキルとして、分析成果物の種類や粒度を自在に行き来できるようにしておくことがポイントになります。

　具体的に、ソリューションのアイデアを報告するケースで説明します（リサーチの報告においても考え方は同じです）。

　プロダクトディスカバリーのフェーズでは、「エレベーターピッチ」（プロダクトの趣旨・仕様を要件定義したテキスト成果物）が成果物になるのが通例です。この名称や形式でなくても、みなさんも同様の資料を作成していることでしょう。

　ところが、組織におけるプロダクトデザインの成熟度が低いと、「実現イメージが湧かない」、「見方がよくわからない」というレビュー評価になり、せっかく簡潔に情報を整理した成果物が判定のテーブルに載らないことがあります。

　これは、事前にプロジェクトデザインを徹底していても起こります。デザインプロセスにおけるアイデアの発散・探索フェーズであることを明記していても、アウトプットがエレベーターピッチであると宣言していても、最後にひっくり返ります。

　プロジェクトで必要とされる成果は、確かにエレベーターピッチの内容なのですが、プロダクトの要件定義情報がレビュアーの頭の中に入っていかないことで、出直しとなってしまいます。成果報告の見せ方のところで損をしている例です。

　そこで私は、**エレベーターピッチで定義したソリューション（打ち手）のプロトタイプイメージも、同時に提出する**ようにしています。この資料は、ビジュアルモック＋画面遷移イメージ＋期待効果の情報から構成するように

しています。

　そうすると、見た目にはどのように変化して、ユーザーはどのように使って、事業や運営に対してはどのようなインパクトがあるのか、1枚で伝わります。この方が、PMOやマネジメント間でも資料を介した意思疎通が容易になります。

　本来ここまでの対応は、次フェーズで行うべき仕事なのですが、テキストという形式の伝わりづらさが原因で、肝心のアイデアが否決されてしまうのは損です。**言語化しても抽象度が高い情報は、デザインラフで可視化して具体的に共有するのがポイント**です。

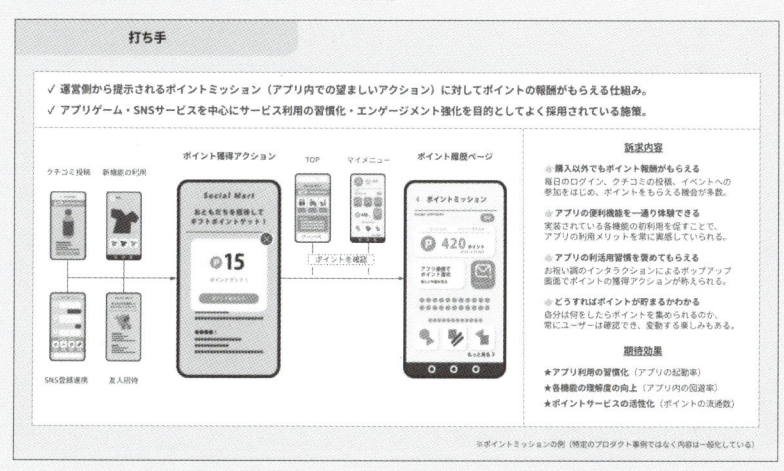

[図5-5] エレベーターピッチと打ち手をそれぞれ1枚にまとめたもの

組織にユーザー視点の活用方法を伝えるシーン

プロフィール

早川 和輝

[所属] Notion Labs Japan合同会社
[企業規模] 社員650名程度
[領域] コラボレーションソフトウェア
[事業内容] コネクテッドワークスペース「Notion」の開発・運営
[役割] ソリューションエンジニア

1 組織でのリサーチの位置づけ

Notion では、ユーザーの声を大切にし、それをプロダクト開発に積極的に取り入れています。ユーザーの声は、新しい機能の提案、既存の機能の改善、またはユーザー体験の向上に関するインサイトをもたらしてくれます。これによって、Notion は世界的に愛されるプロダクトとして、多くのユーザーに日々利用してもらっています。

2 私の役割

私は日本市場における Go-to-market チームの一員として、ソリューションエンジニアという立場で、Notion の製品の技術的な支援を行っています。特に、Notion AIの市場への展開に積極的に取り組んでおり、新しい機能の開発や既存の体験の改善を行うために、プロダクトチームやリサーチチームと共に日本の顧客に対する調査やインタビュー、フィードバックの収集を協力しながら行っています。

今回は、**一緒に働いている Notion 本社の UX リサーチチームにヒアリングも行いながら、当社におけるプロダクトフィードバックに関する取り組みやリサーチ業務についてご紹介**します。

3 具体的な取り組み

図5-6 は、Notion が顧客からのフィードバックを活用して製品のロード

マップに反映させる手順です。

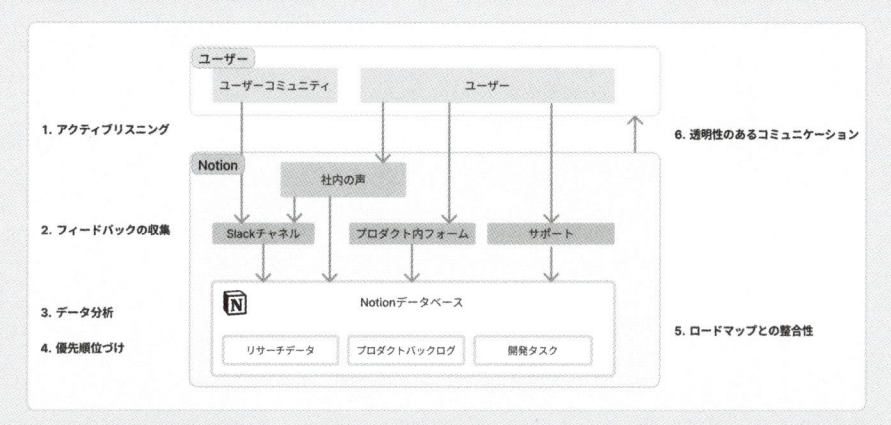

[図5-6] 顧客からのフィードバックを製品ロードマップに反映させる手順

1. **アクティブリスニング**　ユーザーリサーチやアンケート、サポートチケット、ソーシャルメディアでのやり取りなど、様々なチャネルを通じて顧客の声に積極的に耳を傾けています。顧客の経験、課題、機能提案に関するフィードバックに細心の注意を払っていて、今でもCEOやCPO自らが声を聞きにいくことを行っています。

2. **フィードバックの収集**　インサイトを収集するために、いくつかのフィードバックを集める仕組みを用意しています。製品内の問い合わせフォーム、コミュニティフォーラム、社内のフィードバックチャネルなどです。

3. **データ分析**　収集されたフィードバックを処理・分析し、共通のパターン、傾向、改善点を特定します。一方で、データ分析だけに頼らず、N=1の声であっても体験に影響するものはしっかりと考慮しています。

4. **優先順位づけ**　重要な改善点に優先順位をつけるために、リクエストの数、ユーザーエクスペリエンスへの影響、長期的なビジョンとの整合性などの要因を考慮しています。

5. **ロードマップとの整合性**　各フィードバックが全体的な製品戦略とビジョンにどのように適合するかを見ています。

6. **透明性のあるコミュニケーション**　Notionは透明性を重視し、顧客からのフィードバックの進捗状況と実施状況をユーザーに知らせています。ブログ記事やニュースレター、公開ロードマップなどを通じて、定期的

に最新情報を共有し、ユーザーコミュニティとコミュニケーションをとっています。

そしてこれらの取り組みのほとんどにプロダクトとしてのNotionを活用しています。具体的な活動としていくつかピックアップしてご紹介します。

ユーザーコミュニティ

Notionは、ベータテストやサポート、またユーザーやアンバサダーの方々との公式コミュニティ[3]やソーシャルメディアを通じて、製品に関するフィードバックを直接伺ったり、利用促進のための発信を促したりしています。これらのチャネルは、Notionをより良いものにしていくための貴重な情報源になっています。一例として、最近リニューアルしたテンプレートギャラリー[4]では、コミュニティメンバーの方々が作成された創造性あふれる実用的なテンプレートを紹介しています。

そして、このようなユーザーフィードバックの収集のために、私たち自身もNotionを活用しています。ユーザーのみなさんが問い合わせフォームなどからフィードバックを入力すると、自動的にタスクが作成されたり、既存のタスクに反映されたりします。

そして、新機能のリリース時には、フィードバックをくださった方々に直接連絡をとり、メッセージをお送りすることもあります。データがつながっていることで、プロダクトチームとユーザーのみなさんとの直接のコミュニケーションができるようになっているとも言えます。

さらに、**社内の声も貴重なユーザーの声**として取り入れています。ドッグフーディングと呼ばれる早期の機能テストを社内で行い、社内の誰もが見えるデータベースに溜めています。これらのフィードバックもユーザーの声と併せて、プロダクトチームによって定期的にレビューされ、リリース前の潜在的な課題として事前に改善したり、将来のロードマップなどとして、プロ

---

3 「Notion Community in Japan」Notion
　https://www.notion.so/1ee5a66e6d3e44d09a1e6fdf82b5f9a5?pvs=21
4 「Notion テンプレート」Notion
　https://www.notion.so/ja-jp/templates

ダクト要件仕様書やバックログ、開発のタスクなどと紐づけられたりします。

Notionデータベースの活用

　全ての機能開発は、"プロジェクト"という単位で管理されています。プロジェクトには、ステータス、担当チーム、リリース予定日、関連タスク、スケジュール、関連資料のリンク集などが備わっています。これによって、プロダクト組織だけでなく、営業、マーケティング、サポートの誰もがここを見に行けば、**過去・現在・未来までのプロダクトの状況を一元的に把握**することができます。

　この中のステータス項目が、社内環境へのリリースやベータのステータスになると、社員が使えるようになり、日々の業務の中で自然とドッグフーディングができる状態になります。

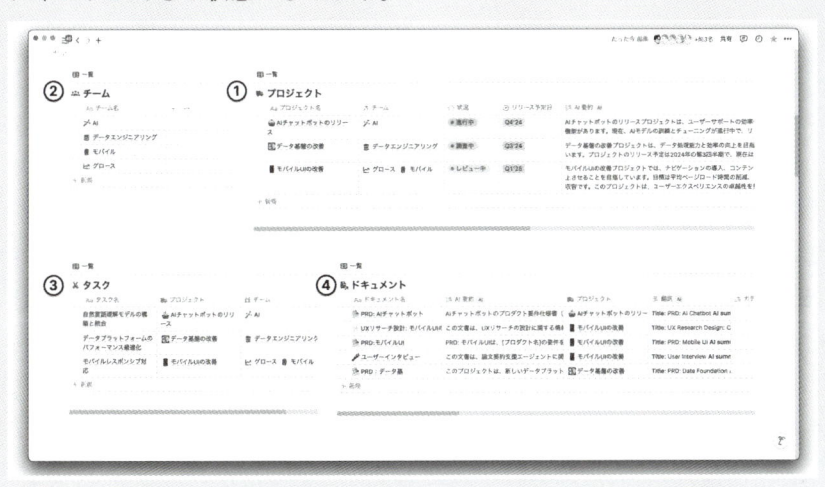

[図5-7] プロダクト開発に関するトップページ

　また、このプロジェクトを中心にユーザーリサーチ業務においてもNotionを活用しています。

　まずリサーチチームのホームページを作成し、そこにチームのミッション、活動、過去のインタビュー動画などを誰でも見られるようにしています。

　実際のリサーチ業務では、リサーチプランという単位でページを作成します。この中には、概要、背景、目的、成功指標、手法、リサーチクエスチョン、進め方、スケジュールなどがまとまっています。

インタビューや取り組みごとに、リサーチレポートという別の単位が存在し、リサーチプランの下に複数のレポートがぶら下がっています。リサーチレポートでは、より細かく取り組みごとのインタビューの結果やインサイト、次のアクションがまとまっています。

　また、録画されたインタビュー動画は、Notionのデータベースにリンクが置かれたり、Dovetailで行った文字起こしやインサイトのタグづけを行ったりし、それをもとにNotionページにリサーチ結果をまとめています。

　これらのリサーチデータは、プロダクトマネージャーが作成するPRDに紐づけられたり、グロースのための分析やプロダクトマーケティングのメッセージングのために使われたりします。時には、会社のビジョンやプロダクトの大きな戦略にも情報として提供されます。

Slackチャンネルの活用

　プロダクトチームではプロダクトフィードバックチャンネルを作り、そこで**プロダクトに関わる全ての社内フィードバックを日々集約**しています。また、全てのプロジェクトごとに #proj-xxxx をつけてSlackチャンネルを作ることで、Notion上で扱うプロジェクトデータベースと対応づけています。

　このように**プロジェクトやドキュメント、インサイトなどのストック情報をNotionで溜め、日々の会話やフィードバックなどの流れるフロー情報と対応づける**ことで、社内でも迷うことなくプロダクトに関する情報を見に行き、データに基づいた会話が行われ、ユーザーのみなさんにプロダクトの価値を伝えることができる仕組みを作っています。

　ユーザーの声をプロダクトに反映させるNotionのアプローチは、細部にまでこだわったもので、人々から愛され、ユーザーの生活や仕事をより豊かにする価値あるプロダクトを提供し続けることにつながっています。

　その取り組みを継続するために、プロダクトとしてのNotionをプロセスに取り込み、ユーザーの声を傾聴することの重要性を社員の誰もが関わりを通して理解し、実際にそれをプロダクトという形で提供するという行動につなげることが大切だと考えています。

メンバーの良き聴き手で在ろう

　ここまで、「伝える」を「伝わる」に変えていく具体的な取り組みをいくつかご紹介してきましたが、いかがでしたか？

　組織規模や事業フェーズによって、ユーザー視点をどのように使うとより事業貢献につながるか実感いただけたかと思います。

　もう一つ、最後に私から伝えたいことがあります。

　メンバーが何かを伝えたい、ちょっと助けてほしい、壁打ち相手になってほしいなどのシグナルを発していたら、それをキャッチし、その想いを受け止められるような振る舞いを1つでも増やしてほしいのです。

　何かにチャレンジしている時、事業貢献したいといろいろ打ち手を考えて検証している時、すぐに結果が出るようなものではなく、場合によっては年単位で動かしていくようなものもあると思います。

　結果が出てから組織のメンバーに見てもらうのも大事ですが、そこに至る道のりは泥臭く、表舞台に出るものではないかもしれません。ややもすれば、気持ちが折れてしまいそうになることもあると思います。

　だからこそ、**日々の地道な活動を気にかけてもらえたり、応援してもらえたりするのはとても嬉しいもので、自分自身が「事業貢献のためにもう一歩頑張ってみよう」と思えるモチベーションにつながります。**

　日頃から、メンバーの良き壁打ち相手や相談相手になることによって、信頼関係が強固なものになっていくし、組織の中で動きやすくなるのではないでしょうか。

　組織のメンバーのことをよく観察するだけではなく、**気にかけていますよ！何かあれば雑談してもらっていいですよ！というシグナルを出す**ことが、回り回って自分が組織の中で活動する時の助けになるのかもしれません。

「インタビューによって検証したい 仮説は何？」

—— 一次情報に基づいた気づきから、 仮説を設定する——

ユーザーにリサーチし、得られたインサイトから事業を作るスマートバンク。
どうすれば良いインタビューになるのか、
「なんとなく聞いただけ」で終わらないためにはどうすべきか、
CEOの堀井翔太さんに聞きました。

堀井 翔太　Shota Horii

株式会社スマートバンク CEO
VOYAGE GROUP（現CARTA HOLDINGS）へ新卒入社。新規事業の「コトバンク」の立ち上げ
や広告事業の子会社fluct取締役を経て、子会社Zucks代表取締役に就任。2012年に株式会社
Fablicを創業し、日本初のフリマアプリ「FRIL（現ラクマ）」を開発。2016年に同社を数十億円で
楽天株式会社に売却し、年間1,000億以上のGMVまでフリマアプリを成長させ、2018年に代表
取締役CEOを退任。2019年に株式会社スマートバンクを設立。

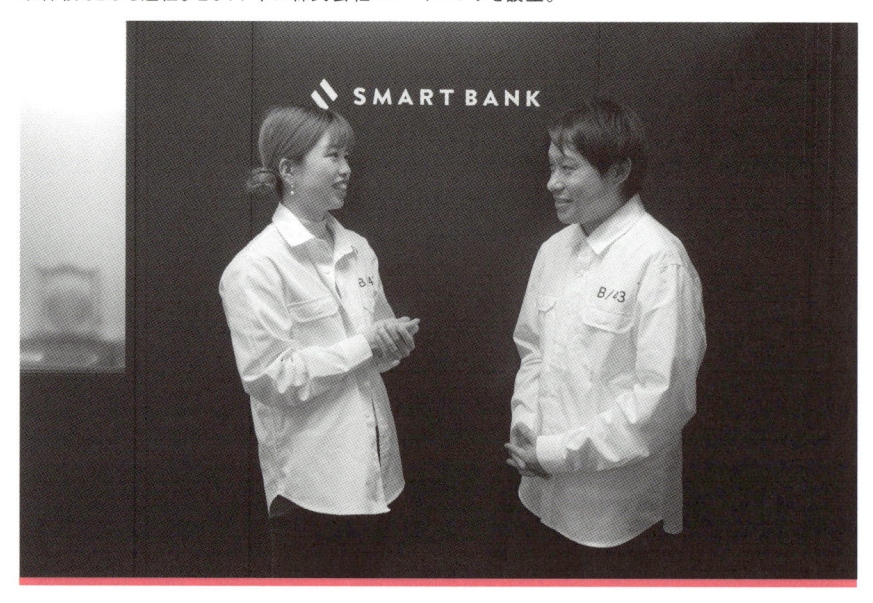

瀧本 はろか（以下、「瀧」）　私は初めて翔太さんとお話しした時、「どのリサーチャーよりもリサーチャーだ」と思いました。インタビューすることをとても大事にされていて、わからないことをリサーチによって明らかにしようとする熱量が、他の人とは全然違うなと。

堀井 翔太（以下、「堀」）　確かに、ユーザーへのインタビューに関しては、こだわりを持って取り組んでいましたね。

瀧　インタビューをする時、どんなことを意識されているんでしょうか。事前に下調べをするとか、質問を用意していくとか、普段されていることを教えてください。

堀　自分は、ユーザーインタビューをすることも、経営者に経営哲学などをインタビューすることもあるんですが、いずれの場合も、**何かの「仮説」を持って臨むことが大事だと考えています。**

仮説が曖昧だったり、弱かったりすると良いインタビューにならない。何の仮説を検証するかを自分の中で整理して、そのゴールを軸にしてインタビューを組み立てないと、なんとなく聞いただけで終わってしまう。

優れた記者さんもそうですが、「この人はこう答えてくれるだろうな」とか、「こういう部分を引き出したら、いい答えが返ってくるんだろうな」という仮説を持っています。

瀧　仮説がないまま話を聞いても、聞きどころすらわからないし、アンテナが張られていないから掘り下げるポイントをキャッチできないですよね。

堀　仮説を立てるという意識を持っているのかどうかと、その意識が持てているなら、仮説について事前にどれだけ考え抜くことができているかですね。

すごく若い人だと、インタビューする際の仮説が、ほぼ妄想だったりすることもあるんです。
「こういうSNSを作りたいんです」と言うから、「なぜ？」と聞くと、「こういう人がいると思うからです」と言う。「そういう人を10人連れて来られます？」と聞くと、10人もいないということが判明したりする。あるいは、無理のあるペルソナを作ってしまっていたりする。

だから、"本当の気づき"からスタートした方が良いと思うんです。"本当の気づき"というのは、一次情報に基づいた、自分だけが気づけていることですね。

瀧 本当の気づきではないところから始めてしまった場合、一番の弊害は何でしょう？

堀 それは、誰も欲しがらないものを作ってしまうことですね。気づけているけれど、その解像度が低いというケースもけっこうあります。

一番良いのは、「代替製品」までイメージできている状態です。こういう課題があって、おそらくこういう状況で発生しているから、現状ではこの人はこれを使って解決しているんだろう、というところまで気づきが掘り下げられていたら、言うことなしですね。

仮説の「良い／悪い」を確認するには？

瀧 仮説をちゃんと立てられているか、仮説がぼやけてしまっていないかを確認するチェックポイントはありますか？

堀 一つ重要なのは、一次情報に立脚した仮説なのかどうかですね。一次情報に基づいて、自分だけが気づけていることであれば、仮説として強いです。

例えば自分は、スマートバンクを立ち上げる前に「FRIL」というフリマアプリをやっていました。きっかけは、女子大生や女子高生がブログで服を売っていると知ったことです。「なんでそんなことをしているのかな？」と思って深掘りしに行った結果として生まれたサービスです。

また、スマートバンクの家計簿プリペイドカード「B/43」という事業で言うと、無印良品のパスポートケースに現金を入れて家計管理している人がかなりいる、という気づきがありました。

Instagramで「無印　パスポートケース」と検索すると、パスポートを入れるものなのに現金を入れている。「なんでそんなことをしているんだろう？」という気づきからスタートしたわけです。

瀧 一方で、「一次情報ではないもの」とは何でしょう？

堀 例えば、「こういうのが流行る

んじゃない？」とか、「こういうトレンドが来ているから、こういうことをやったらいいんじゃない？」というところから仮説を掘ってしまってるケース。そういうのは、一次情報に基づいた気づきからスタートしていないですよね。

瀧 海外のサービスをまねしたり。

堀 そうですね。**一次情報をとりに行くという泥臭いことは、みんな思いのほかやらないんですよね。「新規事業をやります」と言っているのに、一次情報を一切とりに行かないケースは、実は多かったりする。**
　確かに、勇気もいるし、コスパも悪いし、変なエゴがあるとできないし、単純に疲れる。好きでないといけないし、タフでないとできないと思います。

瀧 一方で、仮説が強すぎるというか、自分の思い込みが強すぎることにも注意が必要ですね。

堀 その通りです。そのためには、できる限りバイアスを排除してイン

タビューする技術が重要です。
　誘導尋問のように答えを導き出そうとしないこと。事実しか聞かないこと。起きた現象についてしか聞かないこと。「こういうことをやっているからこうなるんじゃないですか？」などと誘導しないこと。
　大抵の人は、自分の行動の背景や理由を理路整然と言語化できないものです。誘導されると、「確かにそうかも」と思って、自分で答えを作り上げてしまうこともよくあります。

インタビュー相手に信頼してもらう

瀧 では、インタビューにおける「いい質問」というのは、どういう質問でしょう？

堀 誰にどんな目的で何を聞くかによりますが、自分が取材を受ける時も、すごくいい質問だなと思う時と、微妙な質問だなと思う時があるんですよね。

いい質問だと思うのは、Yes／Noで答えられないようなものです。こちらが深く考えることを促す質問ですね。

瀧 インタビュー進行は水物なので、「こういう場になるだろう」というイメージを持っていても、想定通りにいかないことも多く、臨機応変にキャッチボールする必要も生じますよね？

堀 インタビュー相手が"本当のこと"を言ってくれるか、こちらを信頼して率直に話してくれるかによって、インタビューの出来が左右されますよね。

相手に信頼してもらうには、いきなり課題解決のソリューションを聞くのではなく、外堀を埋めていって、最後に核心に触れるというステップを踏むように意識していますね。

特にスマートバンクのサービスの場合、ユーザーインタビューではお金について聞くことになります。いきなり「年収はいくらですか」とか、「なぜこの課題をこれで解決しているんですか」などと核心に迫る質問をしても、答えてもらえる可能性もあるけれど、普通は打ち解けていない相手に赤裸々に話したくないですよね。

そこで、「お子さんはいらっしゃるんですか」、「普段はどういうところで買い物をされているんですか」など、日常生活に関する質問から始める。パーソナルなことを少しずつ話してくれるようになったら、もっと掘り下げていき、最後に本質に迫る、ということを意識していますね。

だから、瞬発力が問われますよね。「この人はこういう人だな」とか、「ここまで聞いても良さそう」などと瞬時に判断して、距離が縮まるような質問から順に投げていくわけです。

「今日はあまりいいインタビューじゃなかったな」と思うのは、表面

をなぞったような回答しかとれなかった時。それは、距離を埋められなかったということですね。

常に、違いを探している

瀧　ちなみに、翔太さんは、どうやって「気づき力」を上げたんでしょうか？

堀　気になったら調べないとどうしても許せないというタイプなんです。いつもそういう気づきを探す生活を送っている。

　職業柄、「これサービス化できないかな」、「事業化できないかな」と常に考える癖がついているんですよね。それが自分のマインドシェアの9割くらいを占めている。それ以外の脳みそをほぼ捨てている人生なんです。

瀧　ある意味、アスリートみたいですね。そのルーツはどこにあるんですか？

堀　起業家って大体そうじゃないかと思いますね。体力や肉体に限界のないアスリートに近いかもしれません。

自分には双子の兄がいるんです。双子は、幼少期から自分のクローン人間が隣にいるわけなので、「あなたは隣のクローン人間とどう違うんですか？」という目線を常に向けられる。それによって、自分をメタ認知する能力が高くなった気がします。

　自分をどう差別化すべきなのか、常に考えている。そうでないと、自分のアイデンティティを確立できないわけです。

　そして自然と、相手もそういう目で見るようになったのではないかと思います。「この人はどう違うのか」と。そこから、自分の周囲にあるものについて、「違いに気づく」、「違いを見つける」という筋力を鍛えられた気がしますね。

おわりに

　私がリサーチ関連の発信でみなさんに見つけてもらうきっかけとなったのは、2022年のRESEARCH Conferenceでした。

　当時は弊社CXOのtakejuneさんが登壇する予定のところを、「いずれは、はろかさんにリサーチのことを話してもらえると良さそうだね」と、入社直後だったにもかかわらず、2人で登壇するよう取り計らってくれました。

　業務委託時代に担当していたリサーチ案件はありましたが、リリース前のため詳しい事例提供は難しく、何を伝えたらいいか大変悩みました。考えた末に、組織のメンバーに信頼して任せてもらえるようになる振る舞いについて紹介しました。

　私がUXリサーチャー職として組織で動く時に一番大事にしている、「相手の役に立つために、相手のことを理解する」ことを中心とした事例について話したのです。

　ソフトスキルの身につけ方や発揮の仕方を伝えるもので、リサーチを実践する方にとって明日から役立つようなものになっているか不安を抱えながら話したことを今でも鮮明に覚えています。

　意外にも、この登壇が反響を呼び、その後、何年か経った今でも「2022年の発表が心に残っている」と話しかけてくれる方がいて、私としては思いがけない気づきとなりました。

　その後、スマートバンクの広報活動に貢献できたら嬉しい、という一心で発信活動を続け、勉強会やイベントなどでリサーチ実践仲間とたくさんの出会いがありました。

　そんな方々と情報交換する中で、「はろかさんみたいに振る舞いたいけど、なかなかうまくできない」、「スマートバンクさんだからできるんですよね」というお声を頂戴することがありました。

　当時は、「組織環境もフェーズも違うから難しいですよね」といった浅い返答しかできないことをとても申し訳なく思っていました。

　ハードルを感じている方に寄り添い、なるべく再現性があり、できるだけ前向きに考えて取り組める方法はないか……と考えるようになりました。

　そんな頃、本の執筆のお話をいただき、出版を通じて何かサポートできな

いかと考えました。

　自分の中では、やりきれていない部分も多く、何回もトライしてきたものの、それをうまく捉えて言語化できずもどかしく感じています（それこそ、私以外の方に教えていただいた方がうまくいくんじゃないかと執筆中に何度も考えました……）。

　とはいえ、自分なりに課題を分解して、それにふさわしいアプローチとしてこういったものがありますよ、と示したような形になっています。

　事業に紐づいた文脈でのユーザー理解には、組織理解や事業理解が核となるのではないか、そこを中心に事業が目指す方向を見ながらユーザー視点がぴたっとはまり、事業を動かせるところを探るよう、トライしていくのがいいのではないかというのが、私が現時点で感じているところです。

　私一人の経験は一つのストーリーであり、それこそN1の事例にすぎません。私自身がこれまで辿ってこなかった道のりは、血が通った言葉で話すことはできないし、逆に憶測で話してはならないと思っていました。

　一方、できる限り多くの方に「ここは参考になりそう」、「こういうことを知れて良かった」と思ってもらえるにはどうしたら良いかを考えていました。

　そこで考えついたのが、**私がこれまでたくさんの人の出会いから学びを得てきたように、本の中でいろいろな組織のケースを紹介すること**でした。

　Researcher's Challengeや事例でご紹介したみなさんは、私が尊敬している方々ばかりです。**同じ組織だったら、横の席に座らせてもらって一挙手一投足を見るだろうな、学ばせてもらうことが多いだろうな**と感じています。

　リモート勤務が主流の組織も多く、その場合は横に並んで仕事をする、仕事のやり方を盗む経験がしにくくなっていますが、少しでもそういった気配を感じてもらえたらと思います。

　また、この本は、本文中ではご紹介していませんが、多くのリサーチ従事者にサポートしてもらって書き進めてきました。巻末にてお名前をご紹介させていただいています。

　特に、私と同じチームで動いていて、日々一緒にリサーチ活動を進めてきた川勝直子さんの存在がなければ形にすることができなかったと感じています。本書では、図版をご担当いただいています。

　スマートバンクのユーザー視点流通の肝とも言える視覚化や情報整理は、

彼女の功績によるところが大きく、リサーチへの深い理解と「組織の役に立つ」ことを是とする価値観に基づいて私を助けてくれました。

執筆中にはたくさん壁打ちしてもらい、私が当たり前のようにしている普段の行動で、うまく捉えられていない領域の言語化を手伝ってもらいました。

川勝さんから「これは、とてもはろかさんらしくて良い言葉ですね」と言ってもらえることが何よりの自信につながりました。この場を借りて御礼を伝えたいと思います。

話は変わりますが、スマートバンクでは、お金にまつわる行動を中心に、みなさんの生活に関するお話を聞かせてもらう機会をいただいています。事業にとっても学びばかりですが、私自身もリサーチ従事者として聞かせていただく中で、「お金とのつき合い方」について深く考えるようになりました。

いろいろな切り口がある中の問いで、「どんなことにお金を使ったら、後悔のない使い方になるのか」と考える瞬間がふとありました。

真っ先に思い出したのは、祖母のことです。私の祖母は数年間の闘病の末、白血病で亡くなりました。

祖父の足が悪くなる前で、数ヶ月に1回は両親と一緒に中華料理を食べに行っていた頃です。車の後部座席で、祖母とお喋りするのが楽しみでした。

当時、私は社会人でなかなか地元に帰れず、祖父母の家から足が遠のき、病気が良くなるよう祈ることしかできませんでした。

桜の花が綺麗に咲く頃、祖母は旅立っていきました。

もし戻れるなら、元気だった頃の祖父母に会って、また一緒に食事したいなあと思うのです。仕事も休めば良かった、会いに行けば良かった、そう思っても、もう祖父母はいません。

人間に与えられた時間は有限です。限られた時間の中で、どんな過ごし方をするか考えた時、私が選んだのはチームで働くことでした。

良いチームに、ヒントになるようなユーザー視点を投げかけることによって、事業にも、チームにも、ユーザーにも三方よしなサービスやプロダクトを作りたい。チームで取り組むことで、自分一人では成し得なかったことができると信じています。チームで働くのが好きだからこそ、どうやったらチームが動きやすくなるのか、チームメンバーの悩みに寄り添って解決できるようになるのかを考えてきたのかもしれません。

技術書でこんな「おわりに」を書くのは、何だかそぐわない気がするのですが、このような考えが得られたのも、私の人生にUXリサーチャーという役割をプレゼントしてもらったからだと思っています。

一人ひとりの生活について教えてもらうことそのものが、私の人生にとって学びが深く、教えていただいた情報を大切にお預かりして事業に手渡していかねばと思っています。

私には、2人の子供がいます。子供たちに、「お母さんが子供の頃はこんなことに苦労してたんだね、今だと全然そんなことないけどね」と生活が進歩し、より充実した未来をプレゼントできたら、と思って仕事しています。

家ではひたすら部屋にこもってパソコンに向かって話しかけており（注：インタビューです）、お母さんは何をしているんだろうと思っていることでしょうけれど。

そんな将来の姿を描く時、私一人では到底成し得ません。

他の組織に所属するみなさんに届き、事業に貢献しながらユーザーに価値を届ける助けになれれば、より良い将来に少しずつでも近づいていける気がします。

この本を手にとってくださったみなさんも、ユーザー視点に可能性を感じ、それをチームで活用していきたいというお考えをお持ちだと思います。「こうしていきたい」、「こうなるともっと良さそう」といった興味を組織や事業に向け、同時に社外を取り巻く環境にもアンテナを張りながら、みなさんの組織にフィットする進め方に出会えることを祈っています。

そして最後に、少しでも進歩した未来の景色をチームで一緒に見られるように、何か一つやってみようかなと思っていただけたら、これほど嬉しいことはありません。

聡、文香————2人の子供たちに

瀧本 はろか Haroka Takimoto

株式会社スマートバンク UXリサーチ部　部長／UXリサーチャー

大阪大学文学部卒業後、校正・校閲担当者を経て、ベンチャー企業で新規事業の立ち上げやインタビューの企画執筆を経験。その経験からUXリサーチャーに転身、人材会社の新規事業のUXリサーチやリサーチ組織立ち上げ、リサーチャー育成に携わる。2022年4月より株式会社スマートバンクに1人目のUXリサーチャーとして入社。N1インタビューの文化を受け継ぎ、年間100件を超えるインタビューを実施。新規事業領域のリサーチをメインに、メンバー全員が「Think N1」を身近に感じられるような働きや経営・事業に伴走するリサーチ活動を推進している。

ブックデザイン	喜來詩織（エントツ）
イラスト	米村知倫
DTP	BUCH⁺
図版	川勝直子
事例提供（敬称略）	新保直樹、國光俊樹、小川美樹子、大道あゆみ、鳥居大、樫田光、上田利瑳子、澤井美緒、倉光美和、加藤けんじ、菅原大介、早川和輝
執筆サポート	福嶋瞭、岩田知佳、園田麻綾、草野孔希、都筑智子、西村歩、濱谷曉太、田島佳穂、浜岡宏樹、有賀和輝

UXリサーチの活かし方
ユーザーの声を意思決定につなげるためにできること

2024年11月11日　初版第1刷発行

著　者	瀧本 はろか
発行人	佐々木 幹夫
発行所	株式会社 翔泳社
	https://www.shoeisha.co.jp
印刷・製本	株式会社 ワコー

ISBN 978-4-7981-8627-6　　　　　　　　　　　Printed in Japan